JAPANISCHE BIBLIOTHEK

ŌE KENZABURŌ
STILLE TAGE

Roman
Aus dem Japanischen übertragen
von Wolfgang E. Schlecht und
Ursula Gräfe
Mit einem Nachwort
von Irmela Hijiya-Kirschnereit
Insel Verlag

Originaltitel: *Shizuka na seikatsu*
© 1990 Ōe Kenzaburō
Dieser Roman erschien erstmals 1990
im Verlag Kōdansha, Tōkyō

Die Übersetzung entstand unter Mitarbeit
von Kimiko Nakayama-Ziegler

In der Japanischen Bibliothek werden alle Namen in ihrer ursprünglichen
japanischen Gestalt belassen. Hierbei steht in der Regel der
Familienname voran, gefolgt von dem persönlichen Namen oder
einem Schriftstellernamen.

Die *Japanische Bibliothek im Insel Verlag* wird herausgegeben
von Irmela Hijiya-Kirschnereit

Erste Auflage 1994
© Insel Verlag Frankfurt am Main und Leipzig 1994
Alle Rechte vorbehalten
Satz: Fotosatz Otto Gutfreund GmbH, Darmstadt
Druck: Nomos Verlagsgesellschaft, Baden-Baden
Printed in Germany

Inhalt

Stille Tage

Es war das Jahr, in dem Vater auf Einladung einer kalifornischen Universität nach Amerika reisen sollte, um dort als *writer in residence* tätig zu sein. Verschiedene Überlegungen hatten dazu geführt, daß Mutter ihn begleiten würde. Der Tag der Abreise rückte näher, und eines Abends, als wir uns zum Essen um den Tisch versammelt hatten, war die Atmosphäre anders als gewöhnlich. Vater, dem es bei wichtigen Familienangelegenheiten nur in spaßigem oder irgendwie seltsam verdrehtem Ton zu sprechen gelang, versuchte nun plötzlich, ganz so, als handle es sich um etwas Erfreuliches, das Gespräch auf meine Heiratspläne zu bringen, denn ich war vor kurzem volljährig geworden. Ich selbst aber – eine Veranlagung seit meiner Kindheit und in letzter Zeit auch ganz mein Stil – beschränkte mich darauf, dem Reden der anderen zuzuhören, auch wenn ich es war, die den Mittelpunkt des Gesprächs bildete. Vater, durch sein Bier in heitere Laune versetzt, ließ sich jedoch nicht beirren und meinte:

»Immerhin kannst du uns ja mal deine Mindestvoraussetzungen erzählen.«

In Erwartung einer wahrscheinlich doch nur lieblosen Antwort sah er mich, ein Lächeln auf dem halb geöffneten Mund, sekundenlang an. Da verspürte ich plötzlich Lust, etwas zu sagen, was mir seit längerer Zeit wiederholt durch den Kopf ging. Ich sagte es mit einer Stimme, die seltsam entschlossen klang, so sehr, daß ich mich beinahe ein wenig genierte . . .

»Falls ich je heiraten sollte«, sagte ich, »nehme ich I-Ah mit mir. Es muß also jemand sein, der wenigstens eine Zweizimmerwohnung mit Wohnküche hat. Dort möchte ich ein stilles Leben führen.«

Noch ehe ich richtig ausgesprochen hatte, merkte ich, wie

sehr ich Vater und Mutter schockiert hatte. Doch schon im nächsten Moment bemühten sie sich, meine Worte als Ausdruck einer wirren, kindlichen Phantasie abzutun, und es war, als verbargen sie ihren Schrecken hinter einem Lächeln. Das Gespräch hatte damit einen Weg eingeschlagen, der ganz dem Geschmack meines Vaters entsprach. I-Ah, das war mein vier Jahre älterer Bruder, der in einer Werkstatt für geistig Behinderte arbeitete. Was, so scherzten meine Eltern, würde der junge Ehemann sagen, wenn die frischgebackene Braut mit einer solchen Mitgift daherkäme? Selbst wenn man vor der Hochzeit versuchte, ihn darüber aufzuklären, würde er das Ganze doch als unverständliches, abstruses Gerede abtun und gar nicht erst darauf eingehen. Wie groß wäre dann das Erstaunen des nichts Böses ahnenden jungen Mannes, wenn am ersten Tag nach der Hochzeit tatsächlich dieser Riesenkerl von Schwager vor der Tür der eben bezogenen Zweizimmerwohnung stünde . . .

Irgendwie spürte ich, daß meine Eltern mir trotz ihrer scherzhaften Art etwas Ernstes sagen wollten, ein Gedanke, der etwas in mir zusammenzog. Eine Weile saß ich da, den Kopf gesenkt, und schwieg. Auch wenn ich wohl nicht sehr vernünftig geklungen hatte, lag mir die Sache mit meinem Bruder doch sehr am Herzen. Schließlich konnte ich nicht länger schweigen. Ich sagte:

»Von mir sagen alle, daß ich keinen Humor habe, und genauso ist es auch. Vielleicht denkt ihr, ich hätte eine versteckte Andeutung machen wollen . . . Doch als ich gesagt habe: ›Falls ich je heiraten sollte‹, dann hatte ich keineswegs eine bestimmte Person im Sinn. Wenn ich – und sei es nur versuchsweise – mir meine Zukunft vorstelle, stehe ich jedesmal vor einer Sackgasse. Und deshalb habe ich auch angefangen, mir Gedanken über I-Ah zu machen . . . Jetzt werdet ihr wieder sagen, es sei albern, was ich mir ausgedacht habe . . . Ja, auch mir ist klar, daß es niemanden gibt, der mich zusammen mit I-Ah aufnehmen wird . . . Bloß wie ich aus dieser Sackgasse wieder herauskomme, verratet ihr mir nicht.«

Mehr sagte ich nicht, und ich wußte, daß es nicht ausreichte. Schon als Kind hatte ich die Angewohnheit, mich neben meine Mutter zu stellen und mit ihr zu plaudern, wenn sie im Schlafzimmer saß und sich schminkte; und so setzte ich das Gespräch am nächsten Morgen fort. Auf diese Unterhaltung hatte ich mich, um den Lieblingsausdruck meines jüngeren Bruders Ō-chan zu gebrauchen, *für alle Fälle* sogar vorbereitet. Genauer gesagt, war es zum Teil ein nicht genau definierbares Gefühl in mir, das mich zu dieser Maßnahme veranlaßt hatte...

Was ich tags zuvor von mir gegeben hatte, hatte mir jedes Selbstvertrauen genommen. Es war viel schlimmer, als wenn ich gar nichts gesagt hätte. Später, in meinem Zimmer, konnte ich lange nicht einschlafen. Ich machte mir allerlei Gedanken. Es mag die übergroße Anspannung meiner Nerven gewesen sein, jedenfalls war es mir plötzlich, als finge ich an zu träumen, ich sei ganz allein an einem einsamen, menschenleeren Ort. Ein scheußlicher Traum. Obwohl ich wach war und bei vollem Bewußtsein, wurde ich immer mehr in ihn hineingezogen. Wie versteinert stand ich da, mit einem traurigen, unsäglich weit entfernten Gefühl, und all diese Zeit spürte ich genau, wie mein Körper auf dem Bett ausgestreckt lag.

Während ich immer weiter in den Traum einzudringen begann, bemerkte ich, daß schräg hinter mir noch ein anderer Mensch stand, der das gleiche Gefühl wie ich empfand. Ohne mich nach ihm umzudrehen, wußte ich, es war der *zukünftige I-Ah*. Und dieser *zukünftige I-Ah*, der nun gleich hinter mir hervortreten würde, war der Brautführer, was nur heißen konnte, daß ich die Braut war. Angetan mit einem prächtigen Hochzeitskleid, stand ich verlassen an diesem öden Ort, ohne jede Spur eines Bräutigams und mit I-Ah als Brautführer. Es war ein endlos weites Feld, und die Sonne ging schon unter. Das war mein Traum...

Als ich spät in der Nacht aufwachte und mich erinnerte, was geschehen war, fiel ich erneut in die dunkle, trostlose

Stimmung dieses Traums zurück. Es fiel mir immer schwerer, im Dunkel des Zimmers in meinem Bett zu liegen. Ich stieg die Treppe hoch, knipste das Nachtlicht an, damit I-Ah, wenn er zur Toilette ging, nicht stolperte, und trat durch die leicht geöffnete Tür ins Zimmer meines Bruders. Wie schon damals als Kind legte ich die alte, abgenutzte Wolldecke über die Knie, setzte mich auf die Bettkante und hörte dem gewaltigen Schnarchen zu, das nicht aus einer menschlichen Brust zu dringen schien. Nachdem fast eine Stunde vergangen war, erhob sich I-Ah in dem halbdunklen Zimmer von seinem Bett und tappte hinüber zu der auf der anderen Flurseite liegenden Toilette. Daß er mich völlig ignoriert hatte, ließ mich noch einsamer werden, als ich schon war.

Aus der Toilette drang ein lautes Plätschern, das gar nicht aufhören wollte, doch irgendwann war I-Ah wieder zurück, und wie ein großer Hund, der mit dem Kopf oder mit der Schnauze seinen Herrn anstupst, um sich seiner Anwesenheit zu vergewissern, beugte er sich zu mir und drückte die Stirn an meine Schulter, bevor er sich schließlich mit angezogenen Knien neben mich setzte, fest entschlossen weiterzuschlafen. Mit einem Mal war ich glücklich. Wenig später aber sagte I-Ah, und es klang, als bemühe sich ein verständiger Erwachsener ein Lachen zu unterdrücken, und einzig die Stimme war in ihrer klaren Weichheit die Stimme eines Kindes: »Mā-chan, was hast du denn?« Nun fühlte ich mich endgültig wieder wohl, und nachdem ich I-Ah aufgefordert hatte, sich wieder hinzulegen, ging ich zurück in mein Zimmer.

Mit dem beginnenden Wintersemester sollte auch der Amerikaaufenthalt meiner Eltern seinen Anfang nehmen. Einen Tag vor dem Abflug, es war bereits Spätsommer, saß Vater mit seiner Zeitung auf dem Sofa, den zum Bersten vollen, schweren Koffer neben sich, und murmelte in Gedanken versunken etwas vor sich hin, was weder für Mutter, die in der Küche arbeitete, noch für mich gedacht schien:

»I-Ah muß wieder anfangen, Sport zu treiben. Am besten wird sein, er geht schwimmen!«

Hätte I-Ah jetzt neben Vater auf dem Teppich gelegen, wie immer gerade beim Komponieren eines neuen Stücks, so hätte er wohl einen Moment überlegt und dann in seiner unverkennbaren Art, die alle in der Familie zum Lachen bringen konnte, geantwortet:

»Ich soll Sport treiben? Ja, Schwimmen, das kann ich am besten.«

Wäre es so gewesen, hätten Vaters Worte nicht einen solch nachhaltigen Eindruck in mir hinterlassen. Denn I-Ah spielte vielleicht gar nicht so unbewußt in seiner humorvollen Art gewissermaßen die Rolle des Stoßdämpfers in unserer Familie.

I-Ah aber war gar nicht da, als Vater so unvermittelt auf die Sache mit dem Sport zu sprechen gekommen war. Ich hatte ihn am Morgen zur Behindertenwerkstatt gebracht und war gerade mit dem Abräumen des Frühstückstisches beschäftigt, als Vater, der später aufgestanden war, herunterkam, um die Morgenzeitung zu lesen. Nun, wie schon gesagt, hatten sich Vaters Worte wie ein störender Fremdkörper in meinem Bewußtsein festgesetzt. Als er in sein Arbeitszimmer hinaufgegangen war und ich gerade mit dem Saubermachen des Wohnzimmers beginnen wollte, fiel mein Blick auf die aufgeschlagene Zeitung: ›Geistig behinderter Jugendlicher überfällt und verletzt Schülerin in Ferienlager. Sexuelle Motive vermutet.‹

Sofort spürte ich, wie ein Gefühl stärksten Zorns in mir aufstieg. *Verdammt nochmal! Verdammt nochmal!* schrie es in mir, und es war kein plötzliches Gefühl – ich empfand es so, als hätte es seit langem auf der Lauer gelegen, wartend, um irgendwann hinauszudrängen. Tatsächlich gebrauchte ich seit einiger Zeit eben den Ausdruck, den ich bei I-Ah sonst immer als grob und unpassend monierte. *Verdammt nochmal! Verdammt nochmal!* Wie heute morgen war in der letzten Zeit in der Zeitung wiederholt von einem ›Ausbruch‹ sexueller Gewalt bei geistig Behinderten die Rede gewesen, und fast gewann man den Eindruck, als hätte der Zeitungsverlag insgeheim eine Art Kampagne gestartet, was mich einmal sogar dazu gebracht hatte, mit Mutter darüber zu sprechen, ob wir künftig nicht eine andere Zeitung abonnieren sollten. Um so ärgerlicher und enttäuschender empfand ich es, wie unmittelbar Vater, ohne in irgendeiner Form auf den Zeitungsartikel einzugehen, der ihn auf seine Idee gebracht hatte, sich von der besagten Kampagne – einmal angenommen, es handelte sich tatsächlich um so etwas – beeinflussen ließ, als er auf die dringende Notwendigkeit hinwies, es sei höchste Zeit, daß I-Ah wieder Sport treibe.

Natürlich hatte I-Ah das sexuelle Reifealter längst erreicht. Und ich selbst hatte genügend Gelegenheit, normal entwikkelte junge Männer seines Alters, junge Männer um die Zwanzig also, auf dem Weg zur Schule und auf dem Campus meiner Universität zu beobachten. Wenn es auch Ausnahmen gab – und zu ihnen gehörten viele meiner Bekannten, die sich wie ich als freiwillige Helfer engagierten –, so strahlten doch die meisten von ihnen ein ungeheuer grelles Leuchten aus, das tief in ihrem Inneren mit ihrer Sexualität verbunden schien. Ich kannte natürlich auch die Themen der Männermagazine, deren Werbeposter in jedem Bahnwaggon zu finden waren.

Wenn Vater in seiner Voreingenommenheit, nicht anders als der Schreiber des besagten Artikels, sich Sorgen um einen möglichen ›Ausbruch‹ sexueller Gewalt machte und auf die Idee gekommen war, I-Ah müsse als Gegenmaßnahme (!?) wieder anfangen, Sport zu treiben, so zeigte er damit seine völlige Unkenntnis der tatsächlichen Hintergründe, die ihn so gänzlich unreflektiert die in der Öffentlichkeit herrschende Meinung übernehmen ließ. Ich glaube, das war es, was mich so ärgerlich machte.

Auch in der Behindertenwerkstatt war es angeblich schon mehrmals zu Vorfällen gekommen, die jenem ›Ausbruch‹ sexueller Gewalt zu vergleichen waren. Das jedenfalls hatten sich einige Mütter erzählt, zu denen ich mich setzte, als ich I-Ah abholen kam. Nach dem aber, was ich hörte, waren diese ›Ausbrüche‹ ganz anderer Art als das grelle Leuchten, wie es sich bei normal entwickelten Jungen fand, es war bei weitem zurückhaltender, wenn nicht sogar mitleiderregend. Ich saß brav hinten in meiner Ecke und hörte aufmerksam zu, doch tief in meiner Brust wirbelten Worte auf, die keine der anwesenden Frauen von mir erwartet hätte: *Verdammt nochmal! Verdammt nochmal!* schrie eine laute Stimme in mir. Denn schließlich war ja nichts geschehen, was etwa ein Eingreifen der Polizei erfordert hätte.

Als I-Ah in der Behindertenwerkstatt zu arbeiten anfing, geschah es häufig, daß ich Mutter begleitete, wenn sie ihn hinbrachte oder abholte, und soweit ich mich erinnern kann, war die Gegend rings um die Werkstatt damals noch völlig unbebaut. Inzwischen stehen dort ganze Reihen von Mietshäusern, allesamt Holzbauten mit schönen Fassaden, und es ist schwer, das Viertel zu überblicken. Sollte es dort je zu einem Vorfall kommen, wäre ich nicht überrascht, wenn die neu in diese Gegend gezogenen Leute eine Bürgerinitiative ins Leben riefen, um gegen die Behindertenwerkstatt vorzugehen.

An einem der ersten Frühlingstage des Jahres, als zum ersten Mal ein heftiger Wind durch die Straßen fegte, war ich auf dem Rückweg von der Werkstatt zusammen mit einigen Müttern die stark befahrene Kōshūkaidō-Straße entlang gegangen, um am Zaun einer Gebrauchtwagenhandlung in eine kleine Seitenstraße abzubiegen. In der Werkstatt war kurz zuvor die Zahl der anwesenden und die der für diesen Tag abwesend gemeldeten Kinder überprüft worden, so daß ich sofort wußte, daß der Junge, der dort auf der anderen Seite des Zauns stand, kein Kind aus I-Ahs Werkstatt war, auch wenn man deutlich sah, daß auch er geistig behindert war. Er stand da, die Hose bis zu den Knien heruntergelassen, streckte uns seinen schneeweißen, wohlgeformten Hintern entgegen und spielte, während er die schmutzigen Autos anschaute, an seinem Geschlechtsteil herum. Frau A, die die unbestrittene Führungsrolle unter den Müttern hatte und sich durch rasche

Entschlußkraft auszeichnete, stieß kurz hintereinander zwei leise Schreie aus und gab mir dann auf reichlich seltsame Art zu verstehen, ich solle *zurückbleiben*, sie und Frau M würden *vorangehen*. Dann näherte sie sich dem Jungen.

Zufällig waren auch auf der anderen Straßenseite drei Frauen herangekommen, die sich anschickten, den Jungen zurechtzuweisen. Doch da hatte Frau A ihm die Hose schon wieder hochgezogen. Sie nahm die neben ihm auf dem Boden liegende Tasche und hängte sie ihm über die Schulter. Dann fragte sie ihn, wo es zu seiner Schule ging, und schickte ihn auf den Weg. Den drei Frauen auf der anderen Straßenseite war nun jeder Anlaß genommen, sich weiter aufzuregen; sie schauten sich nur einige Male demonstrativ um, während sie sich langsam davonmachten.

Als uns Frau A wenig später eingeholt hatte, sagte sie: »Wenn die Frauen aus der Nachbarschaft nicht dagewesen wären und ihn gesehen hätten, und wenn nicht die Gefahr bestanden hätte, daß er mit einem Kind aus der Behindertenwerkstatt verwechselt wird, hätte ich ihn am liebsten nach Herzenslust weitermachen lassen!«

Nun war es Frau M, die vielleicht mit Rücksicht auf mich zwei kurze entsetzte Schreie ausstieß. Ich aber stimmte ganz mit Frau A überein, denn genau diese Haltung war es ja, die in meinem Inneren das *Verdammt nochmal! Verdammt nochmal!* hervorbrachte. Richtig schäbig, wie eine Verräterin kam ich mir plötzlich vor, wenn ich daran dachte, daß ich eben noch vor Scham rot und den Tränen nahe gewesen war . . .

Nicht, daß ich etwas an dem Verhalten des Jungen verdammen will, aber was I-Ah betrifft, so hat er so etwas noch nie getan, zumindest nicht in unserer Anwesenheit. Auch woanders ist so etwas nie passiert, und ehrlich gesagt, bin ich ziemlich sicher, daß er es auch in Zukunft nie tun wird. Das soll nicht heißen, daß ich darüber erleichtert oder gar froh wäre, denn dafür ist das Ganze viel zu kompliziert.

I-Ah hat in seinem Charakter etwas Grundehrliches, und Scherze, die in irgendeiner Form mit etwas Sexuellem zu tun haben, lehnt er ab. Anders als Vater, der ab und zu ganz gerne mal ein paar Witze dieser Art reißt (laut Mutter hat er das früher als Student nie getan, seine Begabung dafür hat er erst sehr viel später entdeckt und dann weiterentwickelt), nimmt I-Ah es selbst mit Kleinigkeiten ziemlich genau und ist in allen Dingen sehr ernst. Deshalb ist auch anzunehmen, daß er den bei uns zu Hause häufig verwendeten Ausdruck *kin* haßt und ihn nur uns zuliebe erträgt.

Kin. Es ist Vater, der diesen sexuell gefärbten Ausdruck erfunden hat, mit dessen Hilfe sich schnell etwas zu einem heiteren Scherz umwandeln läßt. Daß das Wort in keinem Wörterbuch zu finden war, weiß ich gut. Doch Vater bedient sich des Ausdrucks in den verschiedensten Situationen. Er braucht ihn wohl, um eine Situation, die irgend etwas mit Sexualität zu tun hat und der I-Ah nicht gewachsen ist, in ein spaßiges, harmloses Vorkommnis zu verwandeln.

So ist es zum Beispiel oft vorgekommen, daß I-Ah damals, als er noch in eine der oberen Klassen der Sonderschule ging, auf dem Wohnzimmerteppich lag und komponierte oder Musik im Radio hörte, dann aber plötzlich seine Körperposition veränderte, indem er sich leicht zur Seite drehte und das Gesäß nach hinten schob. Dabei nahm er eine seltsam verlegene, zögernde Haltung ein, die ich nur mit dem englischen Wort *awkward* bezeichnen kann. Wenn Vater das sah, rief er mit betont lauter Stimme, so daß auch ich es hören konnte:

»I-Ah, dein *kin* ist groß geworden. Los, geh schnell auf die Toilette!«

I-Ah stand dann auf und machte sich auf den Weg zum Klo, wobei er eine Körperhaltung annahm, wie man sie manchmal im Krankenhaus bei Frauen mit einem Unterleibsleiden beobachten kann. Ich war besorgt, ob es nicht weh tat, wenn sein *kin* sich an der Unterwäsche rieb, und manchmal wollte ich dem armen Kerl am liebsten helfen; doch I-Ah ließ in solchen Fällen niemanden an sich heran, er schob sogar unsere Hände weg, so daß wir schließlich aufgaben. Nicht einmal Mutter wußte, was sie in dieser Situation tun sollte.

Zu eben dieser Zeit war es auch, daß ich mit I-Ahs groß gewordenem *kin* wiederholt in direkte Berührung kam. I-Ah trug seit seiner Kindheit Windeln, wenn er schlafen ging. Mit der Zeit waren die in gewöhnlichen Geschäften erhältlichen Plastikhüllen, die wir über die Windeln streiften, zu klein geworden, und wenn wir in die Stadt gingen, um einzukaufen, sahen sich Vater und Mutter in den Regalen der Kaufhäuser immer verzweifelt nach größeren um. Als die Lehrer von I-Ahs Sonderschule uns jedoch den Vorschlag machten, wir sollten doch versuchen, ihm das nächtliche Bettnässen abzugewöhnen, gingen wir dazu über, ihn nachts zwischen elf und zwölf aufzuwecken und auf die Toilette zu führen. Meist taten dies meine Eltern, doch bisweilen, wenn Vater aufs Land gereist und Mutter zu erschöpft war, um aufzustehen, übernahm ich diese Aufgabe, da ich kurz vor der Aufnahmeprüfung zur Oberschule stand und meist bis spät in die Nacht lernte. Wenn ich das Licht in I-Ahs Zimmer anmachte, fuhr er verstört aus dem Schlaf, machte aber keinerlei Anstalten, sich von alleine zu erheben. Der mächtige Körper, der sich unter der Decke wölbte, ließ ihn aussehen wie einen schlafenden Bären. Wenn ich meinem ausgestreckt daliegenden Bruder die Decke wegzog und daran ging, ihm die Schlafanzughose auszuziehen, half er, obwohl er eben noch den Eindruck erweckt hatte, stocksteif dazuliegen, plötzlich ein wenig mit, um mir das Ausziehen zu erleichtern.

Waren die Windeln noch trocken, legte ich sie ihm, wenn er von der Toilette zurück war, wieder um. Zuvor hatte ich das Klebeband entfernt und sorgfältig darauf geachtet, die Form, in der die Windeln zusammengelegt waren, beizubehalten. Waren die Windeln schon naß, merkte ich das sogleich an dem aus ihrem Inneren dringenden warmen Dampf, und wenn ich doch wieder einmal rechtzeitig gekommen war, freute ich mich wie ein Jäger, dem eine fette Beute ins Netz gegangen ist.

Doch beim Ausziehen der Windeln passierte es meist. Sobald ich das Klebeband entfernt hatte, schnellte aus dem Win-

delpaket mit einer Gewalt, die mir die Tücher entgegen-
schleuderte, I-Ahs *kin* hervor. Wenn die untere Hälfte seines
Körpers entblößt war, richtete I-Ah sich von alleine auf und
stieg ohne jede weitere Hilfe aus dem Bett. Dabei entströmte
seinem Mund ein Geruch wie der eines großen, wilden Tieres
oder wie Schaum, der beim Legieren von Metallen entsteht,
ein übler Geruch, an den man sich einfach nicht gewöhnen
konnte, wie oft man ihm auch begegnete. Sein Atem roch
völlig anders als am Tag, und auch der Mundgeruch, den er
bei einem Anfall verbreitete, war anders . . .

Ein halbes Jahr, nachdem man uns nahegelegt hatte, wir
sollten etwas gegen das Bettnässen unternehmen, kam I-Ah
für einige Tage in das Heim der Sonderschule, um sich an
das Übernachten in einer fremden Umgebung zu gewöhnen. Damals ist es einem Lehrer, der als besonders engagiert
galt, gelungen, ihm das Bettnässen für immer abzugewöhnen. Seit dieser Zeit hat sich keinem in unserer Familie je
wieder die Gelegenheit geboten, dem Schauspiel beizuwoh-
nen, wenn I-Ahs *kin* sich gleich einer Schlange auf dem
Haupt der Medusa kraftvoll emporrichtet. Seit einigen Jahren habe ich auch nie wieder bemerkt, daß I-Ah jene nicht
anders als *awkward* zu nennende Haltung eingenommen
hätte, wenn sein *kin* wieder einmal groß geworden war. Da
I-Ah einen höchst ehrlichen Charakter besitzt und keines-
falls versucht hätte, derlei Regungen vor unseren Augen zu
verbergen, nehme ich an, daß sich sein *kin* nie wieder aufge-
richtet hat.

Als ich einmal mit Mutter darüber sprach, meinte sie mit
einem Anflug von Trauer in der Stimme: »Wer weiß, diese
Zeit wird schon vorüber sein. Das war eine sehr kurze Puber-
tät.« Vater, der unser Gespräch in der Küche vom Wohnzimmer aus mitgehört hatte, meinte: »Ehrlich gesagt, finde ich
das gar nicht so schlecht. Jetzt können wir endlich beruhigt
sein.«

Tief in mir aber hielt ich Vaters Worten entgegen: »Wer
will schon wissen, was gut und was schlecht für I-Ah ist?«

Zwar stimmte es, daß I-Ah sich nicht wie jener Junge verhalten würde. Aber irgendwie, ohne daß ich es erklären konnte, widerstrebte es mir zu glauben, wir bräuchten uns allein deshalb keine Sorgen mehr zu machen. *Verdammt nochmal! Verdammt nochmal!* Das war es, was ich in diesem Augenblick dachte.

Auch wenn ich auf einiges vorbereitet war, geschahen gleich in der ersten Woche nach dem Abflug meiner Eltern eine Reihe unerwarteter Dinge, so daß mir im Kopf ganz schwindlig wurde. Da ich nachts nur vier oder fünf Stunden schlafen konnte, verkroch ich mich am Tag, wenn immer sich eine Gelegenheit bot, ins Bett und versuchte, etwas Schlaf zu finden. So kam es vor, daß ich in das *Familientagebuch*, das zu führen ich Mutter vor ihrer Abreise versprochen hatte, gleich zweimal am Tag etwas eintrug. Was nicht zuletzt bewies, daß es tatsächlich etwas zu schreiben gab.

Man mag sich fragen, ob mich mein von zahlreichen Verpflichtungen ausgefüllter Alltag nicht davor hätte bewahren müssen, mich einsam oder gar beunruhigt zu fühlen. Mag sein. Es gab aber zwei Dinge oder, genauer gesagt, zwei Personen, die mich, wenn auch ganz vage nur, in meinen Gedanken beschäftigten. Es war, als hinge an einer Stelle knapp oberhalb meines Magens etwas herab, das ein durchaus körperliches Wesen hatte. Es hatte mit zwei Menschen zu tun, die ich früher einmal aufgrund einer unangenehmen Erfahrung als ›religiöse Fanatiker‹ bezeichnet hatte. Vater hatte geschwiegen, als er meine Bemerkung hörte, obwohl er verlegen war, und nur Mutter wies mich zurecht, ich solle diesen Ausdruck bloß nicht in Anwesenheit anderer Leute gebrauchen.

Seit Ende letzten Jahres kamen regelmäßig einmal die Woche zwei mir völlig unbekannte Personen zu unserem Gartentor, um etwas abzuliefern. Es war vor allem ihr seltsames Verhalten, das mich veranlaßt hatte, sie als ›religiöse Fanatiker‹ zu bezeichnen. Der eine von ihnen brachte einen Blumenstrauß, und zwar nicht einen dieser normalen Blumensträuße, wie sie überall in den Blumengeschäften verkauft werden. Sein Strauß bestand vielmehr aus winzigen Blumen und war in besonderer Weise gebunden. Die Augen niedergeschlagen, schlich er sich mit den Blumen manchmal bis zur Haustür, und er erinnerte mich an die eher düsteren Persönlichkeiten unter meinen Kommilitonen. Der andere kam mit einem zwei *gō** fassenden Sakefläschchen an, das mit Wasser gefüllt und verkorkt war. Er begnügte sich damit, das Fläschchen auf der Gartenmauer abzustellen, bevor er sich schnell wieder davonmachte. Einmal, als ich zum Gartentor ging, um ein dort abgelegtes Päckchen zu holen – es war ein Jahresabschlußgeschenk –, kreuzten sich sogar unsere Blicke. Es war ein großer und muskulöser Mann, der aussah wie ein asketischer Mönch, die viel zu weit auseinanderliegenden Augen wie hellbraune Pünktchen unter der breiten Stirn.

Der erste der beiden Männer klingelte manchmal an der Tür, um dem von uns, der ihm geöffnet hatte, den Blumenstrauß zu überreichen. Er war von kleiner Statur und erweckte den Eindruck eines Bankangestellten oder Lehrers, und in dem Strauß steckte immer ein kleiner Umschlag mit einem Brief. Ich habe den Brief nie gelesen, aber auf dem Umschlag waren als Absender Name und Adresse einer Firma angegeben, was mich vermuten ließ, daß der Mann eigentlich ganz in Ordnung sein mußte. Vater und Mutter hatten sich zwar nie näher darüber geäußert, doch glaubte ich mich ganz vage zu erinnern, daß es vor Jahren einmal einen größeren Tumult gegeben hatte, in den auch dieser Mann verwickelt war. Es war mitten in der Nacht gewesen, und unbekümmert, wie ich damals war, hatte ich im Halbschlaf nur die Hälfte mitbekommen. Als ich I-Ah später einmal darüber befragte, sagte er, wie immer etwas abwesend, sich aber durchaus an das Vorgefallene erinnernd: »Das war allerhand! Das war wirklich allerhand! Da ist ein Polizeiwagen ganz ohne Sirene angefahren gekommen!« Er machte dabei ein

* ein gō = 180 ml

ernstes Gesicht, und den Kopf nach unten gebeugt wiederholte er immer weiter die Worte »Das war allerhand! Das war allerhand!«, was mir zu verstehen gab, daß er nicht mehr darüber sagen wollte.

Wahrscheinlich hatte Vater ihm aufgetragen, über das Vorgefallene zu schweigen.

Den Höhepunkt der ganzen Angelegenheit bildete das Auftreten jenes seltsamen Besuchers, aber schon seit einiger Zeit waren wir regelrecht mit Briefen und Anrufen bombardiert worden, die allesamt mit dem Vorfall zu tun hatten. Soviel ich wußte, hatte die Sache mit einem Vortrag über das Thema ›Das Gebet eines Atheisten‹ zu tun, den Vater an einer Frauenhochschule gehalten hatte und der auch im Fernsehen übertragen worden war. Ich selbst, die ich in gewisser Weise ja auch die unangenehmen Folgen des Vorfalls zu tragen hatte, vertrat die Ansicht, daß es doch keineswegs nötig gewesen wäre, sich öffentlich als *Mensch ohne Glauben* zu bezeichnen und dann im gleichen Atemzug auf das Thema *Gebet* einzugehen, auch wenn man sich damit nicht an eine bestimmte Gruppe gewandt hatte. Wer so etwas macht, der sollte sich nicht wundern, wenn ihn so eine *leichte Strafe* trifft. Wenn diese Strafe nun aber die ganze Familie zu tragen hatte, fand ich das nun wieder allerhand! So jedenfalls hatte ich mich Mutter gegenüber geäußert, und die schien es Vater weitererzählt zu haben. Genau damals war es auch, daß ich zum ersten Mal den Ausdruck ›religiöse Fanatiker‹ verwendete.

Was Vater betraf, so schien er in der Tat die Sache als *leichte Strafe* hinzunehmen, doch als er bedachte, welche Auswirkungen die Besuche auf uns haben würden, wenn wir nach seiner Abreise ja nun ohne den Hauptverantwortlichen waren, entschloß er sich, nicht zuletzt wegen seines schlechten Gewissens mir gegenüber, dem Mann mit dem Blumenstrauß einen Brief zu schreiben, in dem er ihn bat, seine Besuche künftig doch einzustellen. Schon bald blieben die kleinen Blumensträuße auch tatsächlich aus. Es war jedoch nicht möglich, Kontakt mit dem Mann mit dem Wasserfläschchen aufzunehmen. In der Woche vor seiner Abreise saß Vater zwar immer im Wohnzimmer und beobachtete während der Arbeit das Gartentor; er hatte sogar einen Brief vorbereitet, den er dem Mann, wenn er tatsächlich kam, überreichen wollte. Statt des Mannes aber stießen wir am späten Samstagnachmittag nur auf ein auf der Gartenmauer abgestelltes Fläschchen mit Wasser.

Auch ich machte mir Sorgen, wie ich mich verhalten sollte, wenn ich dem Mann mit dem Fläschchen nach der Abreise meiner Eltern ein weiteres Mal begegnen sollte. Und selbst wenn ich ihn nicht treffen sollte, verursachte mir der Gedanke, ich könnte ein solches Fläschchen am Gartentor entdecken, beträchtliches Unbehagen.

Der Brief, den Vater geschrieben hatte, lag unberührt auf dem Kästchen im Hausflur, in dem Besucher ihre Visitenkarten hinterließen. Da es nicht nach meinem Geschmack ist, Briefe anderer Leute zu öffnen und zu lesen, ganz gleich, wer der Absender oder Empfänger ist, hatte ich ihn, nachdem ich ihn entdeckt hatte, einfach liegen lassen. Als meine Eltern ihre Wohnung auf dem amerikanischen Campus einigermaßen eingerichtet hatten und das erste Mal anriefen, teilte mir Mutter sogleich mit, daß Vater es inzwischen für problematisch halte, dem Mann mit dem Fläschchen den Brief zu überreichen. In dem Brief sei nämlich erwähnt, daß er zusammen mit Mutter für einige Zeit im Ausland sei und nicht umhin konnte, die Kinder zurückzulassen. Dadurch könne der Mann womöglich auf die Idee kommen, es sei nun seine Aufgabe, I-Ah mit der Kraft seines Glaubens zu schützen... Dennoch gab mir Vater, nachdem er den Hörer übernommen hatte, den Rat, ich solle mir nicht allzu viele Sorgen machen, ein Hinweis, der mir reichlich verantwortungslos erschien.

Mutter, die besorgt war, der Mann könne irgendwann ankommen und seine Fläschchen zurückverlangen, hatte diese in einer Ecke der Abstellkammer aufgereiht, und zwar genau in der Reihenfolge, in der sie angekommen waren. Da standen sie nun ordentlich da, alle von gleicher Form und fest mit einem Korken verschlossen, und obwohl die Fläschchen doch wohl nicht speziell behandelt worden waren, indem man sie etwa sterilisiert hätte, bemerkte man, wenn man eines der älteren Fläschchen in die Hand nahm und ein wenig schüttelte, daß das Wasser nicht die geringsten Spuren von Fäulnis aufwies, eine Entdeckung, die in mir immer wieder jenes komische Gefühl direkt über dem Magen erzeugte . . .

Am Abend des zehnten Tages nach der Abreise meiner Eltern fuhren mehrere Streifenwagen, anders als der, den mein Bruder in Erinnerung hatte, mit heulender Sirene vor und hielten vor einem Haus nicht weit von uns. Auch wenn ich jetzt, da ich dies aufschreibe, die weiteren Ereignisse bereits kenne, will ich doch versuchen, so wie ich es schon bei dem Mann mit dem Fläschchen getan habe, sie genau zu beschreiben, soweit sie mir in Erinnerung sind, vor allem aber auch, was ich in den einzelnen Phasen empfand.

Während das Heulen der Sirenen immer stärker an mein Ohr drang, verspürte ich ein Gefühl, als habe sich mein Kopf mit einem Mal völlig entleert. Meine Bestürzung war so groß, daß ich wie benommen aufsprang, was einen jähen Schwindel in mir hervorrief und mich auf den Stuhl am Küchentisch, an dem ich gesessen und eine Seminararbeit geschrieben hatte, zurückzwang. Der Grund für meine Panik war, daß mein Bruder kurz zuvor ausgegangen war, um sich die Haare schneiden zu lassen. Normalerweise brachte ich I-Ah zu dem Friseurladen an der Kreuzung Bahnhofstraße/ Busstraße und händigte dem Friseur das Geld im voraus aus. Da I-Ah sich dort aber schon seit vielen Jahren die Haare schneiden ließ, kam er inzwischen ganz gut alleine zurecht. So gefiel es ihm immer sehr, wenn ihn der noch junge Chef nach getaner Arbeit mehrmals fragte: »Na, ist's denn recht so? Ist's recht so?« Und wenn I-Ah sich dann, wegen des frisch geschnittenen Haars in bester Laune, auf den Rückweg machte, ließ er sich immer reichlich Zeit. Irgendwie fühlte ich mich auch etwas komisch, wenn ich als junges Mädchen im Wartezimmer eines Herrenfriseurs saß, und so war es mir mehr als recht, wenn I-Ah die Sache allein erledigte.

Noch immer heulten die Sirenen, und während ich mich, so sinnlos es auch erscheinen mochte, rasch vergewisserte, ob I-Ah nicht doch schon nach Hause gekommen war – Ō-chan war in seiner Paukschule –, überkam mich ein starkes Gefühl von Reue, daß ich die Gewohnheit aufgegeben hatte, so lange beim Friseur zu bleiben, bis I-Ahs Haare geschnitten waren...

Dann aber raffte ich mich auf, schlüpfte in meine Joggingschuhe und rannte aus dem Haus. An der dritten Straßenecke auf dem Weg, den I-Ah zurückkommen mußte, standen in einer Straße mit alten Häusern, die von ebenso alten Hecken umgeben waren, etwas abseits von dem direkten Weg vom Friseurladen zu unserem Haus, vor einem der Häuser vier Streifenwagen. Es war ein Spätsommerabend, und im Licht der Scheinwerfer, das sich auf der schweißnassen Haut ihrer Gesichter und Nacken spiegelte, stand die Nachbarschaft, die vor die Tür gegangen war, um etwas Erfrischung zu finden, an der Straßenecke und sah den geschäftig hin- und herlaufenden Polizisten zu.

Mein Körper drängte bereits in Richtung des Hauses, dennoch gelang es mir, die Kraft umzulenken, mit der er im Begriff war loszustürmen, und einen in der Nähe stehenden alten Mann in langer Leinenunterhose mit klopfendem Herzen zu fragen: »Ist hier etwa ein Unfall passiert?« Auf dem sich mir langsam zuwendenden, archaisch anmutenden Gesicht des Alten lag ein Ausdruck, als sehe er gerade eine Folge einer spannenden Fernsehserie. Und plötzlich war mir klar, daß der Vorfall, der die Polizisten dort beschäftigte, kein Verkehrsunfall war, daß es sich vielmehr um etwas handeln mußte, bei dem eng verwobene Beziehungen zwischen Menschen eine Rolle spielten. Der Alte, dessen rötlich glänzende Gesichtshaut sich vor Aufregung noch einen Grad weiter gerötet hatte, sagte zornig:

»Nein, das ist kein Verkehrsunfall. Wahrscheinlich ein Sittenstrolch! Es ist besser, Sie gehen hier nicht weiter.«

Ich verbeugte mich und wandte mich mit einem Ruck der Richtung zu, aus der mein Bruder kommen mußte. Ein Sittenstrolch also, sagte ich mir, doch daß es homosexuelle Sittenstrolche gab, hatte ich zumindest in diesem Lande noch nie gehört. I-Ah ist also sicher, ja, I-Ah ist ganz sicher, sagte ich mir, und ich empfand dabei in meiner Brust ein Gefühl höchster Erleichterung. Als ich jedoch den Friseurladen betrat, befand sich im Warteraum und auch im Salon kein einziger Kunde mehr, und man war bereits mit dem Aufräumen beschäftigt. Der Ladenchef, der mit einem kurzen Besen den Boden fegte, richtete sich auf und sagte sichtlich erstaunt:

»Ihr jüngerer Bruder ist schon vor einer ganzen Weile nach Haus gegangen.«

Daran, daß die Leute annahmen, I-Ah sei mein jüngerer Bruder, war ich inzwischen gewöhnt.

Auf dem Rückweg überkam mich erneut ein Gefühl der Angst: Eben noch hatte ich mich mit dem Gedanken beruhigt, homosexuelle Sittenstrolche gebe es nicht. Konnte es aber nicht sein, daß umgekehrt I-Ah jemanden angefallen hatte? Daß er zum Beispiel, ohne irgendwelche bösen Absichten, ein hübsches kleines Mädchen angesprochen und dieses dadurch in Angst versetzt hatte...? Und nichts haßte I-Ah mehr als lautes Schreien und Weinen...

I-Ah aber war unversehrt nach Hause zurückgekehrt. Er saß auf dem Wohnzimmersofa und studierte in der Abendzeitung das Radioprogramm der kommenden Woche. Ich setzte mich neben ihn und versuchte, das noch immer rasende Klopfen in meiner Brust zu beruhigen. I-Ah sah mich mit verständnislosem Blick an, fuhr dann aber fort, mit einem roten Bleistift sämtliche Klassiksendungen anzukreuzen. Sein frisch geschnittenes kurzes Haar duftete nach Haarcreme, und an den Schultern seines Sporthemdes haftete ein Geruch wie von üppig wuchernden Pflanzen! Das war ein Augenblick, in dem ich eine große Erleichterung verspürte, doch schon am nächsten Tag sollte ich, gleichsam als Beweis für die Berechtigung meiner tiefen Besorgnis, auf recht konkrete Weise an den üppigen Pflanzengeruch erinnert werden. Als ich hinausgegangen war, um das Gartentor zu verschließen, stand nach langer Zeit – nicht etwa, daß ich mich darüber gefreut hätte – wieder einmal ein Wasserfläschchen auf der Gartenmauer. Ich war ziemlich bedrückt.

Einen Tag später fand sich im Lokalteil der Morgenzeitung ein Bericht über den Vorfall mit dem Sittenstrolch. Ein Mädchen im Grundschulalter war von ihm angefallen worden. Was ich nicht gewußt hatte: Der Sittenstrolch trieb schon seit Ende des vorangegangenen Jahres hier in der Gegend sein Unwesen. Auch gestern war er wieder entkommen. Zwei, drei Tage später, als ich den Weg von der Haustür zum Gartentor fegte, standen unsere Nachbarin von gegenüber und eine andere etwa gleichaltrige Frau, mit der sie immer in die Bahnhofsgegend zum Einkaufen ging, auf der Straße und unterhielten sich. Da mich der kurze Besen zu einer leicht gebückten Stellung zwang, bemerkten mich die beiden Frauen, die vor dem geschlossenen Gartentor auf dem niedriger gelegenen Gehsteig standen, nicht.

Wie ich ihrem Gespräch entnahm, hatte der Sittenstrolch dem kleinen Mädchen an der Straßenecke aufgelauert und es dann in eine Einbuchtung der Hecke gezerrt. Mit der einen Hand hatte er das Mädchen an den Handgelenken festgehalten, mit der anderen Hand am Hosenschlitz bestimmte Bewegungen ausgeführt und dem Mädchen etwas ins Gesicht geschleudert. Eine der beiden Frauen gebrauchte dabei den Ausdruck ›Gesichtsdusche‹. Wie schrecklich es doch wäre, sagte die andere, wenn der Mann Aids hätte. Da das Mädchen außerdem heftig geweint hatte, war sein Gesicht ganz verschmiert gewesen. Warum nur hatte es nicht um Hilfe gerufen? Sicher hatte der Strolch es zuerst geschlagen und dadurch eingeschüchtert. Ach, und übrigens, meinte eine der beiden Frauen, habe sie kürzlich von hinten eine bestimmte Person beobachtet, wie sie an der Hecke des besagten Hauses stand . . .

Als ich auf die Straße trat, um vor dem Gartentor zu kehren, und mich kurz verbeugte, lächelten mich die beiden Frauen an und wechselten schnell das Thema. Und noch ehe ich mit dem Kehren der Straße fertig war, war die eine ins Haus zurückgekehrt, die andere auf ihr Fahrrad gestiegen und um eine Straßenecke verschwunden.

Das Gespräch der beiden Frauen trug auf unglückselige Weise dazu bei, das Gefühl der *Beklemmung*, wie es mich seit dem Vorfall mit dem Sittenstrolch überkommen hatte, zu verstärken. Es gab mir zu denken, wie plötzlich das Gespräch der beiden Frauen verstummt war, als mein kleiner runder Kopf über dem Gartentor erschien, und noch mehr schockiert war ich darüber, daß eine der beiden Frauen eine verdächtige Person beobachtet hatte, die an der Hecke des Hauses herumlungerte. Eben dieses Gefühl der *Beklemmung* war es auch, was mich – auch wenn mir I-Ah leid tat – auf die Idee brachte, ein kleines Experiment durchzuführen.

Ich ging mit I-Ah in ein Café in der Bahnhofsstraße, wo ich an der Kasse gleich bezahlte und I-Ah erklärte, ich wolle im Supermarkt einkaufen, er solle deshalb, wenn er ausgetrunken habe, allein nach Hause gehen. Dann lief ich auf die andere Straßenseite, versteckte mich hinter einem Pagodenbaum, dessen feine Blätter sich gelb gefärbt hatten und bereits zu welken begannen, und behielt das Café im Auge. Nach einiger Zeit trat I-Ah aus der Tür, hinter ruhiger Angespanntheit nur mühsam einen sanften Ausdruck verbergend, der schon im nächsten Moment in ein entspanntes Lächeln überzugehen schien. Mit einem Wort: er war bester Laune. Sicher freute er sich, auf meine ausdrückliche Aufforderung hin alleine etwas unternehmen zu können. Mit äußerster Vorsicht überquerte er die vielbefahrene Straße, wobei er geschickt wartete, bis alle Autos angehalten hatten, dann schlenderte er gemütlich weiter, in einer Art, wie sie vor nicht allzu langer Zeit noch bei einem Stadtbummel üblich war.

Würde er den gewohnten Weg nehmen, so hieße dies, daß mein Gefühl der *Beklemmung* ohne jede Begründung war. Und tatsächlich, er bog, wie erhofft, an der richtigen Ecke ab. Schon verspürte ich Erleichterung in mir aufsteigen. Als er jedoch an der Kreuzung anlangte, in deren Nähe sich der Vorfall mit dem Sittenstrolch zugetragen hatte, bog er mit dem Gefühl größter Überzeugung, den richtigen Weg gewählt zu haben, und einem festen Schritt, der einen vergessen ließ, daß er in Wirklichkeit Schwierigkeiten beim Gehen hatte, in Richtung Süden ab, obwohl dies einen Umweg bedeutete. Und siehe da, an dem alten Haus mit seiner aus Azaleen und anderen Büschen gebildeten Hecke blieb er stehen und drückte die rechte Schulter in die trotz des sommerlich üppigen Pflanzenwuchses entstandene Einbuchtung, als wolle er sich verstecken.

Es war noch keine Minute vergangen, seit er dort stand. Auf der Straße war zuerst kein Mensch zu sehen gewesen. Doch nun näherten sich aus der Ferne zwei junge Mädchen in ihren Schuluniformen, die sie wie Elstern oder Krähen aussehen ließen. Sofort war ich hochgradig alarmiert. Angetrieben von meiner *Beklemmung* rannte ich wie von Sinnen auf I-Ah zu und rief aufgeregt: »Was machst du denn? Was machst du denn da? Das ist doch der falsche Weg. Los, wir gehen nach Haus . . .!«

Was dann zehn Tage später geschah, erfährt, wer einen Blick in unser *Familientagebuch* wirft. Angesichts der Tatsache, daß ich während dieser zehn Tage von dem gewaltigen Brocken an *Beklemmung*, der ein immer größeres Gewicht anzunehmen schien, erbarmungslos niedergedrückt wurde, erscheint es mir vollkommen unverständlich, wie sich dieses Gefühl so plötzlich auflösen konnte und auf geradezu seltsame Weise, ohne die geringsten Spuren zu hinterlassen, verschwand. Gleichzeitig aber ist mir, als habe der Umstand, jene zehn Tage größter *Beklemmung* glücklich überstanden zu haben, eine nicht zu unterschätzende Veränderung in mir hervorgerufen. Zudem habe ich etwas vollbracht, was ich, nach innen gewandt und ängstlich, wie ich gewöhnlich war, nie für möglich gehalten hätte.

An dem besagten Tag – es war kaum merklich kühler geworden – hatte sich die von keinem Windhauch bewegte Luft am westlichen Himmel zu einem herrlichen, zarten Abendrot verfärbt. Als ich nach draußen ging, um aus dem Briefkasten am Gartentor die Abendzeitung zu holen, stand auf der Backsteinmauer wieder jenes Wasserfläschchen. In seinem Glas spiegelte sich die abendliche Luft, und die winzige Wasserfläche direkt unter dem Korken erweckte den Eindruck, als habe sich darin wie in einer Linse das Abendrot gefangen. Doch plötzlich wußte ich: Was mir dort rot entgegenleuchtete, war das erschrockene Gesicht jenes Mannes. Und wenn er die Flasche in diesem Moment erst hingestellt hatte, dann mußte es möglich sein, ihn zu verfolgen und ihm das Fläschchen zurückzugeben. Ein plötzlicher Zorn trieb mir das Blut in den Kopf und machte mich wie besessen.

Schnell lief ich zu einer Stelle neben dem Hauseingang, von der man einen Blick ins Wohnzimmer werfen konnte. Durch die Gardinen hindurch sah ich I-Ah bäuchlings am Boden liegen, vertieft in seine Notenblätter. Dann schloß ich leise die Haustür und schob, ganz ohne Hast, mein Fahrrad zum Gartentor. Ich nahm das lauwarme Fläschchen, legte es in den Einkaufskorb an der Lenkstange – wo es, als ich losfuhr, sogleich umherzurollen begann – und raste, so schnell ich konnte, in Richtung Bahnhof.

Zuerst ging es geradeaus bis zur Busstraße, dort bog ich am Fußweg nach Süden ab. Dann fuhr ich weiter bis zu der Kreuzung mit der Ampel, von wo, wenn man nach links abbiegt, eine Straße zum Bahnhof führt. Um diese Zeit herrschte noch immer ein reger Verkehr, und selbst wenn ich den Mann einholen würde, war es unsicher, ob ich ihn, dessen Gesicht ich nur ein einziges Mal gesehen hatte, überhaupt wiedererkennen würde. Ich überlegte mir deshalb, ob es nicht besser sei, die sich in Nord-Süd-Richtung erstreckenden engen Straßen zwischen unserem Haus und der Busstraße abzufahren, auf denen sich jetzt kaum jemand befand, so daß ich ihn eindeutig identifizieren konnte, wenn ich ihm begegnete . . .

Als ich noch jung und sorglos war, hatte unsere Familie einige Zeit in einer Berghütte in der Gegend von Gunma verbracht, und Vater hatte damals über mich gesagt, ich würde umherspringen wie ein junges Fohlen. Auch jetzt, nach langer Zeit wieder einmal auf dem Sattel eines Fahrrads, trat ich energisch in die Pedale und warf die Schultern kraftvoll hin und her wie ein Pferd. Von der Busstraße aus fuhr ich die erste Straße in Richtung Norden, wobei ich an jeder Kreuzung anhielt und kurz nach links und rechts blickte. Am nördlichen Ende bog ich ab und fuhr bis zur nächsten Parallelstraße, um diese in Richtung Süden hinunterzufahren. Und an der Grenze zweier Grundstücke mit alten Häusern, von denen eines von einer dichten Hecke aus Osmanthus-Sträuchern umgeben war, das andere von einer eher ungepflegten Hecke aus kleinen Zypressen, erblickte ich plötzlich die Umrisse zweier Gestalten, die eine groß, die andere etwas kleiner, die miteinander zu ringen schienen.

Nachdem ich mich ihnen um weitere fünf, sechs Meter genähert hatte, bremste ich scharf. Eine der beiden Gestalten, ein Mann, trug trotz des sonnigen Wetters einen Regenmantel von grasgrüner Farbe, die andere war ein Mädchen, dem Alter nach Grund- oder Mittelschülerin, das ein hellrosa Kleid trug. Mit der einen Hand drückte der Mann das Mädchen fest an sich, indem er es zwischen seinen fest auf den Boden gestemmten Beinen in eine Art Hocke zwang, die andere Hand hatte er unterhalb der Bauchgegend in den Schlitz seines Regenmantels gesteckt und führte damit heftige Bewegungen aus . . .

Was ich nun tat, erschien mir bei meiner wenig später der Polizei zu Protokoll gegebenen Zeugenaussage selbst reichlich komisch. Ich hob mich hoch aus dem Sattel und trat, den Kopf tief nach vorne gebeugt und unablässig klingelnd, wie verrückt in die Pedale, war wie eine Späherin aus einem Spiel meiner Kindheit, und raste an den beiden ineinander verschlungenen Gestalten vorbei. Eine Sekunde lang sah ich sogar, wie mich der Mann im Regenmantel mit den braunen Punkten in seinen Augen fixierte.

Nachdem ich fünfzehn, sechzehn Meter gefahren war, sprang ich vom Fahrrad, drehte es schnell wieder um und stieg wieder auf. Während ich dabei mit einem Bein das Fahrrad stützte, blickte ich den Mann kerzengerade an. Auch hatte ich nicht aufgehört, mit der Fahrradglocke zu klingeln. Der Mann hatte inzwischen aufgehört, seine im Schlitz des Regenmantels steckende Hand zu bewegen, doch noch immer hielt er das Mädchen mit eisernem Griff an sich gedrückt. So, als denke er fieberhaft über etwas nach, richtete er sein Gesicht mit den viel zu weit auseinander liegenden Augen unablässig auf mich. Dann reckte er seinen aus dem Schlitz des Regenmantels aufgetauchten Arm plötzlich in die Höhe und schwenkte ihn in meine Richtung hin und her, als wolle er einen Hund verjagen.

Vor Wut den Tränen nahe, schüttelte auch ich verzweifelt den Kopf hin und her, bis ich plötzlich eine etwa fünfunddreißigjährige Frau bemerkte, die uns vom ersten Stock des kastenartigen Hauses hinter der ungepflegten Hecke beobachtete.

»Schnell, schnell! Helfen Sie doch bitte!« rief ich ihr zu. Die Frau schob geräuschvoll das Fenster auf, beugte sich etwas heraus, um sich eine bessere Übersicht zu verschaffen, dann wandte sie sogleich den Kopf ins Zimmer und rief jemandem etwas über die Schulter zu.

Von einer Ahnung bedrängt, ließ der Mann im Regenmantel das Mädchen plötzlich los. In einem seltsam scharfen Winkel beugte er die Schultern zur Seite und stürmte mit schnellen Schritten in die entgegengesetzte Richtung davon. Nun erst fing das Mädchen zu heulen an und kam mir auf den Knien rutschend entgegen. Ich fuhr, noch immer mit der Fahrradglocke klingelnd, an dem Mädchen vorbei und jagte dem Mann hinterher. Als ich ihn eingeholt hatte, blieb er stehen und starrte mich mit seinen Pünktchenaugen an, und alles, was ich tun konnte, war, ihm ebenfalls aus sicherer Entfernung ins Gesicht zu starren. Irgendwann aber breitete er, als wäre er *Batman*, seinen Regenmantel aus und entfloh, so schnell er nur konnte, in eine Seitenstraße . . .

Daß der Sittenstrolch schließlich gefangen werden konnte, war dem jüngeren Bruder jener Frau aus dem ersten Stock zu verdanken, der ihm auf dem Motorrad nachgejagt war und, anders als ich, die ihn ja lediglich verfolgt hatte, ihm an der Busstraße aufgelauert hatte. Allerdings trug auch ich meinen Teil dazu bei, daß der blasse und verschwitzte Mann, der dann so tat, als wüßte er von nichts, tatsächlich als Sittenstrolch identifiziert werden konnte, da ich ja, reichlich verspätet zwar und noch immer laut klingelnd, den beiden Männern hinterhergefahren war.

Bis zur Ankunft des Streifenwagens hielten der kräftige junge Mann mit dem Motorrad und ein weiterer Mann aus demselben Haus, sein Schwager, den Sittenstrolch an beiden Armen fest – die Frau war bei dem jungen Mädchen geblieben, um es zu beruhigen. Während ich dastand, spürte ich unablässig den Blick des Mannes auf mir, aus braunen Pünktchenaugen, Augen wie die eines fieberkranken Welses. Wie er später auf der Wache ausgesagt haben soll, hatte er nur deshalb nicht wieder versucht zu fliehen, weil er wußte, daß ich mir sein Gesicht deutlich eingeprägt hatte.

Der Mann soll auch zugegeben haben, daß er es war, der die ganze Zeit über die Wasserfläschchen an unserem Gartentor abgestellt hatte. Nun wußte ich auch plötzlich, warum mein Rock vorn so naß geworden war, denn erst auf diesen Hinweis hin war mir klar geworden, daß sich der Korken von dem Fläschchen in meinem Fahrradkorb gelöst haben mußte.

Am Tag nach diesem Vorfall hatte ich Fieber und konnte nicht aufstehen, I-Ah blieb seiner Arbeit in der Behindertenwerkstatt fern, und Ō-chan kümmerte sich um das Essen. *Für alle Fälle* habe er eine ausgewogene Mahlzeit zusammen-

31

gestellt, meinte er, während er den Tisch deckte, doch alles, was er auftrug, waren verbilligte Fertiggerichte aus dem Supermarkt. Ich mußte schmunzeln, wenn ich mir vorstellte, wie er sie mit Sorgfalt ausgewählt hatte. Nur einmal, als mein Fieber seinen Höhepunkt erreichte und ich in einen tiefen Schlaf gesunken war, hatte ich ein Gefühl der Erleichterung, ansonsten fühlte ich mich, ganz gleich, ob am Tag oder in der Nacht, von der quälenden Erinnerung an den schrecklichen Vorfall niedergedrückt.

Warum war der Mann mit dem Wasserfläschchen der Sittenstrolch? Bei der Polizei sagte er aus, er sei auf die Idee mit dem Fläschchen gekommen, damit er, wenn er von einem Polizisten angehalten und befragt würde, was er in diesem Viertel suche, sagen könne, er müsse dieses Fläschchen bei uns abliefern. Daß er ausgerechnet uns ausgewählt hatte, lag nur daran, daß Vaters Name manchmal in der Zeitung stand. Wenn ich mich jedoch an den starren Blick des Mannes erinnere, als er das Mädchen niederdrückte, als er wegrannte und auch als er festgenommen wurde, so scheint mir, als habe es noch einen anderen Grund für sein Verhalten gegeben. Ich hatte das Gefühl, als zeige sich dies mir (der Tochter jenes Mannes also, für dessen *Gebet* sich dieser ›religiöse Fanatiker‹ so sehr interessierte) in seinen braunen Pünktchenaugen.

Als die schlaflose Nacht zu Ende gegangen war, kam mir wie im Traum ein weiterer schrecklicher Gedanke. Auch wenn der Mann ein Sittenstrolch war, würde man ihn nicht allzu lange festhalten. Sobald er aus dem Gefängnis entlassen war, würde er zweifellos in unsere Wohngegend zurückkehren, sich an der Hecke verstecken und mir auflauern, um mich, deren Gesicht er sich genau eingeprägt hatte, zu packen und mit eisernem Griff in die Knie zu zwingen. Wie das Mädchen, das er mit seinen Schlägen eingeschüchtert hatte, würde auch ich mich nicht wehren können, und dann würde er mir aus dem Fläschchen das Wasser, das nie faulte, über Augen und Nase gießen...

An einem Tag, der schon richtig herbstlich war – das Fieber hatte endlich nachgelassen –, ging ich mit I-Ah zum Supermarkt am Bahnhof, um einzukaufen. Da alle Energie aus mir gewichen war, ließ ich meinen kräftigen Bruder die beiden Einkaufstüten tragen. Als wir langsam nach Hause zurückkehrten, kamen wir zu der Kreuzung, an der die Straße zu dem Haus mit der Hecke abzweigte, vor dem I-Ah damals stehengeblieben war. Und so, als sei er es, der die Führungsrolle innehatte, bog er entschlossen in die Straße ein. »Was machst du denn, I-Ah? Das ist doch ein Umweg«, rief ich mit leiser Stimme, während ich ihm zögernd folgte. I-Ah ging geradewegs auf das besagte Haus zu und drückte seine Schultern in die Einbuchtung der Azaleenhecke. Dann spitzte er mit ernstem Gesicht die Ohren. Ganz verhalten drang der Klang eines Klaviers herüber, auf dem jemand übte. Nachdem I-Ah eine Weile zugehört hatte, drehte er sich mit einem Ausdruck stiller Zufriedenheit zu mir um und sagte: »Klaviersonate, Köchelverzeichnis 311, kein Problem. Die schwierigen Stellen sind alle vorbei. Jetzt gibt es keine Probleme mehr!«

Im selben Moment merkte ich, wie auch von mir jenes Gefühl gewichen war, das mich so lange niedergedrückt hatte. Und ich wußte: Auch wenn die Zukunft neue Sorgen bringen würde, würden diese nichts sein angesichts jener ungeheuren *Beklemmung*, die ich neulich empfunden hatte . . .

Das ausgesetzte Kind

Soweit ich zurückdenken kann, ist es schon mehrere Male vorgekommen, daß Vater sich für einige Zeit im Ausland aufhielt. Damals fuhr er immer allein, und meist waren die Reisen durch seine Arbeit bedingt, wenn er zum Beispiel Orte aufsuchte, die mit einem bestimmten Schriftsteller verbunden waren, über den er Recherchen anstellen wollte. Daß er jedoch für acht Monate zusammen mit Mutter ins Ausland reiste und die halbe Familie zurückließ (ganz gleich, wie alt wir Kinder schon waren), geschah nun zum ersten Mal. Der Grund für diese ganz neue Situation hing zwar wieder mit Vater zusammen, doch auch Mutters Meinung schien eine bestimmte Rolle gespielt zu haben. Und wer Mutter kannte, wußte, daß das, was sie für wichtig erachtete, auch zweifellos wichtig war. Ohne deshalb um eine genauere Erklärung zu bitten, bot ich von mir aus an, mich um I-Ah zu kümmern. Ō-chan, hieß es, habe zwar mit der Vorbereitung für die Aufnahmeprüfung der Universität viel zu tun, aber selbständig wie er war, könne er sich problemlos alleine versorgen.

Wie groß aber die Verantwortung, die ich mir aufgeladen hatte, in Wirklichkeit war, sah ich an der Reaktion von Herrn Shigetō, der ein alter Bekannter Vaters war und I-Ah seit dem vergangenen Jahr Kompositionsunterricht gab.

Als ich ihm über das Vorhaben meiner Eltern berichtete, sah er mich eine Weile mit seinen leuchtend hellen, wie von klarem Lack überzogenen Augen voller Mitleid an und meinte dann:

»Das wird eine schwierige Zeit für dich werden, Mā-chan, mit I-Ah zusammen, in jeder Beziehung . . . «

Sein Mitleid mir gegenüber angesichts dieser Nachricht wurde noch übertroffen von dem Schmerz, den es mir bereitete, dieses Mitleid auf seiner Seite wahrzunehmen. Während ich betroffen die Augen senkte, begannen meine Gedanken in Richtung dieser, wie er es nannte, *schwierigen Zeit* zu wandern. Angenommen, I-Ah stößt etwas zu. Durch die schriftstellerische Arbeit meines Vaters wußten die Leute über die Situation in unserer Familie einigermaßen Bescheid, daß es zum Beispiel einen schon erwachsenen Sohn gab, der geistig zurückgeblieben war und der, wenn auch in einer Werkstatt für geistig Behinderte, einer geregelten Arbeit nachging – wie groß also würde in einem solchen Fall die Kritik der Öffentlichkeit an den Eltern sein, die ihren behinderten Sohn in der Obhut der beiden Geschwister zurückgelassen hatten, um sich für längere Zeit nach Amerika abzusetzen? Und einmal ganz abgesehen davon: Wie *schrecklich* wäre es doch, wenn I-Ah tatsächlich etwas passierte!

Wie *schrecklich* das in der Tat gewesen wäre, wußte niemand besser als Mutter. Aber wenn sie sich schon einmal über etwas ausschwieg, dann hieß das, daß sie es sich gut überlegt hatte. Und wenn sie sich entschlossen hatte, Vater nach Amerika zu begleiten, dann hatte dies zweifellos seine Berechtigung. Zudem hatte sie mir vor ihrer Abreise die Hintergründe für ihre Entscheidung, soweit ich sie erfragen konnte, erklärt.

Vater war eingeladen worden, auf einem Campus der University of California als *writer in residence* zu leben. In der Vergangenheit hatte er mehrmals an Symposien der UC teilgenommen und dadurch zahlreiche Freunde unter den Anglisten und Historikern gewonnen, die er alle sehr verehrte. Wäre es jedoch nur das gewesen, so hätte er wie bisher alleine fahren und in eine Wohnung für Fakultätsmitglieder ziehen können.

Mutter aber erklärte in ihrer knappen Art, Vater habe wieder einmal eine *Krise*. Und selbst Vater gab zu, daß es diesmal eine *Krise* von bisher nie dagewesenem Ausmaß war.

Wenn es etwas gab, was mich eine Veränderung in Vaters Verhalten hätte spüren lassen, dann höchstens, daß er in der letzten Zeit häufig geistesabwesend war. Da ich eher zu den

Menschen gehöre, die erst im nachhinein reagieren, war ich, als ich von Vaters *Krise* hörte, anfangs keineswegs schockiert. Außerdem wußte ich von Mutter, daß es Vater bisher noch jedesmal gelungen war, über seine *Krisen* hinwegzukommen. Einmal hatte er sich dafür in eine Berghütte in Gunma zurückgezogen, ein anderes Mal war er ein locker definiertes Arbeitsverhältnis mit einer mexikanischen Universität eingegangen. Die wichtigste Voraussetzung bei der Bestimmung seines Zufluchtsortes war jedoch immer, daß es dort Bäume gab. In Kita-Karuizawa zum Beispiel waren es Birken, in Mexiko-City Bougainvillea und Flaschenbäume, und nun in Kalifornien würden es Virginia-Eichen und Sequoias sein. Auch wenn es eigentlich eine ernste Angelegenheit war, erklärte Mutter mit einem Lachen, mit welch großer Sorgfalt Vater immer die für sein Refugium nötigen Bäume erforschte. Wie lächerlich es auch erscheinen mochte, Vater, der in einem von Wäldern umgebenen Tal aufgewachsen war, mußte – und er tat mir deswegen fast ein bißchen leid – bei einer *Krise* unweigerlich an einen Ort mit Bäumen zurückkehren.

Diesmal also war es Kalifornien, wo Vater seine *Krise* überwinden wollte, eine Gegend, in der ihm die Bäume bestens vertraut waren. Anfangs war geplant gewesen, daß er wieder alleine fahren würde, bis Mutter immer stärker auffiel, wie abwesend er häufig wirkte. Da hatte sie sich überlegt, ob sie Vater nicht zusammen mit I-Ah begleiten sollte. Als sie aber von jemandem in der Behindertenwerkstatt hörte, daß es für einen geistig Behinderten sehr schwierig sei, ein Visum zu bekommen, teilte sie uns eines Morgens mit, sie habe sich nach reichlichem Hin- und Herüberlegen entschlossen, alleine mit Vater mitzufahren. Am Frühstückstisch saß – wie konnte es anders sein – auch Vater. Wenn er der Familie in irgendeiner Form Unannehmlichkeiten bereitete, war er stets auf übertriebene Weise bemüht, dies schnell wieder gutzumachen, indem er, was immer es auch sein mochte, alle Schuld auf sich nahm. An diesem Tag aber saß er lediglich da und starrte gedankenverloren vor sich hin.

Was ich meinem Vater gegenüber empfand, läßt sich etwa so beschreiben: Zum einen fand ich seine Haltung unverantwortlich, *Krise* hin, *Krise* her. Zum anderen erschien es mir, als sei er in der letzten Zeit erheblich *gealtert*. War es ihm bisher immer gelungen, seine *Krisen* alleine zu bewältigen (welcher Art diese *Krisen* waren, dazu wollte sich Mutter nicht näher äußern, sie betonte lediglich, daß sie sich schon vor der Heirat daran *gewöhnt* hatte), so schien er nun Trauer und Wut darüber zu empfinden, daß er sich nicht dadurch retten konnte, daß er sich alleine an einen Zufluchtsort zurückzog.

Wie aus meinem bisherigen Bericht zweifellos hervorgeht, hatte ich keinerlei Schwierigkeiten, Mutter gegenüber meine Gefühle zu zeigen. Bei Vater war es anders, zu ihm fühlte ich immer einen deutlichen Abstand. Das kam unter anderem daher, daß Vater, für den I-Ah sein ein und alles war, sich für mich und Ō-chan nur ganz am Rande zu interessieren schien. Dennoch war es in der letzten Zeit vorgekommen, daß wir längere Gespräche miteinander führten, und auch jetzt, da er in Amerika war, schrieb er mir häufig Briefe, was jedoch nicht ausschloß, daß ich des öfteren einen Luftpostbrief auf dem Küchentisch bemerkte, der dort seit längerer Zeit ungelesen lag, während ich andererseits Briefe von Mutter mit Sehnsucht erwartete und auf der Stelle las.

Ihren Briefen war zu entnehmen, daß sie, anders als vor ihrer Abreise, nun das Bedürfnis hatte, mir über Vaters *Krise* zu berichten. So stand da zum Beispiel: »Daß Papa so *down* war – ich gebrauche dieses Wort, auch wenn ich es hasse –, ist auf den Vorfall mit dem Abflußrohr zurückzuführen, wie ich inzwischen weiß. Und Du, Mā-chan, hast sicher das gleiche gedacht.«

Der *Vorfall mit dem Abflußrohr* hatte sich dieses Jahr im Februar zugetragen, und auch ich erinnerte mich noch gut daran. Fast jeden Winter kam es bei uns vor, daß der Abfluß unter dem Ausguß der Küche verstopft war. War es wieder einmal soweit, nahm Vater ein paar mit Kunststoff überzogene Eisenstäbe – wir verwendeten solche Stäbe immer als

Einfriedung für unser Blumenbeet – und umwickelte sie mit einem Hanfseil. Dann ging er frohgemut an die Arbeit. Im Abflußrohr hatten sich meist Fett- und andere Abfallreste zu einem zähen Klumpen verhärtet, und die Innenwände des Rohres waren von einer bräunlichen, kalkartigen Schicht bedeckt. Nach einiger Mühe aber war es soweit, daß sich das Wasser einen Weg durch die klebrige Masse bahnte. War dies geschafft, reinigte Vater mit großer Sorgfalt das ganze Rohr. Wenn er mit der Arbeit fertig war, wusch er sich gründlich die Hände, legte sich, den Geruch eines Abwassergrabens verbreitend, auf das Sofa im Wohnzimmer und las. Und mit dem Geruch des Abwassers umgab seinen ausgestreckt daliegenden Körper ein zarter Hauch von Zufriedenheit...

Angesichts dieses seltsamen Hobbys war es kein Wunder, daß Vater, sobald er in einer Drogerie einen neuen chemischen Abflußreiniger entdeckt hatte, ihn sofort kaufte und bei der nächsten sich bietenden Gelegenheit ausprobierte. Eines Morgens zum Beispiel, als er feststellte, daß das am Abend zuvor von ihm in den Ausguß geschüttete Pulver hervorragend wirkte, war er vor Glück ganz aus dem Häuschen. Bevor wir uns auf den Weg machten, Ō-chan auf seinen zur Schule, ich zur Universität und I-Ah zur Behindertenwerkstatt, führte er uns einzeln zum Ausguß, wo wir sein Werk gehörig zu bewundern hatten. Was damals keiner von uns ahnen konnte: Gerade dieser vermeintliche Erfolg sollte den *Vorfall mit dem Abflußrohr* auslösen. Vom Küchenausguß führte nämlich hinter dem Haus herum und dann seitlich daran vorbei eine unterirdische Rohrleitung, die an der Straße in einen Abwasserkanal mündete. In bestimmten Abständen befanden sich darüber gußeiserne Deckel in der Erde, die mit den Zahlen 1, 2 und 3 markiert waren, wobei der mit einer 1 versehene Deckel der Küche am nächsten lag. Vater wollte nun auch die beiden Rohre zwischen den Deckeln Nr. 1 und 2 sowie 2 und 3 säubern, und dank der chemischen Wunderwaffe, die sich als so erfolgreich erwiesen hatte, gelang es ihm schon bald, die Rohre von der klebrigen Masse zu befreien. Fieberhaft arbeitend, wie ein Bauer, der eine höchst ertragreiche Ernte einbringt, holte Vater munter einen Klumpen nach dem anderen unter den Deckeln hervor.

Doch schon in dieser Phase schien meinen glücklichen Vater ein vages Gefühl der Sorge zu beschleichen. Er schloß nämlich nicht aus, daß sich ein gewaltiger Klumpen in dem langen Rohr zwischen dem letzten Deckel auf unserem Grundstück und dem Abwasserkanal festgesetzt hatte. Noch ehe ein Tag vergangen war, hatte sich seine Befürchtung bewahrheitet, und überall quoll das Abwasser unter den Deckeln hervor. Nun half auch Vaters selbstgebasteltes Werkzeug nichts mehr, es mußte ein Installateur gerufen werden, der wenig später mit allerlei Gerätschaften anrückte.

Anfangs schien es, als würden auch der Installateur und seine Gehilfen nicht recht vorankommen, bis Vater plötzlich nach dem letzten Deckel – genauer gesagt war es der Deckel, den er für den letzten gehalten hatte – noch einen weiteren entdeckte, der in der Erde versteckt lag. Unterhalb dieses Deckels war ein Rost eingelassen, der Fremdkörper daran hindern sollte, in den Abwasserkanal zu gelangen. An diesem Rost nun hatte sich ein riesiger Klumpen festgesetzt und bildete eine Sperre. Nachdem dieses Hindernis entfernt worden war, waren alle Probleme auf einen Schlag gelöst. Der bis vor wenigen Minuten selbst etwas ratlose Installateur hielt Vater nun plötzlich eine Standpauke, wie wichtig es doch sei, regelmäßig die Abflußrohre zu säubern. Was Vater jedoch so deprimierte, war, daß ihm nun nichts anderes übrigblieb, als seinen Fehler einzugestehen: er hatte ja geglaubt, der dritte Deckel sei der letzte, obwohl es in Wirklichkeit ja der Deckel Nr. 4 war. Und obwohl er mit seinem Werkzeug am Ende des Rohres auf Widerstand gestoßen war, hatte er nicht überprüft, ob nicht irgendwo im Boden versteckt noch ein Deckel zu finden war.

»Nach dem *Vorfall mit dem Abflußrohr* hörte man Papa nur noch klagen. Als sein Stab ein Hindernis im Rohr ausgemacht hatte, wäre doch nichts naheliegender gewesen, als in einem Halbkreis den Boden zu untersuchen, wo sich ein weiterer Deckel verbarg . . . Als ich ihn trösten wollte, nun, da der Installateur die Reparatur erfolgreich ausgeführt habe, sei doch alles wieder in Ordnung, brachte ihn dies nur zu um so heftigerem Jammern, und zwar so laut, daß ich richtig erschrak: Es hätte sich ihm doch eine einzigartige Chance geboten, uns zu beweisen, zu welchen Taten er, das Oberhaupt der Familie, fähig war, und nun hätte er alles vermasselt.

Deprimiert, wie er in seiner jetzigen *Krise* ist, konnte ich Papa unmöglich alleine fahren lassen. Momentan beobachte ich ihn nur. Auch wenn – was er nicht ausschließt – sein Vortrag über den Glauben diese *Krise* ausgelöst hat, so will es ihm doch nicht einleuchten, warum gerade jetzt auf einmal alles Unglück über ihn hereingebrochen ist. Die jetzige *Krise* ist bei weitem nicht so harmlos wie diejenige nach dem *Vorfall mit dem Abflußrohr*. Es scheint ihm, als habe sich alles über die Jahre hinweg angesammelte Übel mit einen Schlag auf ihn gestürzt. So ist es also dazu gekommen, daß ich Dir nun so viele Unannehmlichkeiten bereiten muß. Ich glaube aber wirklich, daß es momentan besser ist, wenn ich bei Papa bleibe.«

Soweit Mutters Brief. Was mich betraf, so hatte ich, während ich doch mit beiden Beinen im Alltagsleben stand, seit einiger Zeit häufig Träume, in denen sich die Wirklichkeit irgendwie verzerrte. Obwohl ich sonst nicht zu den Menschen gehöre, die das träumen, was man im herkömmlichen Sinn als Traum bezeichnet, hatte ich an dem Tag, an dem ich Mutters Brief las – ungeachtet eines möglichen Zusammenhangs –, einen überaus aufwendigen Traum. Mir träumte nicht nur, daß ich ein Theaterstück meines Vaters besuchte (in Wirklichkeit hatte er bis dahin nicht ein einziges Stück geschrieben), sondern auch, daß er selbst darin auftrat! Genau wie Mutter! Ich wunderte mich, wie dies möglich war, denn sie hatten beide doch nie Schauspielunterricht genommen, und ebenso unverständlich war mir, warum sie, wenn sie doch eigentlich in Kalifornien sein mußten, nun plötzlich hier waren. Jedenfalls war ich mit I-Ah zusammen ins Theater gegangen, um das Stück zu sehen . . .

Auf der Bühne standen also tatsächlich unsere Eltern, doch ihre Stimmen waren nur schlecht zu hören. Da die Vorstellung eben erst angefangen hatte, rückten wir in eine der vorderen Reihen vor, worauf sogleich ein Mann mit einer Armbinde, auf der PRESSE stand, auf uns zukam und sagte: »Eure Karten sind für die billigeren Plätze. Hier könnt ihr nicht bleiben. Verschwindet!« Als ich aufgewacht war, überlegte ich verzweifelt, wer der Mann mit der Armbinde gewesen sein mochte. Obwohl er mir unbekannt vorkam und ich ihm allenfalls ein- oder zweimal ganz kurz begegnet war, so daß sich mir sein Gesicht nicht eingeprägt hatte, erinnerte er mich doch an einen Bekannten . . .

Als ich Ō-chan beim Frühstück von meinem Traum erzählte, sagte er: »Auch wenn ich ein bißchen was über Psychologie gelesen habe, bin ich natürlich nicht in der Lage, irgendwas Kompetentes über die Probleme anderer Leute zu sagen. Wenn man aber etwas Schreckliches oder Groteskes träumt, zum Beispiel daß einem jemand übelwill, dann handelt es sich bei dieser Person nicht um diejenige, die im wirklichen Leben böse Absichten gegen einen hat. Anders gesagt: Die im Traum auftretende Person, der sogenannte Agent, ist im tatsächlichen Leben der Widersacher Nummer 2. Das kommt daher, daß man selbst im Traum vermeiden möchte, der Person, die einem am feindseligsten gesinnt ist, zu begegnen, und so ersetzt man sie einfach durch den Widersacher Nummer 2, den Substituten. Was du also machen solltest, ist: Nimm einfach die Person, von der du glaubst, daß sie dein größter Widersacher ist, und überlege dir dann, durch welche andere Person du sie ersetzen könntest.«

Schon im Kindergartenalter hatte sich Ō-chan ausschließlich für Legosteine und Technik-Bilderbücher interessiert. Unseren Eltern gegenüber, aber auch wenn er mit mir sprach, verwendete er einen Stil wie aus Büchern, was mich manchmal so aufbrachte, daß ich ziemlich gereizt war. Später, als Mittel- und Oberschüler, beteiligte er sich mit Vorliebe an Orientierungsläufen, und nun, da er sich entschlossen hatte, an der Uni ein naturwissenschaftliches Fach zu studieren, schien er nie wieder ein richtiges Buch in die Hand zu nehmen, zumindest keines mit geisteswissenschaftlichem Inhalt. Dennoch verwendete er pausenlos Termini, wie man sie nur in Büchern fand, und so hatte ich auch jetzt Schwierigkeiten gehabt, seinen Ausführungen über Widersacher (?), Agent (?) und Substitut (?) zu folgen. Erst als ich mir die Schriftzeichen der von ihm gebrauchten Begriffe vor Augen rief, verstand ich, daß sie für die Beschreibung der Zusammenhänge durchaus geeignet waren. Dieses besondere Sprachgefühl gehörte schon immer zu den Dingen, die ich an meinem mir oft so unverständlichen Bruder bewunderte. Über all dies, also auch über das Gespräch mit Ō-chan, berichtete ich Mutter in meinem nächsten Brief.

In ihrer Antwort hieß es:

»Als ich Papa von Deinem Traum erzählte, in dem Du zusammen mit I-Ah im Theater warst, wurde er plötzlich sehr nachdenklich. Was die Szene betrifft, in der Ihr beide so weit von der Bühne sitzen mußtet, auf der Papa und ich standen, und wo Ihr von dem Mann so unfreundlich behandelt wurdet, glaube ich eine Deutung gefunden zu haben. Und zwar glaube ich, daß die Lage, in der Ihr Euch im Traum befandet, genau Eurer jetzigen Situation im wirklichen Leben entspricht. Als ich das Papa sagte, meinte er ziemlich radikal: Wer weiß, vielleicht war es eher die Situation der beiden, wenn wir zwei einmal gestorben sind. Vielleicht üben sie jetzt schon für die Zeit, wenn sie zu Waisen werden. Und er machte dabei den Eindruck, als hätten ihn seine eigenen Worte zutiefst verletzt... Wenn es ihm wieder besser geht, wird er Dir sicher selbst berichten, was Dein Brief in ihm ausgelöst hat.«

Einen Tag, nachdem Mutters Brief angekommen war, erhielt ich tatsächlich ein Schreiben von Vater.

»Mā-chan, wenn Du in Tōkyō träumst, dann ist es hier in Kalifornien entweder Morgen oder Abend, eine Zeit also, zu der ich gewöhnlich auf bin. Ich habe die Tage zurückgerechnet und dabei festgestellt, daß ich mich zum Zeitpunkt Deines Traums auf einem Abendspaziergang am *strawberry creek* in einer von Sequoias bestandenen Ecke des Universitätsgeländes befand, inmitten zahlreicher Leute, die ihre Blicke auf mich zu richten schienen, aber ich verspürte beileibe nicht so etwas wie Verfolgungswahn, im Gegenteil, es war alles andere als unangenehm. Zu eben dieser Zeit muß es Dir in Tōkyō geträumt haben, Mama und ich stünden zusammen auf der Bühne.

Ich kann mir gut vorstellen, wer der grobe Kerl mit der PRESSE-Armbinde war, und ich glaube, aus Deinem Traum läßt sich folgendes herauslesen: Wahrscheinlich war es so, daß Du dem Ablauf meines Stücks nicht richtig folgen konntest. Deshalb hast Du den arroganten Mann mit der Armbinde erfunden, um Deinen Blick vom Geschehen auf der Bühne abzulenken. Was mich bei der ganzen Sache aber beruhigt, ist, daß Du nun zumindest ein wenig darauf vorbereitet bist, Dich mit einem Euch übelgesinnten Mann auseinanderzusetzen. Mit großer Wahrscheinlichkeit wird Dir nämlich schon bald ein Kerl wie dieser nicht nur im Traum, sondern im wirklichen Leben begegnen.«

An einem dieser Tage hatte I-Ah gleich nach unserer Ankunft im Hause von Herrn Shigetō einen Anfall. Ich hatte aber weder vergessen, ihm seine Medizin zu geben, die er regelmäßig gegen epileptische Anfälle nehmen mußte, noch hatte sich I-Ah erkältet oder war sonstwie körperlich geschwächt. Zum Glück war der Anfall dieses Tages relativ leicht. I-Ahs Bewegungen verlangsamten sich zunehmend, es war, als wehre er sich verzweifelt gegen eine von außen auf ihn einwirkende Kraft, und Hals und Gesicht hatten sich mit einer glänzenden, rötlichen Hitze überzogen. Wir legten I-Ah auf das Sofa, und als ich Herrn Shigetō die näheren Umstände erklärt hatte, brachte seine Frau sogleich eine Wolldecke herbei, die irgendwo aus Osteuropa zu stammen schien. In diese packten wir I-Ah von der Brust bis zu den Füßen, und unter seinen Kopf legten wir ein besticktes Bauernkissen, das, wie mir schien, aus Polen kam. Den Schwerpunkt in I-Ahs wuchtigem Schädel auszumachen war nicht so einfach, und so hatten wir unsere liebe Not, den Kopf auf dem Kissen zu stabilisieren. Wie immer bei einem Anfall entströmte I-Ahs Mund ein übler Geruch, an den ich mich einfach nicht gewöhnen konnte. Womöglich hervorgerufen durch die besondere Atmosphäre der Decke und des Kissens, stand mir plötzlich wieder ganz deutlich das Bild eines Teufelchens aus einer Geschichte vor Augen, die ich in meiner Kindergartenzeit gehört hatte und von der ich inzwischen weiß, daß sie auf ein russisches Märchen zurückgeht. Es ist ein kleines Teufelchen mit dünnen, spinnenhaften Beinen und einem glühend heißen Atem, der bestialisch stinkt.

Auf dem Sofa hielt sich I-Ah die Hand mit fest aneinandergepreßten Fingern wie schützend vor die Augen, was Frau Shigetō sogleich veranlaßte, die Vorhänge zuzuziehen. »Soll ich etwas Musik machen?« sagte sie zu I-Ah gewandt. Dieser aber zeigte nicht die geringste Reaktion. Herr Shigetō machte ein betrübtes Gesicht und schwieg, so als sei er es gewesen, der I-Ahs Anfall ausgelöst hatte. Als ich ihn wenig später fragte: »Geht es wieder? Geht es dir wieder besser?« antwortete er, wenn auch mit schwacher und etwas belegter Stimme: »Es geht schon wieder. Jetzt ist es wieder besser.« Ich weiß nicht, ob es die in I-Ahs Antwort zu spürende kindliche Unschuld war – jedenfalls glaubte ich zu bemerken, daß Herr Shigetō mit den Tränen kämpfte, als er in dem abgedunkelten Zimmer für einen kurzen Augenblick den Kopf hob. Verlegen wandte ich den Blick von ihm ab . . .

Natürlich mußte ich Mutter in einem Brief von I-Ahs Anfall berichten. Unter anderem schrieb ich, daß ich Ende des Monats, wenn ich zum Krankenhaus gehen wollte, um I-Ahs Medikamente für die nächsten vier Wochen abzuholen (es war das Krankenhaus, in das I-Ah unmittelbar nach seiner

Geburt mit dem Rettungswagen eingeliefert worden war und in dem er sich seither in ambulanter Behandlung befand), nicht wie gewohnt I-Ahs Patientenkarte einfach in das Kästchen mit der Aufschrift *Medikamente* legen würde, sondern daß ich mich entschlossen hatte, I-Ah diesmal mitzunehmen und ihn untersuchen zu lassen.

Während ich dasaß und an Mutter schrieb, erinnerte ich mich mit Wehmut daran, wie wir damals, als meine Eltern noch hier waren, bei einem Anfall I-Ahs immer alle mitgeholfen hatten. Irgendwie konnte ich jetzt sogar Vaters Benehmen etwas verstehen, das ich vorher eher abgelehnt hatte. War der Anfall leicht, verhielten sich die beiden nämlich, als spielten sie eine Art Spiel. Wahrscheinlich, überlegte ich mir, war dies gar nicht so falsch gewesen.

Ein leichter Anfall verlief bei I-Ah für gewöhnlich so: Wenn er am Morgen aufgestanden war, hatte er bereits leichtes Fieber. Das lag manchmal zwar ganz einfach daran, daß er sich erkältet hatte, doch im Laufe der Zeit hatte Vater ein genaues Gespür dafür entwickelt, ob es nicht etwa das erste Anzeichen eines bevorstehenden Anfalls war. In einem solchen Fall ging er nicht in sein Arbeitszimmer im ersten Stock, sondern nahm auf einem Stuhl im Wohnzimmer Platz und begann dort – auf den Knien als Unterlage eine Platte, wie man sie oft beim Zeichnen benutzt – mit dem Schreiben. Dabei ließ er I-Ah, der auf dem Teppich lag und im Radio Musik hörte, nicht aus den Augen. Irgendwann war es dann soweit, daß I-Ah sich langsam erhob und zum Beispiel versuchte, in das eine Stufe höher gelegene Eßzimmer hinüberzugehen. Und unterwegs war seine Batterie dann plötzlich leer.

Zwar fiel er nicht einfach hin, doch Mutter und ich allein konnten ihn auch mit vereinten Kräften nicht halten. Auch Ō-chan kam meist rasch herbeigelaufen und machte ein besorgtes Gesicht, doch irgendwie fühlte er sich gehemmt, I-Ah anzufassen. Nun war also Vaters Auftritt gefragt. Im Nu hatte sich dieser mit einer Promptheit, die nur schwer zu dem gelassenen Auftreten eines Erwachsenen zu passen schien,

neben I-Ah gestellt und angefangen, mit Worten auf ihn ein-
zureden, die mir, wie das bereits erwähnte *kin*, irgendwie
zuwider waren.

»I-Ah, wieder ein *Anfalldurchfall*? Los, reiß dich zusammen, wir geh'n aufs Klo! Bloß nicht aufgeben unterwegs!
Daß du mir ja den *Anfalldurchfall* nicht rausläßt!... Okay,
geschafft, ein voller Erfolg der *Anfalldurchfall*!«

I-Ah, der inzwischen nicht nur so groß wie Vater, sondern
auch schwerer war, befand sich unabhängig vom Stadium
des Anfalls in einer Art Dämmerzustand, seine Bewegungen
wurden zunehmend langsamer, und keiner konnte wissen,
ob er nicht schon im nächsten Augenblick umfallen würde.
In diesem Zustand führte ihn Vater auf die Toilette, wo er ihn
im Glücksfall auf die Brille bugsieren konnte, bevor der
Durchfall mit aller Heftigkeit einsetzte. Ob I-Ah es bis zum
Toilettensitz geschafft hatte oder nicht, bedeutete für Mutter,
die im Falle eines Mißlingens das Malheur beseitigen mußte,
einen gewaltigen Unterschied. Um so verständlicher war,
daß Vater ein immer feineres Gespür dafür entwickelte, ob
nun sogleich ein Anfall einsetzen würde oder daß eben einer
begonnen hatte, damit er I-Ah dann sofort aufs Klo führen
konnte. Und daß er, wenn das Ganze von einem *vollen Erfolg*
gekrönt war, vor Freude strahlte, war ebenfalls leicht nachzuvollziehen.

An dem reichlich seltsamen Ausdruck *Anfalldurchfall*
schien Vater schon zu der Zeit, als I-Ah noch in die Sonderschule ging, Gefallen gefunden zu haben. Daß er den Ausdruck dann aber – zusammen mit dem Wort *kin* – zu einem
festen Bestandteil seines Wortschatzes machte und I-Ah auf
fast fröhliche Art damit aufzog, ging das nicht etwas zu weit?
Mußte es I-Ah kurz vor oder auch nach Beginn eines Anfalls
nicht so empfinden, als stiegen aus Luftröhre, Speiseröhre,
Magen und Darm Millionen winziger, heißer Bläschen in
ihm auf? War das allein nicht schon schmerzhaft genug? Dann
aber mußte es unerträglich für ihn sein, einen Schwall von
Unsinn aus Vaters Mund über sich ergehen zu lassen, wäh-

rend er doch verzweifelt bemüht war, trotz seiner steifen Hände und Füße das Gleichgewicht zu halten, auf die Toilette zuzusteuern und dabei – das wichtigste überhaupt – den *Anfalldurchfall* zurückzuhalten.

Vor allem solche Gedanken waren es, die mich Vaters Verhalten seit langem mißbilligen ließen. Erst kurz vor der Abreise meiner Eltern nach Amerika war es mir gelungen, ein klein wenig Verständnis für die Art und Weise aufzubringen, wie Vater I-Ah behandelte. Eines Sonntags hatte er mit I-Ah ein von der Stadtverwaltung organisiertes ›Kontaktkonzert‹ für Behinderte besucht, aus dem er – im Gegensatz zu I-Ah, der völlig begeistert war – so mitgenommen zurückkam, daß er mir richtig leid tat. Schon damals hätte man merken können, daß Vater sich in einer *Krise* befand. Da ich I-Ah selbst bereits zweimal zu solchen ›Kontaktkonzerten‹ begleitet hatte, war ich, ehrlich gesagt, etwas besorgt, als I-Ah und Vater zusammen loszogen. Es mochte eine rein subjektive Empfindung sein, aber irgendwie war es bei solchen musikalischen Wohltätigkeitsveranstaltungen doch so, daß sich die Moderatoren und Dirigenten meist sehr viel Mühe gaben, während die Musiker des Orchesters nur allzu deutlich eine nicht unverständliche Schlaffheit an den Tag legten. Ich befürchtete deshalb, daß Vater, in dessen Bekanntenkreis es mehrere Komponisten gab, die ihn häufig zu Erstaufführungen ihrer Werke einluden, angesichts eines nicht sehr motivierten Orchesters ziemlich schockiert sein würde. Am Abend vor dem Konzert hatte er mir gegenüber sogar eine vage Andeutung gemacht, daß es ihm gar nicht so ungelegen wäre, wenn ich für ihn einspringen könnte. »Na, mit wem geht I-Ah denn morgen ins Konzert?« fragte er nach Art eines unserer Spielchen, worauf I-Ah wie vorgesehen unter den Tisch kroch und mit seinem schönen Zeigefinger letztlich doch Vater zu seinem Begleiter auswählte.

Wohl oder übel machte sich Vater am nächsten Tag mit I-Ah auf den Weg zum Konzert. I-Ah trug einen Anzug, den Vater ihm nach mehrmaligem Tragen überlassen hatte, nachdem sich herausstellte, daß er I-Ah eigentlich recht gut stand. Nach dem Konzert gingen die beiden in ein Restaurant in der Nähe des Bahnhofs Ikebukuro. Hier mußte Vater noch genügend Kraft und Energie besessen haben, für uns zu Hause Gebliebene eine Packung Eiscreme zu kaufen, aber als er am Abend zu Hause eintraf, war er sichtlich erschöpft.

Bei solchen ›Kontaktkonzerten‹ traf man immer auf zahlreiche Behinderte, die sich alle durch ihre ganz eigene Individualität auszeichneten, und das gleiche ließ sich von den sie begleitenden Angehörigen sagen. Vor allem bei Müttern mit Kindern, die schon im Oberschulalter waren, traten die unterschiedlichen familiären Verhältnisse deutlich hervor. Ich empfand große Achtung davor, wie sie sich so völlig bedingungslos ihrem schweren Schicksal stellten, auch wenn die schmerzliche Erfahrung so etwas wie einen Schatten auf ihr Gemüt geworfen hatte. Meist waren es diese Mütter, zu denen ich mich gesellte, doch manchmal hatte ich auch Gelegenheit, mit anderen Angehörigen der behinderten Kinder oder mit ehrenamtlichen Helfern zusammenzusein; all dies in dieser nur schwer zu beschreibenden, mit heißer Luft gefüllten Atmosphäre.

Ich konnte mir gut vorstellen, wie Vater, der sich zu seiner Arbeit meist in sein Studierzimmer zurückzog, durch diese von Enthusiasmus geprägte Atmosphäre weniger mitgerissen als vielmehr ermüdet wurde. Hinzu kam, daß ihm in der ungewohnten Umgebung eines Konzertsaals oder der Bahn das Auffällige und Andersartige in I-Ahs Gesichtszügen und in seinen Bewegungen aufs neue ins Bewußtsein drang, wie angenehm und vertraut diese Dinge im engen Familienkreis sonst auch empfunden wurden. Und handelte es sich bei den meisten der im Saal Anwesenden um Behinderte, verstärkte sich wechselseitig das Gefühl des Andersseins. Diese stetige Neuentdeckung von I-Ahs Andersartigkeit müßte es wohl sein, was Vater bei solchen Konzerten so sehr zusetzte.

Tat mir Vater bei diesem Gedanken einerseits leid, empfand ich andererseits auch starken Zorn. Wenn ich mir –

etwas eigensinnig vielleicht – die These zurechtgelegt hatte, Vaters Erschöpfung sei auf die Tatsache zurückzuführen, daß ihm durch die Anwesenheit anderer Behinderter I-Ahs Gebrechen aufs neue zu Bewußtsein kam, so hatte ich dafür keinerlei konkreten Beweis. Es gab aber durchaus einen Grund für meine Überlegung. War ich zusammen mit I-Ah oder – über die Universität vermittelt – als Helferin zu einer solchen Veranstaltung gegangen, fiel mir immer wieder auf, wie ruhig und gefaßt die Mütter trotz ihres leicht melancholischen Blickes waren, während auf den Gesichtern vor allem jener Väter, die im gleichen Alter wie der meine waren, oft ein dunkler, von Furcht gezeichneter Ausdruck lag. Vielleicht empfanden sie die Behinderung ihres Kindes so, als wären deren ursprünglich nur mit einem Bleistift leicht hinskizzierte Umrisse mit einem dicken Filzstift nachgezogen worden, was sie nun unter anderen Kindern auf besondere Weise hervorhob. Und wenn sie jene Angehörigen betrachteten, die älter waren als sie selbst, erweckten sie den Eindruck, als würden sie, wenn auch nur ganz vage, in ihnen ihre zukünftige Gestalt erkennen . . .

Beim Anblick solcher Väter rief wieder eine Stimme in mir: » *Verdammt nochmal! Verdammt nochmal!* Wie dunkel der vor euch liegende Weg auch sein mag, gebt nicht auf, geht ihn weiter!« Doch diese Väter erkannten wahrscheinlich nur, daß jenes schmale, hagere Mädchen mit dem runden Kopf, das sie eine Zeitlang angestarrt hat, betroffen den Kopf senkte. Wenn ich dennoch diese Stimme in mir vernahm, dann deshalb, weil ich in der Konzerthalle so viele Mütter mit traurigem, gefaßtem Gesicht sah, in denen heimlich ein Gefühl der Auflehnung arbeitete, das sie ebenfalls dieses *Verdammt nochmal! Verdammt nochmal!* rufen ließ.

Was ich bei solchen Konzerten damals immer stärker empfand, war, wie schnell die Zeit vergangen war, wie rasend schnell sie doch vergangen war! Dieses Gefühl wurde um so stärker, wenn ich mir die bescheidenen Veranstaltungen jener Zeit in Erinnerung rief, in der I-Ah noch die Oberstufe der

Sonderschule besucht hatte. Jedesmal, wenn ich Mutter dorthin begleitete, fiel mir auf, wie aktiv und fröhlich nicht nur die behinderten Kinder selbst, sondern auch ihre Erzieher und Angehörigen waren. Als besonders erfrischend empfand ich das offene, freie Lachen der Mütter, das klang, als seien sie völlig unbekümmert und sorgenfrei. Wo war bei den ›Kontaktkonzerten‹ jenes fröhliche Lachen geblieben? Ein nicht mehr ganz junger Mann pfiff über zwei Oktaven hinweg eine Melodie auf den Fingern, ein junges Mädchen, das Mikrophon in der Hand wie ein Schlagerstar, schmetterte vergnügt ein italienisches Volkslied, und trotzdem saßen später in der Pause die Mütter auf ihrem Platz und starrten bedrückt auf einen imaginären Punkt knapp oberhalb ihrer Knie, während die Väter mit seltsam unruhigen Augen ihre Umgebung abtasteten.

Wie wohltuend wäre es doch, wenn von Zeit zu Zeit ein junger Behinderter bei diesen Konzerten mutig seinen Gefühlen Ausdruck gäbe. »*Verdammt nochmal! Verdammt nochmal!*« schreit die besagte Stimme erneut in mir. »Wie dunkel der vor uns liegende Weg auch sein mag, wir geben nicht auf, wir gehen ihn weiter!«

Aus einem Brief an meine Mutter. Ich überspringe die Mitteilungen, wer in jener Woche zu Besuch gekommen ist, was für Post eintraf und welche Probleme es im Haushalt gab, und will im folgenden nur wiedergeben, wie ich ihr meine Gefühle geschildert habe.

»... I-Ah scheint die Freude, in der Behindertenwerkstatt täglich seine Freunde zu treffen und unter der Anleitung von Herrn Shigetō an seinen Kompositionen arbeiten zu können, erfolgreich in eine Kraft umzusetzen, mit der er sich von dem Streß befreit, den Eure Abwesenheit ihm bereitet. In der letzten Woche hatte er zwar zwei Anfälle, aber auch diese waren wieder relativ leicht.

Als Ihr noch hier wart, ist es doch häufig vorgekommen, daß I-Ah seine Medizin vergessen hat, da er darauf hoffen konnte, es würde ihn schon jemand daran erinnern. Inzwischen aber nimmt er sie wie selbstverständlich morgens, mittags und abends ein, ohne daß ihn jemand dazu aufgefordert hätte. Alles, was ich momentan mache, ist, an der Schachtel zu kontrollieren, ob die Medizin vom Vortag verschwunden ist. Wenn ich Ende des Monats wieder neue Medizin holen gehe, werde ich ihn mitnehmen und untersuchen lassen, ich habe ihn in der Behindertenwerkstatt für diesen Tag schon abgemeldet.

Ō-chan macht sein eigenes Programm, er kann sich ja sehr gut selbst versorgen. Gewöhnlich sitzt er am Schreibtisch in seinem Zimmer und büffelt nach einem genau festgelegten Zeitplan für die Aufnahmeprüfung, und wenn er eine Pause macht, setzt er sich an den Küchentisch und hört mit dem Kopfhörer Musik. Er scheint seinen Streß abzubauen, indem er Arbeit und Vergnügen geschickt miteinander verbindet.

Bleibt die Frage, wie es um meinen Streß bestellt ist. Wie Euch ja bekannt ist, fällt es mir – zumindest ein *Außenstehender* würde diesen Eindruck gewinnen – auf fast schon komisch wirkende Weise schwer, die kleinen Dinge des Alltags *korrekt* zu erledigen, was bei mir häufig zu Streß führt. Einmal abgesehen von den Sorgen, die Du Dir in bezug auf alle I-Ah betreffenden *physischen* Belange machst, wird es also Deine Hauptsorge sein, ob ich der *psychischen* Belastung völlig standhalten kann.

Momentan fühle ich mich jedoch ziemlich stabil. Meiner Veranlagung entsprechend halte ich zwar, wenn ich mich endlich in Sicherheit wäge, sogleich wieder ängstlich Ausschau nach dem nächsten Unglück, das über mich hereinbrechen könnte. Deswegen brauchst Du Dir aber keine Sorgen zu machen. Wenn etwas mit lautem Gepolter auf mich zugerollt kommt, so wird mich dieses *angepolterte Etwas* nicht unvorbereitet treffen. Glaubst Du also nicht auch, daß I-Ah und ich – und außerdem ist ja noch Ō-chan da, der, wenn auch aus sicherer Entfernung, seinen festen Blick auf uns gerichtet hat – ganz gut zurechtkommen werden, was immer auch geschehen mag?«

Eine Woche darauf geschah folgendes. Kurz nachdem I-Ahs Unterricht bei Herrn Shigetō begonnen hatte, kam dieser aus dem Musikzimmer zu mir ins Wohnzimmer, wo ich ein Buch las. Er sagte: »Entschuldige bitte, wenn ich dich etwas sehr Persönliches frage.«

Seine Worte ließen mich sofort erstarren. Die abgehobene Art und Weise, in der er gewöhnlich sprach, erweckte in seinem Gesprächspartner den Eindruck, als stelle er sich absichtlich unwissend. Auf seinem Gesicht aber, das auf ein Notenblatt aus dickem Papier starrte, lag ein Ausdruck schmerzlichster Entrüstung, was ein eisiges Frösteln in mir hervorrief. Voller Angst wartete ich darauf, daß er weitersprach.

Er sah mich mit tief verletztem, schmerzvollem Blick an und fuhr schließlich fort:

»Dieses Stück hat I-Ah angefangen, kurz nachdem K. und Oyū abgereist sind. Heute ist es fertig geworden. Als er sich mit den Details beschäftigte, sagte ich zu ihm, er bräuchte sich keine Sorgen wegen musiktheoretischer Dinge zu machen, ich würde ihm später dabei helfen. Außerdem habe ich ihn immer wieder zufrieden vor sich hin lächeln sehen und mich nicht darum gekümmert, was er da komponierte. Irgendwie habe ich mich darauf gefreut, das Ganze, wenn es fertig sein würde, in einem Zug durchzuspielen.

Als I-Ah mir heute das fertige Stück zeigte, das er noch einmal schön säuberlich auf ein anderes Notenblatt übertragen hatte, habe ich es gleich von Anfang bis Ende gespielt. Und ich sage dir, das ist ein wahnsinnig trauriges Stück! Ich frage mich, was ihn zu so etwas gebracht haben mag.«

Als Herr Shigetō eine Pause machte, um zu schlucken, fielen mir auf der Haut seines Halses einige plötzlich entstandene Flecken auf, die ihn älter aussehen ließen, als er in Wirklichkeit war. Und abermals drang seine anklagende Stimme wie durch einen Schalldämpfer hindurch an mein Ohr: *Ain wahnsinnich drauriches Schtügg. Wie kahm er nur dadschuh?*

Erst jetzt hatte ich die Kraft, das mir entgegengestreckte

Notenblatt in die Hand zu nehmen, auch wenn mir klar war, daß ich gar keine Noten lesen konnte. Als jedoch mein Blick auf den mit Bleistift an den oberen Rand geschriebenen Titel *Das ausgesetzte Kind* fiel, konnte ich die starke Trauer in Herrn Shigetōs Stimme plötzlich verstehen.

Das ausgesetzte Kind!

»... Was macht I-Ah wohl allein dort drinnen im Zimmer?«

»Er ist damit beschäftigt, das fertige Stück nach seinem Entwurfsblatt zu spielen.«

»Hat er gerade sehr traurig gewirkt?«

»... Nein, er war wie immer ganz konzentriert... Aber dieser Titel, Mā-chan, *Das ausgesetzte Kind*, wie kam er nur auf diesen Titel?«

»Auch ich hab' bis jetzt nicht gewußt, daß er diesen Ausdruck überhaupt kannte...«

»Ob K. sich darüber im klaren ist, was in I-Ahs Kopf vorgeht?« fragte Herr Shigetō, der Vater schon lange vor meiner Geburt kannte, ihn aber, als sei er eine Art Feind, immer etwas geringschätzig und mit einem energischen Ton in der Stimme K. nannte. »Und was hat sich Oyū wohl dabei gedacht, als sie euch Kinder mit dem Hinweis auf K.s *Krise* allein ließ? Kurz nach ihrer Abreise ist doch die Sache mit dem Sittenstrolch passiert. Das heißt, ihr seid mit einer äußerst unangenehmen Geschichte konfrontiert worden. Und jetzt komponiert I-Ah ein derart trauriges Stück, daß einem richtig zum Heulen zumute ist, dazu noch mit dem Titel *Das ausgesetzte Kind!*«

Während ich im Wohnzimmer mit Herrn Shigetō sprach, drangen durch die geschlossene Schallschutztür aus dem Zimmer nebenan leise die Akkorde von I-Ahs Klavierspiel. Das Zimmer lag auf der anderen Seite eines dunklen Flurs, der auf beiden Seiten durch Möbelstücke verengt wurde, das eine ein Bücherregal, das andere ein Gestell, auf dem neben einigen aufgestapelten Büchern allerlei Stoffwaren und Spielzeug aus Osteuropa lagen. Was von dort herüberdrang, klang ganz nach seiner üblichen Art zu komponieren – nämlich nicht die Melodie auf einer eher horizontal angelegten Ebene zu verfolgen, sondern Klangeinheiten wie Bausteine stufenweise von unten her aufzuschichten und sie so aufs Notenpapier niederzuschreiben. Allerdings vermißte ich in seinem mit wohlüberlegten Pausen versehenen Vortrag jene von Herrn Shigetō empfundene *tiefe Traurigkeit, daß einem richtig zum Heulen zumute ist,* was mich ein bißchen aus meiner Erstarrung befreite.

Herr Shigetō schien nun ebenfalls zu bereuen, mich in einem so vorwurfsvollen Ton angesprochen zu haben. Seine Aufgebrachtheit schien nun nach innen gerichtet, als er fortfuhr:

»K. ist mit Oyū nach Kalifornien gegangen, um dort mit seiner *Krise* fertigzuwerden. Als mir Oyū die näheren Umstände erklärte, habe auch ich ihre Entscheidung für richtig gehalten. K. war ja schon immer der Typ, der alles in sich hineinfrißt. Wenn das aber jahrelang so weitergeht, wird es irgendwann gefährlich, und als er schließlich angefangen hat, durch sein Verhalten Hilferufe auszusenden, konnte nicht nur Oyū sondern auch ich nicht anders, als seinem Plan zuzustimmen, sich so schnell wie möglich zurückzuziehen. Wenn ich nun aber sehe, daß es womöglich das selbstsüchtige Handeln seines Vaters war, das I-Ah auf die Idee gebracht hat, man hätte ihn ausgesetzt . . . dann frage ich mich, wie es um K.s Beobachtungsgabe bezüglich I-Ah bestellt ist.«

So, als hätte sie etwas gespürt, kam nun Frau Shigetō aus ihrer Küche. Das Gesicht mit der dunklen, silbergerahmten Brille leicht gesenkt, hörte sie den Ausführungen ihres Mannes aufmerksam zu. Da überkam mich das Gefühl, ich müsse etwas tun, um den beiden das Herz zu erleichtern.

»Wahrscheinlich wird es so sein, daß I-Ah das Wort ›ausgesetztes Kind‹ ganz einfach interessant gefunden hat. Ich erinnere mich gerade, daß in einem Monsterfilm einmal ein kleines Ungeheuer mit dem Namen ›Sutegosaurus‹ vorgekommen ist, und Vater hatte I-Ah damals erklärt, daß *Sutego* auf japanisch ›ausgesetztes Kind‹ bedeutet.«

»*Sutego*-saurus!« murmelte Herr Shigetō laut vor sich hin, und seine Stimme ließ einen schmerzlichen, zugleich aber auch belustigten Unterton erkennen. »... Dann heißt das also, daß I-Ah die Bedeutung des Wortes durchaus kannte, als er es als Titel seines Stücks gewählt hat!«

»Der einzige, der hier emotional wird, scheinst du zu sein, Shigetō-san«, sagte Frau Shigetō, deren Gewohnheit es war, ihren Ehemann mit dem Familiennamen anzusprechen, an den sie dann noch ein ›san‹ hängte. Ihre Art zu sprechen verriet, daß sie beide längere Zeit in Osteuropa gelebt hatten. »Überleg doch mal, wie schwer es Mā-chan hat. Sie ist ja letztlich für I-Ah verantwortlich. Wäre es da nicht angebracht, daß du dich in ihrer Anwesenheit etwas zurückhaltender verhältst?«

»Schon gut. Du hast ja recht.«

»Was den Titel betrifft, so hat ihn I-Ah mit seiner Musik sicher verwandelt. Hör doch, wie ruhig und gefaßt er spielt. Wahrscheinlich stellt er sich bei dem Titel etwas ganz anderes vor als du... Ich schlage vor, wir setzen uns erst einmal hin und trinken ein Täßchen Tee. Das wird uns beruhigen.«

Herr Shigetō setzte sich im Wohnzimmer auf seinen gewohnten Platz, das von den Wangen bis zum Hals vor Aufregung noch immer gerötete Gesicht leicht gesenkt. Ich ging in die Küche hinüber, wo Frau Shigetō mir mit ernster Würde, die ich bisher nie an ihr wahrgenommen hatte, Anweisung gab, beim Auftragen des Tees und eines Tellers mit selbstgebackenen Plätzchen zu helfen. Auch sie erweckte deutlich den Eindruck, als sei sie durch I-Ahs Stück mit dem seltsamen Titel ein wenig schwermütig geworden. Tranken wir sonst nach beendetem Unterricht unseren Tee immer zusammen mit I-Ah, so saßen wir jetzt mit wehmütigen Gesichtern dicht zusammengerückt da und warteten, bis er mit seinem eben fertig gewordenen Stück zufrieden war; und irgendwie hatten wir das Gefühl, als sei nicht er, sondern in Wirklichkeit wir das *ausgesetzte* Kind.

Herr Shigetō, verantwortungsbewußt wie er war, unternahm nun den Versuch, die Hintergründe seines emotionalen Verhaltens zu erläutern. Er erklärte noch einmal, warum seiner Meinung nach meine Eltern nach Kalifornien gegangen waren und was er davon hielt, daß sie I-Ah zurückgelassen hatten, ohne auch nur die geringste Ahnung zu haben, mit welchen Gedanken er sich herumschlug, ganz gleich, welche Bedeutung sich für ihn hinter dem Wort *Sutego* verbarg. Vielleicht wollte mir Herr Shigetō damit noch einmal zeigen, welcher Art seine langjährige Beziehung zu meinem Vater war, von der ich nicht allzu viel wußte, und wie er persönlich meinen Vater sah.

»Daß K. sich in einer *Krise* befand, habe ich zuerst von ihm selbst gehört. Danach hat er nie wieder etwas davon erwähnt, bis ich von Oyū Näheres darüber erfuhr. Der eigentliche Grund für seine *Krise* ist demnach gewesen, daß er mit dem Roman, den er gerade schrieb, nicht recht vorankam. Irgendwie war er bei der Bewältigung des Hauptproblems auf Schwierigkeiten gestoßen. Wenn es ihm gelingt, seine Probleme in einem Roman zu verarbeiten, schafft er sich dadurch die Möglichkeit, aus einer gewissen Distanz mit ihnen umzugehen. Bis dahin hat er ja auch sein Leben durch seine schriftstellerische Arbeit gemeistert. Leuten wie mir bleibt, wenn sie sich in einer schwierigen Situation befinden, nichts anderes übrig, als sich tagaus, tagein damit herumzuschlagen, während K. offengestanden, Möglichkeiten hat, sein Leben als Schriftsteller auf seine Weise einzurichten.

Umgekehrt aber bedeutet das: Wenn K. beim Schreiben eines Romans auf Schwierigkeiten stößt, heißt das nichts anderes, als daß er mit dem, was er in seinen Gedanken aufgebaut und dann hingeschrieben hat, um es erneut umzuschreiben, daß er also mit einer ganzen Phase seines Lebens plötzlich in eine Sackgasse geraten ist, und daß diese Phase im schlimmsten Fall gänzlich zum Stillstand kommt. Einen Roman, mit dem er nicht weiterkommt, einfach zur Seite zu legen, das geht bei ihm nicht. Das ist nun mal die Art, wie er schreibt… Aber wie er selbst gesagt hat, soll der Grund für seine jetzige *Krise* ja eine Rede sein, die er zum Thema *Das Gebet eines Atheisten* gehalten hat. Etwas derart Komisches ist nun auch wieder typisch für ihn.«

»Sie meinen sicher die Sache mit der Fernsehübertragung«, sagte ich. »Eigentlich war ja gar nicht vorgesehen, die Rede im Fernsehen zu bringen. Einer von Vaters Studienkollegen, auch ein Romanist, hatte ihn gebeten, eine Rede an seiner Frauenuniversität zu halten, und ein anderer Studienfreund, wieder ein Romanist, hat die Rede dabei auf Video aufgenommen.« Auf Frau Shigetōs Gesicht, die in Gedanken versunken zugehört hatte, erschien ein sanftes Lächeln. Wahrscheinlich dachte sie, ich wollte Vater mit meinen Worten verteidigen.

»Richtig. Und da ja nicht geplant war, die Rede im Fernsehen zu übertragen, hat er kein Blatt vor den Mund genommen, er konnte ja frei drauflos reden und sagen, was immer er sagen wollte. Genau das aber hat zu diesem Dilemma geführt.

Ich habe die Übertragung ja gesehen. Als er das Leben mit seinem behinderten Sohn beschrieben hat, hat er behauptet, auch ein Mensch wie er, der sich als Atheist versteht, verspüre bestimmte Regungen in seinem Herzen, die man nur als Gebet bezeichnen könne. Und dann ist er so weit gegangen, eine damit zusammenhängende Geschichte aus seiner Kindheit zu erzählen. Wenn es stimmt, was er da behauptete, dann hatte er schon im Alter von elf, zwölf Jahren eine gewaltige Furcht vor Menschen, die an Gott glauben.«

»Vielleicht hat er es ganz einfach gesagt, um seine Rede ein wenig interessanter zu machen. Ich kann mir jedenfalls nicht vorstellen, daß er bei einer so wichtigen Sache gelogen hat. Meine Großmutter in Shikoku hat mir einmal erzählt, daß er damals nach der Sache mit der Mühle zum ersten Mal nicht mehr richtig schlafen konnte, ein Zustand, der sich dann immer häufiger eingestellt und schließlich zu der Schlaflosigkeit geführt hat, unter der er heute noch leidet. Auch wenn er in seiner Rede nichts davon erwähnt hat – als er hörte, daß es in Matsuyama eine Kirche gibt, hat ihm das damals keine Ruhe mehr gelassen. Seine Familie ist durch und durch buddhistisch, und in seiner Verwandtschaft gibt es auch einen Priester. Großmutter, die mißtrauisch geworden war, hatte ihm vorsichtshalber kein Geld mehr gegeben, so daß Vater sich heimlich in aller Frühe aufmachte und über die Paßstraße einen ganzen Tag lang in Richtung Matsuyama lief, bis ihn, als es schon dunkel geworden war, kurz vor der Stadtgrenze die Polizei aufschnappte. Nach dem Vorfall tat er so, als habe sich nichts ereignet, jedenfalls hat er nie wieder etwas von der *Sache der Seele* erwähnt. Großvater, der von der Polizei verständigt worden war, hat diese angefleht, sie möge doch bei der Kirche anrufen und sie von dem Vorhaben des Jungen in Kenntnis setzen. Da gab die Kirche zu verstehen, man brauche den Jungen gar nicht erst herzubringen, man solle ihn möglichst schnell zu seinen Eltern zurückschicken. Und das schließlich, so sagte Vater und tat dabei, als mache er einen Scherz, habe ihm dann vollends den Rest gegeben.«

»Was ich von K. gehört habe, war etwas anders. Auch wenn es eine einfache ländliche Kirche war, hatte sie doch feste, eiserne Türen, mit anderen Worten: man hat ihm eine deutliche Abfuhr erteilt, worüber er aber, wie er sagte, letztlich erleichtert war. Damals hat er verstanden, daß man in einer Kirche nur Leute gebrauchen konnte, die bereit waren, sich ganz der Sache des Glaubens zu verschreiben, und bei denen alles, was sie taten, einzig auf die *Sache der Seele* ausgerichtet war. Er hat es als selbstverständlich angesehen, daß man jemanden wie ihn, der noch nicht so weit war, um für diese Sache sein ganzes Selbst aufzugeben, nicht aufnehmen konnte. Das hat ihn beruhigt. Als er nämlich heimlich in einer Mühle tief im Wald, bei einem Müller, bei dem seine Familie immer mahlen ließ, in einer Zeitschrift einen Bericht über Franz von Assisi gelesen hatte, dachte er, man müsse für die *Sache der Seele* alles, was man besaß, wegwerfen. Franz von Assisi hat zwar einen Orden gegründet, der in drei Stufen gegliedert ist, K. jedoch, der ja noch ein Kind war, glaubte, er müsse für die *Sache der Seele* tatsächlich alles auf einmal aufgeben... Er selbst fand Gefallen an der Welt, und er hatte auch alle möglichen Begierden, doch vom Standpunkt der *Sache der Seele* aus gesehen, war dies alles nichts anderes als Betrug oder, wie sie es damals als Studenten im Französischunterricht genannt hätten, *mauvaise foi*. So jedenfalls hat er es mir einmal erklärt.

Ganz einfach gesagt: Mit dieser Auffassung ist K. groß geworden, und jetzt mit über Fünfzig, wo ihm diese leichtsinnige Bemerkung über die *Sache der Seele* über die Lippen gerutscht war, geriet seine ganze Lebensphilosophie ins Wanken. Leute mit festem Glauben sagten ihm nämlich, sie würden seinen unechten Glauben durchaus anerkennen. Obwohl er doch wußte, wie weit entfernt er selbst von der *Sache der Seele* war! Er mußte also glauben, den anderen erscheine dieser halbe Betrug als etwas durchaus Logisches, so lange jedenfalls, wie I-Ah an seiner Seite war. Da er vor dieser Situation Angst hatte, kann es durchaus sein, daß er nach Kalifornien ging, um sich vor allem erst einmal von I-Ah zu befreien. Es gab also einen ganz bestimmten Grund, daß er I-Ah alleine zurückließ, auch wenn die Trennung für beide Seiten recht schmerzhaft war. Und I-Ah wiederum hatte allen Grund, sich als *ausgesetztes Kind* zu fühlen.«

»Ja, I-Ah hat manchmal ein unglaublich feines Gespür für die Dinge, die um ihn herum geschehen. Und da er seine Gefühle nicht mit Worten ausdrücken kann, hat er es womöglich über seine Musik versucht.«

»›Womöglich‹ ist nicht der richtige Ausdruck. Es war wirklich so. Sagt nicht der Titel schon alles? Das kann man doch nicht einfach als irgendeinen Zufall abtun.«

»Ich frage mich, was Vaters *Krise* dann letztlich war. Wenn ich mir überlege, was Sie mir da eben erzählt haben, dann wird er...«

»Wahrscheinlich wird sich Oyū Sorgen gemacht haben, er könne sich, in seine Idee verbohrt und mit den ersten Anzeichen altersbedingter Depression, am erstbesten Ast einer kalifornischen Eiche aufhängen.«

»Shigetō-san«, schaltete sich nun energisch seine Frau ein, diesmal nicht mit einem Lächeln, sondern mit einem strengen Blick in den von zahlreichen kleinen Fältchen umgebenen Augen, »ich kann zwar verstehen, daß du aus Sorge um K-chan und wegen deiner Beschäftigung mit I-Ahs Musik so entrüstet bist, aber mit deinen Worten verunsicherst du Mā-chan doch bloß! Wenn du der Meinung bist, K-chan befinde sich in einer *Krise*, was soll dann das ganze Herumgerede, wenn du sowieso keine Lösung anzubieten hast, wie K-chan da wieder herauskommt? Zum Beispiel, daß er die *Krise* zum Anlaß nehmen könnte, nun tatsächlich zum Glauben zu kommen oder so . . . Und dann noch zu behaupten, K-chan werde sich möglicherweise aufhängen und ähnliches Zeug! Wenn du K-chan schon soweit verstehen würdest . . .«

»Wer kann schon sagen, daß er einen anderen Menschen richtig versteht? Das gleiche gilt selbstverständlich auch für K«, entrüstete sich Herr Shigetō, diesmal mit einer leicht veränderten Röte im Gesicht, während er nervös mit den Augen zwinkerte. »Überhaupt denke ich, dürfte es diesem K. um einiges leichter fallen, sich aufzuhängen, als jetzt noch einen Glauben anzunehmen. Schließlich hat er all die Jahre angestrengt gearbeitet, stets darauf bedacht, sich Leute mit Glauben vom Leib zu halten.

Ja, wahrscheinlich wäre er beleidigt, wenn er das jetzt gehört hätte. Für ihn war es ja wichtig, als Mensch ohne Glauben durchs Leben zu kommen, und sicher denkt er, daß es gerade das ist, was ihm seine Arbeit als Schriftsteller überhaupt erst möglich macht. Redet er nicht oft von Yeats? Und betont er nicht seit vielen Jahren immer wieder, daß es der Mensch sei, der mit seinem Intellekt entscheiden muß, ob er die Vollendung seines Lebens sucht oder die seiner Arbeit, und wenn er sich für das zweite entschieden hat, dann hat er damit seine Wohnung im Himmel aufgegeben und sich für den Ort der Finsternis entschieden, an dem Heulen und Zähneknirschen herrschen? *Raging in the dark*, wie man es so schön nennt. Doch als er angefangen hatte, französische Literatur zu studieren, war es plötzlich das *himmlische Haus*, nach dem ihm der Sinn stand. Da er sich plötzlich nach dem für ihn reservierten Plätzchen im Himmel sehnte, hat er sogar einmal in einem Kloster angefragt, ob man ihn dort nicht als Hilfskraft annehmen würde. Schließlich war der Glaube, wie er ihn sich vorstellte, ganz von seinem Kindheitserlebnis mit Franz von Assisi geprägt: Alles wegzuwerfen, in einen nicht allzu streng organisierten Orden einzutreten, war für ihn vermutlich die einzige Möglichkeit, seinen inneren Frieden zu finden. Das aber hätte für ihn bedeutet, daß er auch I-Ah loswerden mußte. Wenn I-Ah sich jetzt also wie ein ausgesetztes Kind vorkommt, dann ist da etwas durchaus Richtiges dran!«

»Hör doch bitte auf, Shigetō-san. Mā-chan ist schon ganz durcheinander und wird noch anfangen zu heulen. Ist das alles, was du kannst, ein armes Mädchen zum Weinen zu bringen?«

Die Region um Herrn Shigetōs unablässig blinzelnde Augen und seine Nase hatte sich noch um eine weitere Stufe gerötet, und während ich in der Tat Mühe hatte, die Tränen zurückzuhalten, drängte sich mir bei seinem Anblick unweigerlich der Vergleich mit einem der Schneider oder Schuster mit schnapsroter Nase auf, die man aus europäischen Märchen kennt.

»Nun hört mal beide gut zu. K. ist ein ganz und gar widersprüchlicher Typ, der einerseits ziemlich inkonsequent ist, andererseits aber nichts so sehr haßt wie Halbheiten. Was ich damit sagen will, ist: Obwohl es ihm mit einer solchen Einstellung nie möglich sein wird, einen Glauben anzunehmen, läßt er sich nicht davon abhalten, sich auf seine inkonsequente Art Gedanken über die Bedeutung des *Betens* zu machen. Und leichtsinnig, wie er ist, posaunt er seine Ideen dann auch noch gleich in aller Öffentlichkeit aus. Für seine jetzige *Krise* ist also niemand anderes verantwortlich als er selbst.

Wie ich von Oyū weiß, erhielt K. unmittelbar nach der Übertragung seiner Rede im Fernsehen einen Brief von einem katholischen Priester, den er seit vielen Jahren verehrt. Bei einem Mann wie diesem kann man davon ausgehen, daß er sich nur auf sehr vorsichtige Weise geäußert hat. Wahrscheinlich wird er K. gesagt haben, daß er ihn eigentlich bereits auf der Seite der Kirche wähnt. Und das muß K. mit voller Wucht getroffen haben. Er, der in der Überzeugung lebt, er habe während all der Jahre seines Schreibens Menschen, die einen Glauben hatten, mit ausgestreckten Armen von sich gehalten, mußte nun plötzlich hören, daß er sich eigentlich ja auf ihrer Seite befand – ein angsteinflößender und faszinierender Gedanke zugleich. Dennoch tat sich K. schwer damit herauszufinden, auf welcher Seite der wahre Glauben nun in Wirklichkeit war. Was für ein armer Tropf er doch ist!«

»Vater hat aber nie über das Thema Glauben gesprochen. Über die Kirche an meiner Uni hat er sich zwar nie irgendwie lustig gemacht, aber er hat sich auch nie ernsthaft dazu geäußert. Als ein alter Bekannter von ihm starb, ein Literaturkritiker, ist er zwar zur Trauerfeier in der Kathedrale gegangen, aber über die Messe selbst hat er kein Sterbenswörtchen verloren. Statt dessen hat er sich in dem Buchladen neben der Kirche eine Menge Bücher gekauft, in die er sich während der nächsten paar Tage vergraben hat.«

»Wer weiß, ob für K-chan der Glaube als solcher überhaupt wichtig ist. Ich jedenfalls hatte nie den Eindruck, daß das der Fall ist, Shigetō-san. Im übrigen glaube ich eher, daß du es bist, der zu bemitleiden ist.«

»Aber nein doch!« rief Herr Shigetō mit lauter Stimme, als wolle er seine Verlegenheit damit vertreiben. »Gerade fällt mir noch etwas anderes ein, was sich damals in unserer Studentenzeit zugetragen hat. Eine Vorlesung war ausgefallen, und wir saßen zusammen mit einigen Kommilitonen neben einem Trinkwasserbrunnen und aßen ein Stück trockenes Weißbrot, als K. plötzlich meinte, es sei ihm eigentlich völlig egal, ob seine Seele gerettet würde oder nicht. Für ihn sei einzig die Frage von Belang, ob es ein Leben nach dem Tod gebe. Falls ja, dann sei es ihm einerlei, ob es das Paradies oder die Hölle wäre, denn vor beiden fürchtete er sich weit weniger als vor dem absoluten Nichts. Wenn es aber das absolute Nichts sei, dann spiele es ja sowieso keine Rolle, ob die Seele gerettet würde oder nicht, erklärte er auf vielleicht etwas unreife, aber doch logische Art. Das zeigt, daß K. sich damals recht intensiv mit diesen Fragen befaßt hat.

Unser Studienkollege H. aber, der Verleger geworden und, wie du, Mā-chan, dich vielleicht erinnern wirst, später an Leukämie gestorben ist, dieser intelligente Großstadtmensch meinte etwas spöttisch: ›Hör mal, K., ist das nicht etwas anders? Gibt es hier nicht eigentlich drei Auswahlmöglichkeiten und nicht einfach ein Entweder-Oder? Himmel und Fegefeuer betrachten wir mal als eine zusammengehörige Einheit, und der gegenüber steht die Hölle. Als drittes haben wir schließlich das absolute Nichts. Und nun stell dir einmal vor, du fällst in dieses absolute Nichts, wo es doch außerdem noch das Paradies und die Hölle gibt. Das ist doch dann, als wärest du nie geboren. Wer könnte so etwas aushalten?‹ Und als K. das hörte, wirkte er sichtlich durcheinander und verloren . . .«

Genau in diesem Augenblick trat I-Ah aus dem Klavierzimmer auf den Flur. Eine bisher nie dagewesene Spannung schien sein sonst so großes Gesicht zusammenzuziehen. Ohne mich oder Frau Shigetō zu beachten (obwohl wir ihn doch fast ein wenig ehrfürchtig empfangen hatten), streckte er Herrn Shigetō ein Notenblatt hin, auf dem sich zahlreiche Spuren von mit Radiergummi und Bleistift ausgeführten Korrekturen fanden, und wartete dessen Reaktion ab. Nach einer kurzen Pause zeigte der Komponist des *Ausgesetzten Kindes* auf die langen Noten am Ende des Stücks – Vater verglich sie immer mit Sojabohnensprossen – und sagte im Brustton der Überzeugung:

»Hier war es nicht gut. Aber ich hab's schon verbessert!«

Herr Shigetō beugte sein Gesicht (und diesmal war es nicht das Gesicht des Fachmanns für osteuropäische Literatur, wie es sich mir und anderen Leuten sonst immer präsentierte, sondern das des Musikexperten) über das Blatt und überprüfte die von I-Ah vorgenommenen Verbesserungen. Während dieser aufgeregt und erwartungsvoll neben ihm stand, war es, als verständigten sich die Köpfe der beiden über die gemeinsame Sprache der Musik. Dann bestätigte Herr Shigetō I-Ah, daß seine Verbesserungen allesamt richtig waren. I-Ah, dessen Gesicht vor Freude plötzlich aufblühte, holte lächelnd Radiergummi und Bleistift aus seiner Hosentasche hervor und übertrug die Korrekturen auf die zuvor Herrn Shigetō überreichte Reinschrift. Während er mit wilder Kraft so auf dem Blatt herumradierte, daß es zitterte, fiel mein Blick auf den Titel. Da sagte ich ganz impulsiv:

»I-Ah, ist das ein trauriges Stück? Hast du deine traurigen Gefühle in das Stück hineingebracht? Es heißt doch *Das ausgesetzte Kind.*«

»Es ist zwar in d-moll, aber ob es traurig ist, weiß ich nicht«, antwortete I-Ah, der sich nach getaner Arbeit den Bleistift hinters Ohr gesteckt hatte und dessen Augen verrieten, daß er mit den Gedanken noch immer bei seinen Noten war. »Ich bin ja mit dem Stück eben erst fertig geworden.«

»Ob das Stück für dich traurig ist, wirst du erst mit der Zeit merken, I-Ah«, seufzte Frau Shigetō, und ihre Augen zwischen den dicken Lidern waren wie zu einem dünnen Faden verengt. Mir war, als wären meine und Herrn Shigetōs Gefühle in diesem tiefen Seufzer mitverschmolzen.

Im Oktober gab es in der Familie meines Vaters einen Todesfall, und I-Ah und ich mußten mit dem Flugzeug nach Shikoku. Vaters älterer Bruder, den wir, der eigentlichen Bedeutung des Wortes ungeachtet, immer Großonkel genannt hatten, war gestorben. Sein Krebs hatte sich von der Leber bis hin zur Lunge und ins Gehirn ausgebreitet. Anstelle der Eltern sollten I-Ah und ich der Familie einen Beileidsbesuch abstatten. Der Großonkel, wie wir ihn nannten, hatte schon seit längerer Zeit im Krankenhaus gelegen, und Tante Fusa, die uns am Telefon die Nachricht von seinem Tod mitteilte, klang auf seltsame Weise eher gefaßt. Vielleicht war es aber auch ganz einfach, weil sie uns mit der Nachricht nicht erschrecken wollte.

Tante Fusa fragte mich nach der Nummer von Vaters kalifornischer Wohnung und meinte dann, sie würde uns noch einmal anrufen, wenn sie sich mit Vater beraten habe, um uns mitzuteilen, was wir tun sollten. Es sei nicht nötig, daß ich selbst auch Mutter anriefe, das wäre nur ein doppelter Aufwand und brächte die Gefahr, daß durch abweichende Darstellungen eine Verwirrung entstehe. Das wiederum würde einen weiteren Anruf nötig machen, was auch vom wirtschaftlichen Standpunkt her nicht sinnvoll wäre. Schließlich betonte sie, am besten sei es wohl, wenn sie die *Informationszentrale* bilden würde. An meinen Großonkel konnte ich mich fast überhaupt nicht erinnern, doch Tante Fusa war mir als eine Person präsent, die während sie mit beiden Beinen fest auf dem Boden der Realität stand, bisweilen recht lustige Sachen von sich geben konnte und die dabei ein ziemlich zurückhaltender Mensch war. Wie wenig sich Geschwister doch gleichen können, hatte ich schon öfter gedacht, wenn ich sie mit Vater verglich. Dreißig Minuten später kam tatsächlich ein Anruf von Tante Fusa, in dem sie berichtete, daß es ihr dank des Zeitunterschiedes – in Kalifornien war es gerade früher Morgen – gelungen war, Vater sofort zu erreichen.

Unter anderem teilte sie mir folgendes mit: K-chan sei über die Todesnachricht zwar sehr schockiert gewesen, aber da sich ja Oyū bei ihm befand, brauche man sich keine Sorgen zu machen. Daß sich die Krebsgeschwulst ausgebreitet hatte und der Zustand des Kranken bedenklich war, hatte ihm der Arzt bereits bei einem Krankenbesuch vor seiner Abreise gesagt, und auch die anderen Angehörigen waren alle informiert. Möglicherweise sei K-chan, ängstlich wie er war, nur deshalb nach Kalifornien gegangen, weil er Angst davor hatte, er könnte gezwungen sein, den Todeskampf seines von heftigen Schmerzen gequälten Bruders mitanzusehen. Jedenfalls sei er von der ganzen Sache ziemlich deprimiert.

K–chan habe gesagt, er werde sofort nach Japan zurückkommen, aber das habe sie ihm gleich wieder ausgeredet. Statt dessen hätte sie es gern, daß I–Ah und ich zur Beerdigung kämen. Dann nannte sie noch den Betrag, der als Beileidsgabe angemessen war, und versicherte uns, daß man uns am Flughafen abholen würde und daß wir im Haus unten im Tal übernachten könnten. Wenn ihr vor allem daran gelegen war, daß auch I–Ah kam, dann vor allem deshalb, weil Großmutter noch trauriger als K–chan war und ihr das Herz, wenn sie I–Ah sah, vielleicht etwas leichter würde . . .

Als wir in Matsuyama gelandet waren und über den langen, schachtelförmigen Gang vom Flugzeug in die Ankunftshalle getreten waren, bemerkte ich bei einem Blick durch das große Fenster sofort eine seit langer Zeit nicht mehr empfundene blendende Helle. Auch I–Ah, auf dessen Gesicht das grelle Licht ein Grinsen erzeugt hatte, entfuhr – Hooo! – ein lauter Ausruf des Staunens. Während wir vor dem engen Ausgabeschalter auf unser Gepäck warteten, sahen wir durch die gläserne Trennwand hindurch Tante Fusa, die, leicht gealtert, wie es schien, uns freundlich zuwinkte. Der neben ihr stehende riesige Mann von der Statur eines jungen Sumō-Ringers mußte Shū-chan sein, der uns vor mehreren Jahren, als er noch in der Oberschule war, auf einem Schulausflug besucht hatte. Nachdem unser Gepäck auf dem Fließband angekommen war, hob es I–Ah mit einem lauten *Hauruck!* herunter, als sei auch er zu einem Sumō-Ringer geworden. Als Tante Fusa uns am Ausgang begrüßte, lag auf ihrem Gesicht ein überaus ernster Ausdruck, den wohl der Tod ihres Bruders hervorgerufen hatte, doch eine Blässe in der Gegend der Augen ließ ein freundliches Lächeln erkennen. Der riesige Kerl, bei dem es sich, wie ich richtig vermutet hatte, um Shū-chan handelte, nahm I–Ah freundlich den Koffer ab und ging uns in Richtung des Parkplatzes voraus, die Arme in spitzem Winkel vom Körper haltend, als trüge er ein leichtes Spielzeugköfferchen.

»Er ist Lehrer an einer Mittelschule und wird immer *herber*, er wirkt schon richtig schäbig«, sagte Tante Fusa, als sie mit I-Ah und mir in das blendend helle Licht hinaustrat. In der herzlichen Art, wie sie das sagte, spürte ich eine lange nicht mehr empfundene Leichtigkeit.

»Ach ja?« antwortete ich ein wenig verlegen.

Als Shū-chan auf seinem Ausflug nach Tōkyō zu uns gekommen war, ging ich gerade in die Mittelschule. Er war ein gutaussehender junger Mann, und der Eindruck, den er damals auf mich machte, drückte sich für mich in dem Wort *herb* aus oder zumindest in dem, was ich darunter verstand. Als ich zu meiner Mutter sagte: »Dieser Shū-chan ist wirklich ein *herbes* Bürschchen«, erzählte sie es Vater weiter, der den Ausdruck so interessant fand, daß er, ohne sich in irgendeiner Form um meine Gefühle zu kümmern, sogleich Tante Fusa anrief und ihr alles erzählte.

Nachdem wir die Stadt hinter uns gelassen hatten, führte die Straße in steilen Windungen immer tiefer in die Berge hinein. Die herbstlich bunten Laubwälder, aber auch die kleinen Wäldchen aus hohen Zedern und Zypressen an den hier und da durch abgeerntete Reisfelder unterbrochenen Abhängen leuchteten in der von hellem Licht durchfluteten Stille, während der zweitürige Kleinwagen, Shū-chan und I-Ah angeschnallt auf den Vordersitzen, durch die wie ein ländliches Fest wirkende Landschaft fuhr. Tante Fusa saß aufrecht neben mir und erzählte, mich ganz wie eine Erwachsene behandelnd, die Krankheitsgeschichte des Großonkels, angefangen vom Ausbruch seines Leidens bis hin zu seinem Tod. Shū-chan und I-Ah saßen in ihrer stattlichen Größe wie eine hohe Mauer ebenfalls wohlerzogen da und hörten ehrfurchtsvoll zu ...

Bei dem, was Tante Fusa erzählte, interessierten mich natürlich am meisten die Stellen, die sich auf Vater bezogen. Dies schien sie zu bemerken und berücksichtigte es in ihrem weiteren Bericht. Als Vater unter dem Vorwand, er müsse demnächst für längere Zeit nach Kalifornien fahren, seinen Bruder im Krankenhaus besuchte, bekam dieser bereits Morphiumspritzen und lag auch tagsüber meist in leichtem Schlummer. Auf Tante Fusas Worte »K-chan ist da!« – Vater hatte auf einem niedrigen Hocker neben dem Bett Platz genommen und schien ziemlich erledigt –, begann der unter der Decke aufragende Fuß des Kranken ein-, zweimal reflexartig zu zucken.

Etwas später klagte der Großonkel mit schwacher Stimme, die Beine seien ihm schwer geworden. Als er sie unter der Decke hervorstreckte, als suche er mit den Fußspitzen nach dem Boden, bemerkte Vater, daß am rechten Fuß die mittlere Zehe fehlte, was ihn am ganzen Köper erzittern ließ. »Als K-chan sah, wie sehr der Körper seines Bruders in Mitleidenschaft gezogen war, hat ihn das ziemlich erschüttert. Allein die Vorstellung, wie sein Bruder im Endstadium seiner Krankheit unter großen Schmerzen sterben würde, hat ihn völlig niedergedrückt. Nachdem er vom Arzt die wichtigsten Einzelheiten erfahren hatte, wird er sich tatsächlich entschlossen haben, nach Kalifornien zu fliehen. Übrigens handelt es sich hier nicht um irgendeine Vermutung von mir, auch Großmutter sieht die Sache so«, sagte Tante Fusa.

»Die Sache mit der Zehe scheint er auch Mutter erzählt zu haben. Vater hat schon immer ein schlechtes Gewissen gehabt, daß es ihm sein älterer Bruder ermöglicht hat, auf die Universität zu gehen, und als er dann gesehen hat, daß er wohl bei seiner schweren Arbeit im Wald eine Zehe verloren hatte, war er richtig schockiert.«

»Sie sind beide zu bemitleiden, K-chan und der Großonkel«, sagte Tante Fusa, und ihre Stimme klang ein wenig ärgerlich. Als sie auf das eigentliche Ende des Großonkels zu sprechen kam, bewegte I-Ah seinen vom Sicherheitsgurt fest in den Beifahrersitz gedrückten Oberkörper unruhig hin und her und hielt die Hände wie zum Gebet aneinandergelegt. Tante Fusa verschlug es den Atem.

»Wenn I-Ah in der Zeitung eine Todesanzeige über jemand liest, dessen Namen er kennt, zum Beispiel den eines Musikers oder eines ehemaligen Sumō-Meisters, dann senkt er immer, so wie jetzt, den Kopf«, erklärte ich, was I-Ah mit einem kräftigen Nicken sogleich bestätigte.

»Was hast du gerade gesagt, Mā-chan? I-Ah? Ihr nennt ihn jetzt wieder I-Ah? Wo Großmutter diesen Namen doch schon immer so mochte. Da wird sie aber erleichtert sein, daß sie ihn jetzt wieder so rufen kann.«

Was die immer wieder wechselnden Namen betraf, mit denen wir meinen älteren Bruder in der Familie riefen, wäre schon dieses ständige Hin und Her eine Geschichte wert. Als er einmal eine ganze Woche im Heim seiner Sonderschule verbracht hatte, um sich an das Übernachten außerhalb der häuslichen Umgebung zu gewöhnen, wollte er nach seiner Rückkehr, als ihn Vater mit seinem Kosenamen rief, partout nicht mehr antworten. Weil Vater daraufhin derart verwirrt war, waren auch wir anderen ziemlich ratlos. Ō-chan, dem das Streben des älteren Bruders nach mehr Selbständigkeit schon seit einiger Zeit aufgefallen war, glaubte nämlich herausgefunden zu haben, daß er nun mit seinem richtigen Namen gerufen werden wollte. Von da an nannten wir I-Ah immer Hikari-san, und auch Großmutter gewöhnte sich in ihren Briefen und am Telefon bald daran, ihn so zu nennen. In letzter Zeit aber war es dazu gekommen, daß wir meinen Bruder wieder I-Ah riefen, und dieser schien nichts dagegen zu haben. Eines Tages meinte Mutter besorgt, I-Ahs Desinteresse an der Art und Weise, wie man ihn nannte, habe womöglich damit zu tun, daß seine Intelligenz durch die regelmäßig auftretenden epileptischen Anfälle gelitten habe. Schließlich gingen bei einem einzigen Anfall doch Zehntausende von Hirnzellen zugrunde . . .

Da I-Ah vor uns saß und zuhörte, verzichtete ich darauf, Tante Fusa von der angeblichen Beziehung zwischen epileptischen Anfällen und absterbenden Hirnzellen zu erzählen und beschränkte mich auf die reine Beschreibung der Tatsachen –

daß wir nämlich aufgehört hatten, ihn I-Ah zu rufen, dann aber irgendwann wieder auf diesen Namen zurückgekommen seien. Nachdem ich meinen Bericht beendet hatte, saß Tante Fusa eine Weile nachdenklich da und meinte dann:

»In dem Alter, als I-Ah in die Oberstufe der Sonderschule ging, wurde sein Drang nach Unabhängigkeit stärker, denke ich. Bei Shū-chan war es genauso. Inzwischen sind beide für ihr Alter recht ausgeglichen, meinst du nicht auch?«

Man merkte, daß Tante Fusa mit ihrer schnellen Auffassungsgabe sehr wohl verstanden hatte, welch große Sorgen sich Mutter wegen I-Ahs rückschreitender Intelligenz machte, und irgendwie spürte ich auch, daß sie mich ermutigen wollte. Als sie dann aber plötzlich in längeres Schweigen verfiel, mußte ich denken, daß sie in gewisser Weise doch sehr viele Ähnlichkeiten mit Vater aufwies.

Nachdem wir den langen Tunnel nahe des höchsten Punktes der Paßstraße durchfahren hatten, wand sich der Weg in engen Kurven an den hier noch herbstlicher wirkenden Hängen ins Tal hinab. Als wir die Stadt am Rande einer ausgedehnten Ebene erreichten, erklärte uns Tante Fusa, daß hier der Ort sei, von dem alles in der Umgebung Erzeugte in die verschiedensten Landesteile verschickt würde und wo sich gleichzeitig alle von außen kommende Kultur konzentrierte. Später ging es an einem nicht allzu tiefen, klaren Flüßchen entlang abermals in eine Waldgegend hinein, wo die enge Straße links und rechts von Häusern gesäumt war und auf der gegenüberliegenden Seite des Flusses einige an einen Hang geschmiegte Anwesen in Sicht kamen: das Dorf, in dem Vater geboren und aufgewachsen war.

Vor Vaters Geburtshaus sah man lange Bambusstäbe mit Büscheln aus Bambusgras, Blumenkränze und verschiedenes Zubehör für die großen Laternen, also Dinge, wie man sie für ein Begräbnis brauchte, und zahlreiche Leute in schwarzen Anzügen, die irgendwie nicht zu ihnen passen wollten, rannten mit ernsten Gesichtern hin und her. Tante Fusa gab Shū-chan Anweisung, er solle weiterfahren. I-Ah, der auf solche Dinge immer sehr unmittelbar reagierte, faltete, indem er sich in Richtung des Hauses wandte, auf besonders respektvolle Weise die Hände. Die Fahrt ging noch ein Stück flußaufwärts, bevor wir auf der anderen Seite des Flusses am Damm entlang zurückfuhren, bis wir schließlich das Haus erreichten. Dort wurden I-Ah und ich hinter dem Haus durch den Garten, in dem Kiwi-Bäume wuchsen, zu dem Nebengebäude geführt, in dem Großmutter wohnte. Aus dem Hauptgebäude drang ein verhaltenes Stimmengewirr herüber, als träfe man dort insgeheim Vorbereitungen für einen Großangriff.

Großmutter, die dabei war, sich für die Trauerfeier umzukleiden, stand in einem alten, seidenfarbenen Untergewand vor einem Spiegeltisch. Als ich vom Gang aus einen Blick in ihr Zimmer warf, sah ich zuerst ihr kleines Gesicht im Spiegel. Es wirkte wie aus grauem Papier. Ihre länglich geschnittenen Augen, die denen Vaters ähnlich waren und den Eindruck erweckten, als seien sie ganz von den großen, schwarzen Pupillen ausgefüllt oder als hätte sich in ihnen dunkles Wasser gesammelt, starrten unverwandt ins Leere. Tante Fusa machte keinerlei Anstalten, uns, die wir noch immer wie angewurzelt vor Großmutters Zimmer standen, zur Eile anzutreiben. Unser Erscheinen schien bewirkt zu haben, daß Großmutter, die bis dahin regungslos vor dem Spiegel gestanden hatte, nun plötzlich mit raschen Bewegungen in ihren schwarzen Kimono schlüpfte, diesen unterhalb der Brust mit beiden Händen zusammenhielt und sich nach uns umwandte.

»Das freut mich aber, daß ihr gekommen seid; noch dazu von so weit her«, sagte sie, worauf Tante Fusa erklärend hinzufügte: »Du kannst ihn jetzt gern wieder I-Ah nennen. Er heißt jetzt wieder I-Ah.«

»Wirklich? Das ist aber schön, I-Ah, daß du wieder einmal gekommen bist! Heute ist die Beerdigung von Großonkel, da kommst du doch mit, nicht wahr? Und dir, Mā-chan, vielen Dank dafür, daß du dir so viel Mühe gemacht hast.«

»Während du dir deinen Obi umbindest, werde ich I-Ah und Mā-chan ins Haus hinüber führen, damit sie alle begrüßen können... Außerdem solltest du etwas schneller machen mit dem Anziehen, du tust ja, als wärst du ein schwereloser Raumfahrer.«

»Ich weiß, ich weiß«, antwortete Großmutter, »es hat eh schon viel zu lange gedauert...«, und während sie weiterhin den Kimono unterhalb der Brust zusammenhielt, fügte sie hinzu: »Wenn es euch beiden recht ist, könnt ihr die Leiche des Großonkels ansehen, aber nur wenn ihr wirklich wollt. In dem Sarg gibt es ein kleines Fenster, das ist sehr praktisch, aber wie gesagt, es muß nicht sein, daß ihr jungen Leute euch das Gesicht eines Verstorbenen anseht.«

Im Hauptgebäude begrüßten wir die Frau des Großonkels und ihren ältesten Sohn, und vor dem Hausaltar legte I-Ah noch einen Grad respektvoller als zuvor unsere Beileidsgabe ab. Anschließend führte uns Tante Fusa, wie Großmutter es gewünscht hatte, in den ersten Stock hinauf, wo in einem großen, mit Matten ausgelegten Zimmer ein von weißen Chrysanthemen umgebener Altar mit dem Sarg aufgebaut war, vor dem wir uns jedoch nur kurz verbeugten. Als wir in das Nebengebäude zurückgekehrt waren, hatte sich Großmutter fertig angekleidet. Ihr kleiner Kopf mit dem schlohweißen Haar saß gemütlich auf dem aus dem Kragen des Kimono ragenden Hals, und mit einem Gefühl neuer Frische saß sie aufrecht da.

Ich wußte nicht, welche Worte des Trostes ich einer über fünfundachtzigjährigen Mutter sagen sollte, die ihren Sohn verloren hatte, und so saß ich mit gesenktem Kopf einfach da. Um so erleichterter war ich, als I-Ah, der Großmutter gegenüber Platz genommen hatte, mit einem ernsten, doch durchaus natürlichen Ausdruck im Gesicht ihre Fragen nach seiner Arbeit in der Behindertenwerkstatt und seiner Komponiertätigkeit beantwortete.

Dann erzählte Tante Fusa Großmutter in aller Ausführlichkeit von dem Vorfall mit dem Sittenstrolch, dem *religiösen*

Fanatiker mit dem Wasserfläschchen, über den ich ihr auf der Fahrt berichtet hatte. Mir schien, als sei ein solches Thema kurz vor einer Beerdigung nicht sehr passend, und der Gedanke, daß ich es ja war, die Tante Fusa mit meinem Bericht veranlaßt hatte, Großmutter davon zu erzählen, ließ mich noch etwas steifer werden. Großmutter hörte aufmerksam zu, und ihre Augenlider hatten vor lauter Anstrengung die Form kleiner Dreiecke angenommen. Fast schien es, als hätte sich Großmutters Gesicht ein wenig gerötet.

»Das war sehr klug von dir, Mā-chan, daß du immer hoch oben auf deinem Fahrrad geblieben bist, als du den Kerl verfolgt und ihm gegenübergestanden hast. Damit hast du ihm, der ja wohl viel größer war als du, sicher gehörig imponiert!«

»Du tust ja, als wäre es ein Revierstreit zwischen zwei Bären«, mischte sich Tante Fusa in schulmeisterlichem Ton ein, und I-Ah, dem der Vergleich mit den *Bären* gefiel, drehte sich mit einem stillen Lächeln zu mir um.

Die Trauerfeier sollte um drei Uhr stattfinden. Normalerweise begannen Beerdigungen im Dorf schon früher, doch mit Rücksicht auf I-Ah und mich, die mit dem Flugzeug gekommen waren, hatte man den Zeitpunkt etwas verschoben. Endlich setzte sich der Leichenzug in Richtung des flußabwärts gelegenen Haustempels unserer Familie in Bewegung. I-Ah und ich standen neben Großmutter, die einen Stock in der linken Hand hielt, und beobachteten die Leute, die mit Bambusstangen, an denen Körbe hingen, riesigen Blumenkränzen und Fahnen aus seltsam geformten Papierstreifen hinter den von den Angehörigen getragenen Ahnentäfelchen und einem Foto des Großonkels die Dorfstraße hinabschritten. Diese war von Leuten gesäumt, die, teils in Trauerkleidung, teils in normaler Arbeitskleidung, unter den Vordächern der Häuser standen. Ein heller Regenschauer zog langsam von den Hügeln am Fluß zu den tiefgrünen, nach Süden gewandten Hängen hinüber. Der Leichenzug inmitten dieser Umgebung bot ein überaus seltsames Bild. Um den Sarg, der sehr schwer zu sein schien, bildete sich ein Wirbel von eng aneinandergedrängten Menschen, die aus den Körben am Ende der langen Bambusstangen Blumen herabregnen ließen. Das Ganze ließ einen glauben, man wohne einer Beerdigung in einem Eingeborenendorf tief im Dschungel einer polynesischen Insel bei. Zugleich vermittelte die Zeremonie in ihrer Natürlichkeit ein Gefühl von Vertrautheit. Jedesmal, wenn sich aus den Körben eine neue Lawine von roten, blauen und gelben Papierblumen auf die Trauergäste ergoß, richtete Großmutter den Kopf auf dem schmalen Hals auf, und ihre Augenlider nahmen wieder die Form eines Dreiecks an.

Nachdem der Leichenzug weitergezogen war, gingen Großmutter, I-Ah und ich in das Nebengebäude zurück, wo wir uns etwas ausruhten, bevor uns Shū-chan mit dem Wagen zum Tempel brachte. Da Großmutter Schwierigkeiten beim Gehen hatte, fuhren wir auf einer Seitenstraße bis zu der Stelle, wo der in den Wald hinaufführende Weg auf den Familientempel und den dazugehörigen Friedhof stieß. Dort stiegen wir aus und betraten durch das hintere Tor das Tempelgelände, wo die Feier gerade begonnen hatte. Als der für die Durchführung der Zeremonie zuständige Oberpriester und einige assistierende Mönche die Haupthalle des Tempels betraten, forderte der aus der nahen Provinzstadt angereiste kleine und etwas dickliche Leichenbestatter wie ein Kommandant in einem alten Kriegsfilm die anwesenden Trauergäste in gebieterischem Ton auf, sich aufrecht hinzusetzen. Auch Großmutter, die zwischen mir und I-Ah auf einem der für die Familienmitglieder reservierten vorderen Plätze saß, leistete dem Befehl Folge, doch gleichzeitig gab sie dem Oberpriester mit der Hand ein Zeichen, als wollte sie ihm etwas sagen. Dieser blieb kurz stehen und schickte einen der jüngeren Mönche zu ihr hinüber.

»Ich glaube, wir verzichten besser auf die Dienste dieses Dirigenten.« Der Mönch ging zurück zu dem Oberpriester und übermittelte ihm Großmutters Wunsch. Da nickte dieser und gab dem Leichenbestatter ein unmißverständliches Zeichen. Im folgenden nahm die Trauerzeremonie einen natürlichen Verlauf, ohne daß der Kommandant sich ein weiteres Mal eingemischt hätte. Als wir nach der Feier aus der Halle in den Garten traten, sahen wir den Leichenbestatter in seinem schwarzen Anzug mit Weste und Fliege in einer Ecke der ungedeckten Veranda hocken und die Omoto-Blüten im Regen betrachten.

Vor der Tempelhalle stand der älteste Sohn des Großonkels vor den Trauergästen und hielt eine Dankesrede. Dies sah Großmutter als das Ende der Feier an. Während man die Leiche zu dem weiter flußaufwärts gelegenen Krematorium brachte, begab sich Großmutter in das Zimmer neben der Tempelhalle, um sich ein wenig mit dem Oberpriester zu unterhalten, der ein alter Bekannter von ihr zu sein schien. Tante Fusa schimpfte, das tue sie nur, weil sie sich davor drücken wolle, die Beileidswünsche der teilweise von weither angereisten Trauergäste entgegenzunehmen. Kurz darauf kam Shū-chan, der in seinem viel zu engen schwarzen Anzug aussah wie das Reifenmännchen von Michelin, und teilte mir mit, Großmutter, die den Tempel durch das hintere Tor verlassen habe, warte an der gleichen Stelle, an der wir ausgestiegen waren.

Während wir den von bunten Sträuchern gesäumten Weg hinaufgingen, saß Großmutter bereits auf der Hinterbank des Wagens und hatte die Lehne des Beifahrersitzes nach vorn gekippt, um I-Ah das Einsteigen zu erleichtern. Auf dem Herweg hatten Großmutter, Tante Fusa und ich – auch wenn wir alle mager und klein waren – ziemlich gedrängt im hinteren Teil des Wagens gesessen, doch was den Rückweg betraf, schien Großmutter sich entschlossen zu haben, die hinteren Sitze für I-Ah und sich selbst zu beanspruchen. Sowie I-Ah eingestiegen war, stellte sie die Lehne des Beifahrersitzes wieder aufrecht.

»Großmutter wird I-Ah den Wald zeigen wollen. Wenn wir bis oben hinauf fahren wollen, dann ist es hinten für drei Personen doch etwas eng«, sagte Tante Fusa zu den beiden, die im Wagen saßen, gleichzeitig aber auch zu uns dreien – sich selbst einschließend –, die wir vor dem Wagen standen, während sie sich mit reinigendem Salz bestreute. »Mā-chan setzt sich am besten mit mir nach vorne, denn ich werde fahren. Und Shū-chan läuft mit seinen schnellen Beinen nach Haus und hilft bei den Aufräumarbeiten.«

Wir fuhren den Waldweg hinab und überquerten den Fluß auf der Brücke in der Mitte des Dorfes, dann ging es weiter auf der Straße, die um den Berghang führte. Als ich mich an der Stelle gleich nach der Brücke, wo die Straße einen scharfen Bogen machte, umdrehte, sah ich den *herben* Shū-chan den steilen Hang herunterhasten, an dem die Bäume bereits ihre Blätter verloren hatten, und noch stärker als vorher erinnerte er mich dabei an das Reifenmännchen von Michelin.

Schon bald ging die Fahrt in engen Kurven auf einer immer steiler ansteigenden Straße den Berghang hinauf. Als ich mit Vater das erste Mal sein Heimatdorf besuchte, soll ich meinen Bruder Ō-chan, der schon damals immer alles wußte, gefragt haben: »Ob es in Papas Kindheit hier noch Mammuts gegeben hat?« Ich selbst kann mich nicht mehr daran erinnern, ich weiß nur noch, wie ewig lange es gedauert hatte, bis wir endlich Vaters Dorf erreichten, da damals der Tunnel ja noch nicht gebaut war. Doch auch jetzt, wo wir uns innerhalb des Dorfs bewegten, erschien mir der Weg vom Fluß hinauf in den entlegenen Ortsteil am Berghang noch immer sehr weit.

Von der sich langsam nach oben windenden Bergstraße bot sich ein herrlicher Ausblick. An den steilen Hängen zu beiden Seiten der Straße, die von dem weit in der Ferne gelegenen Talkessel mit der Provinzstadt bis zu Vaters Dorf in dem engen Tal führte, fanden sich in bestimmten Abständen kleine, rötlich und orange angehauchte Farbtupfer. Als wir ein weiteres Stück bergauf gefahren waren, sah ich, daß es Gruppen von Kaki-Bäumen waren. Es waren eigentlich keine Obstgärten, sondern eher richtige Felder. Früher, nach dem Krieg, als ein Mangel an Nahrungsmitteln herrschte, hatte man auf diesen Feldern Weizen angebaut, erklärte Großmutter, die früher selbst Chefin einer ›Handlung für landwirtschaftliche Erzeugnisse aus dem Gebirge‹ gewesen war. Später, berichtete sie, habe man die Produktion auf Kastanien und anschließend auf Kaki-Früchte umgestellt.

Inzwischen waren auch wir zu allen Seiten, links und rechts und oben und unten, von rötlich-orange leuchtenden Bäumen umgeben. Manchmal, wenn wir an eine Stelle kamen, die etwas flacher war, erblickte man große, von festen Steinwällen im Gleichgewicht gehaltene Häuser, deren Dächer, anders als die der Häuser im unteren Bereich des Dorfes, teils mit Stroh, teils mit Ziegeln gedeckt waren. Immer wieder traf man auf diese elegant wirkenden, in ähnlichem Stil gebauten Häuser. An einem Bergvorsprung, von dem man gut in das wie ein tiefer Mörser vor uns liegende Tal hinabblicken konnte, hielt Tante Fusa den Wagen an. Am gegenüberliegenden Ende des breiten, tiefen Tals erstreckte sich, etwa auf gleicher Höhe, eine Kette von schwärzlich-blauen Bergen.

»Die gehören zum Shikoku-Gebirge«, erklärte Tante Fusa. »Es heißt, von dort hätten sich unsere Vorfahren an den gewundenen Bergkämmen entlang bis hierher in die tiefen Wälder geflüchtet. Gleichzeitig werden sie auch davon geträumt haben, hier neues Land zu finden, das sie bebauen konnten. Die Armen!« sagte Tante Fusa und seufzte, als sie die weite Landschaft überblickte. I-Ah half Großmutter beim Aussteigen.

»Das dachte ich auch immer, wenn ich früher mit meinem Handkarren unterwegs war, um Kastanien aufzukaufen, und hier an diese Stelle kam. Doch jetzt, wo ich um einiges älter bin, kommt es mir bei einem Blick aufs Dorf so vor, als hätte jeder Mensch hier seinen Platz, auf dem er leben kann. Wie sehr er sich auch bemühen würde, jeden Hang mit seinen Füßen abzulaufen, es würde ihm doch sein ganzes Leben nicht gelingen. Ich denke schon, daß das hier unten eine riesige Fläche ist!

Und was die alte Sage mit den ›Wundern des Waldes‹ betrifft, so glaube ich wohl, daß sie sich die Menschen hier in dieser riesigen Weite über viele Jahre hinweg bewahren konnten. Aber nur I-Ah hat daraus bisher ein Musikstück gemacht... Ich habe die Kassette, die ich von ihm bekommen habe, hier an dieser Stelle schon einmal gehört, und ich fand wirklich, wie gut er doch die ›Wunder des Waldes‹ darin eingefangen hat. I-Ah, was hast du denn in der letzten Zeit so komponiert?«

»Ein Stück mit dem Titel *Das ausgesetzte Kind*«, gab I-Ah ohne Umschweife zur Antwort.

Nicht nur ich war es, die erschrak, auch Großmutter und Tante Fusa standen plötzlich wie versteinert da und schwiegen. Ich wunderte mich, wie sehr die beiden Frauen, Mutter und Tochter, trotz des Altersunterschieds einander plötzlich ähnlich waren, und etwas wehmütig dachte ich an meine Mutter in Kalifornien. Das Gefühl wurde mit einem Mal so stark, daß ich am liebsten gerufen hätte, auch ich bräuchte Hilfe in meiner *Krise*. I-Ah aber, der Auslöser unseres Schrecks, lief ruhig hinüber zum Straßenrand, wo etwas tiefer gelegen ein Feld mit Kaki-Bäumen begann, die, um das Ernten der Früchte zu erleichtern, gestutzt waren, beugte den Kopf hin zu den rötlich-orange gefärbten Blättern und roch an den glitzernden Tropfen, die der Regenschauer auf ihnen hinterlassen hatte... »Wenn du so nahe an die Kaki-Bäume rangehst, könnte man meinen, du willst dir eine pflücken und essen«, sagte ich, obwohl ich innerlich noch ganz mit meinem Hilferuf beschäftigt war.

»Nein, nein«, antwortete Großmutter, die inzwischen zu ihrem gewohnten Lächeln zurückgefunden hatte. »Früher, vor zehn oder fünfzehn Jahren, hätten die Bauern ihre Felder mit einem Stacheldrahtzaun umgeben. Inzwischen hat sich das alles geändert. Als wir auf dem Weg hierher an den Bauernhäusern vorbeikamen, sah man doch überall auf der Veranda Berge von Kaki aufgeschichtet. Die hat man aussortiert, weil sie zum Verschicken zu reif waren. Wenn es so viele Kaki gibt, dann lassen sogar die süßesten Früchte die Kinder kalt! Mā-chan, du glaubst gar nicht, wie sehr sich das Leben verändert hat. In meiner Kindheit haben wir noch Strohsandalen getragen und einfache Kleider, die nur von einem roten Strick zusammengehalten waren; draußen haben wir mit trockenen Ästen Feuer gemacht, und halbnackt sind wir in die Bäche gesprungen, um mit kleinen Körben Fische zu fangen... Sieh dir doch mal die Bücher über ›Sitten und Gebräuche von Kindern in alten Zeiten‹ an oder die alten ›Haiku-Kalender für Kinder‹ und wie sie alle heißen, genau so, wie es die Bilder dort zeigen, so haben wir damals gelebt.«

»Inzwischen sind wir ja schon etwas weiter«, mischte sich Tante Fusa ein, »die alten Zeiten sind längst vorbei, und wir leben jetzt in der Moderne, oder genauer gesagt: in der Gegenwart. Und was I-Ah betrifft, so steht er an der Schwelle zur Zukunft.«

»Schon gut. Dann werden sich jetzt die alten Zeiten mit der Zukunft unterhalten. I-Ah, erzähl mir doch mal von deinem Komponieren.«

»Ja, das werde ich tun«, antwortete I-Ah erfreut und wandte den Blättern der Kaki-Bäume abrupt den Rücken zu.

»Und wir, die wir beide der Gegenwart angehören«, sagte Tante Fusa zu mir, »werden uns etwas weiter oben unterhalten. Wenn die alten Zeiten und die Zukunft miteinander reden, dann werden sie womöglich ein gemeinsames Thema finden.«

Worüber Tante Fusa – sozusagen von Gegenwart zu Gegenwart – mit mir sprechen wollte, war, wie erwartet, nichts anderes als *Das ausgesetzte Kind*. Realitätsnah wie sie war, stand auch sie auf dem Standpunkt, es sei wohl am besten, wenn ich Vater anriefe und ihm sagte, er solle sofort zurückkommen, wenn es denn tatsächlich die mehrmonatige Abwesenheit meiner Eltern war, die I-Ah dazu brachte sich als ausgesetztes Kind zu fühlen. K-chan als japanischer Schriftsteller schreibe schließlich auf japanisch, und da bestünde keinerlei Notwendigkeit für ihn, jetzt, zu einem Zeitpunkt, wo der Wert des Dollar dermaßen gesunken sei, den Amerikanern als *writer in residence* auf der Tasche zu liegen. Sicher sei es wichtig, mit den Professoren dort Kontakt zu haben, aber bei seinem Englisch, in das sich sowieso immer wieder französische Wörter mischten, sei es fraglich, wie weit er damit überhaupt kam. Das habe er, als sie ihn vor kurzem angerufen hatte, selbst zugegeben.

Irgendwie dachte ich, daß es besser sei, ich würde Tante Fusa nichts von Vaters *Krise* erzählen. Richtig war zwar, erklärte ich ihr, daß I-Ah ein Stück komponiert hatte, das er *Das ausgesetzte Kind* nannte, doch habe es beim Komponieren keinerlei Anzeichen dafür gegeben, daß er sich in irgendeiner Weise verlassen vorgekommen sei. Als er mit dem Stück fertig war, hätten ihn ja vor allem die Akkorde im Schlußteil beschäftigt, und er hätte mehr Interesse für technische Fragen als für das Thema selbst gezeigt . . .

Tante Fusa und ich waren von dem vorspringenden Teil des Abhangs, wo der Wagen stand, noch ein Stück höher gewandert, und nun öffnete sich uns ein herrlicher Blick über das tief vor uns liegende Tal. Am Oberlauf des sich wie eine Straße dahinschlängelnden, glitzernden Flusses schmiegten sich mit Zypressenwäldern bestandene Hügel wie Inselchen in seine Windungen, und hier und dort entdeckte man ein paar vereinzelt stehende alte Zedern. In der Ferne konnte man einen gar nicht in die Landschaft passenden Betonklotz mit einem hohen Schornstein ausmachen, der nun plötzlich Schwaden weißen Rauches in den Himmel spie. Augenblicklich verspannten sich Tante Fusas Gesichtszüge, und sie schien in Gedanken versunken.

. . . Etwas verloren blickte ich zum Himmel hinauf, an dem nun auch die letzten Spuren des Regenschauers verschwunden waren. Als ich in die Sonne sah, mußte ich plötzlich niesen. Und diesem Niesen war es zu verdanken, daß Tante Fusa mit einem Schlag von ihren Gedanken befreit wurde, die noch eben um I-Ah und *Das ausgesetzte Kind* oder den Großonkel, der dort soeben im Krematorium verbrannt

wurde, oder aber – was wahrscheinlicher war – um beides
gekreist waren. Mit einem Ruck hob sie den Kopf und sagte:

»Du mußt also auch niesen, wenn du in die Sonne blickst,
Mā-chan. Als K-chan noch in der Mittelschule war, hatte er
in einer Zeitschrift einen Bericht zu diesem Thema gefunden.
Und da wollte er durch ein Experiment herausfinden, ob es
wirklich einen Zusammenhang gibt. Ich weiß noch gut, wie
ich mich jeden Morgen draußen aufstellen und in die Sonne
blicken mußte. Das war ganz schön anstrengend. K-chan interessierte sich damals, so wie Ō-chan jetzt, ausschließlich
für naturwissenschaftliche Dinge.«

Als Tante Fusa nun ebenfalls mit zusammengekniffenen
Augen in die am westlichen Himmel stehende Sonne blickte,
ließ auch sie sogleich ein niedliches Niesen hören. Wir mußten beide eine Weile lachen. Endlich faßte ich mir ein Herz
und fragte:

»Es muß zu einer Zeit gewesen sein, bevor Vater in die
Mittelschule kam. Wie war das da eigentlich genau, als er in
der Mühle, zu der man ihn mit dem Korn geschickt hatte, die
Geschichte über Franz von Assisi las und auf die Idee kam, er
müsse nun sofort *etwas für die Seele* tun?«

»Das hat sich alles wirklich zugetragen. Siehst du dort weiter flußab die Stelle, wo der Fluß sich verzweigt? Der eine
Flußarm glitzert in der Sonne, der andere liegt im Schatten.
Ich weiß noch, wie K-chan, den großen Sack vor der Brust
und das Gesicht weiß von Mehl, aus dem tiefen Wald auf der
Seite des dunklen Flusses herauskam. Er sah aus wie ein kleiner Dachs, und mit völlig verweintem Gesicht berichtete er,
wie sehr er sich gefürchtet habe, der ›heilige Franz von Assisi
aus dieser Gegend‹ könne plötzlich zwischen den Bäumen
hervortreten und ihn entführen.«

»In seinem Vortrag hat Vater aber erzählt, du hättest
gesagt, er habe ein Gesicht gehabt wie ein weißes Äff-
chen...«

»Das wird er sich im nachhinein halt so ausgemalt haben.
Jeder wird eitel, wenn es um seine Person geht. Ein dünner

Dachs, ein kleiner Dachs... egal. Jedenfalls hatte er seither
große Angst vor dem Tag, an dem er für die *Sache der Seele*
alles wegwerfen müsse, jedenfalls bis zu seinem Eintritt in die
Oberschule, als wir noch zusammenwohnten. Als ihn ein
Freund einlud, an einer auf englisch abgehaltenen Bibel-
stunde teilzunehmen, war er vor lauter Überlegen, was er
machen solle, völlig durcheinander...

Auch sein verstorbener Bruder hat sich Sorgen gemacht; er
befürchtete, K-chan könne, wenn er nach Tōkyō ging, einer
Sekte beitreten – eine politische Partei, meinte er, ginge ja
noch – und sich so seine Zukunft verbauen. Eigentlich waren
sie alle beide zu bedauern, vor allem auch, weil sie oft wegen
der *Sache der Seele* aufgezogen wurden. Aber zumindest der
eine von ihnen ist inzwischen zu weißem Rauch geworden,
ohne daß er sich bekehrt hätte...

Da fällt mir auch noch die Geschichte mit den ›Wundern
des Waldes‹ ein, von der Großmutter eben mit I-Ah sprach.
Das ist eine alte Sage, die Großmutter von ihrer eigenen Mutter gehört hat. Daß diese Geschichte wieder ausgegraben
wurde und jetzt in so seltsamer Form weiterlebt, ist letztlich
K-chan zu verdanken. K-chan hatte sich damals als naturwis-
senschaftlich interessierter Junge eigene Antworten auf allerlei Fragen überlegt. Unter anderem behauptete er, es sei
durchaus denkbar, daß diese ›Wunder des Waldes‹ von ir-
gendwoher aus dem Sonnensystem oder dem dahinter liegenden All in einer Rakete auf die Erde gekommen waren
und daß erst durch sie die Zivilisation auf unserem Planeten
ihren Anfang genommen hatte. Als naives, kleines Mädchen,
das ich damals war, habe ich mir in meiner Phantasie ausgemalt, wie diese Rakete gerammelt voll mit Kindern von einem fernen Stern hierher geschickt worden war, um sie auf
der Erde auszusetzen. Dabei hatte ich ein unsagbar trauriges
Gefühl...

Mir scheint, als hätten I-Ah und ich, soweit es um unsere
Phantasie geht, einen recht ähnlichen Wortschatz. Wahrscheinlich aber ist es K-chan, der mich auf die Idee mit den

ausgesetzten Kindern von anderen Planeten und den ›Wundern des Waldes‹ gebracht hat. Und er wird es auch gewesen sein, der I-Ah von diesen ausgesetzten Kindern erzählt hat, glaubst du nicht auch? Wie konnte er nur so gedankenlos sein, nicht im geringsten zu bedenken, welche Folgen seine und Oyūs Abwesenheit für I-Ah haben würde. Aber bei ihm ist ja alles möglich.«

Auf der dem Hang zugewandten Seite der Straße, die das Feld mit den Kaki-Bäumen umgab, lehnten Großmutter und I-Ah mit dem Rücken an der Steinmauer. Als uns Großmutter sah, richtete sie sich ruckartig auf, nahm ihren Stock in die andere Hand und winkte uns mit der rechten Hand zu. Was ausgesehen hatte, als blickten die beiden still auf die Wälder und die rötlich-orange im Sonnenlicht leuchtenden Felder mit ihren Kaki-Bäumen, war in Wirklichkeit ein intensives Gespräch. Als wir mit schnellen, kleinen Schritten auf sie zugegangen kamen, rief uns Großmutter sichtlich aufgeregt entgegen:

»Der Titel für *Das ausgesetzte Kind* muß richtig eigentlich heißen: *Die Rettung des ausgesetzten Kindes*. Von der Behindertenwerkstatt geht doch jeden Dienstag eine Gruppe zu einem nahe gelegenen Park, um dort sauberzumachen. Einmal – I-Ah war an dem Tag nicht dabei – hat man dort ein ausgesetztes Baby gefunden und in die Behindertenwerkstatt gebracht. Da hat I-Ah den Entschluß gefaßt, daß auch er einem solchen Kind helfen will, wenn er selbst einmal eins findet. Das war es, was ihn auf den Titel *Das ausgesetzte Kind* gebracht hat.«

»Ach, das war es also ... Von der Geschichte mit dem Park habe ich auch gehört. Aber der Vorfall liegt ja schon einige Jahre zurück, und als ich den Titel hörte, wäre ich nie darauf gekommen, daß er mit dieser Geschichte zu tun haben könnte. Wenn das so ist, I-Ah, darf das Stück ruhig etwas traurig sein. Es geht ja um die Rettung«, sagte ich voll Freude.

»So also war das«, sagte auch Tante Fusa und war wie ich

sichtlich erleichtert. Sie wäre jedoch nicht Tante Fusa, wenn
sie nicht noch etwas hinzugefügt hätte, was ihre Erleichterung von der meinen deutlich unterschied. »Stellt euch nur
einmal vor«, sagte sie, »alle Menschen auf unserem Planeten
wären ausgesetzte Kinder. Welche Dimensionen das dann
hätte, was I-Ah in seinem Stück zum Ausdruck gebracht
hat!«

Stalker

Wir schauten uns Tarkowskis Film *Stalker* an, den Ō-chan aus dem Nachtprogramm im Fernsehen auf Video aufgenommen hatte. I-Ah sah den Film mit mir zusammen ausnahmsweise bis zum Ende an, da ihn die Musik interessierte. Mir klang sie fremd, es schien indische Musik zu sein. Am Schluß des Films gab es eine Szene, in der ein wundersames Kind mit der Kraft seines Blickes drei Gläser bewegte. Als ratternde Eisenbahngeräusche sich näherten und das Gesicht des Kindes eine Weile zu sehen war, richtete sich I-Ah, der wie üblich zu meinen Füßen auf dem Teppich lag, mit einem Ausruf der Verwunderung auf. Vielleicht reagierte er auch auf das Gebell eines verängstigten Hundes, der bei der Entfaltung der Kräfte des Kindes – ich nenne es zunächst einmal so – im ersten Teil der Szene etwas Unheimliches gespürt hatte. Bellende Hunde haßte I-Ah über alles. Als anschließend die *Ode an die Freude* aus Beethovens Neunter Symphonie ertönte, dirigierte er jedenfalls eifrig mit und aufrecht sitzend.

Da der Film drei Stunden dauerte, wurde ich so müde, daß ich entgegen meiner vorherigen Planung die Vorbereitungen für das Abendessen vereinfachen mußte. Unsere Mahlzeit war rasch beendet, und ich unterhielt mich am Eßtisch mit Ō-chan über den Film. Allerdings übernahm ich hauptsächlich die Rolle einer Zuhörerin. Mein jüngerer Bruder, der sich für den Erfolg der Aufnahme verantwortlich fühlte, war, obwohl er für seine Prüfung lernte, nachts, während der Film lief, ab und zu nach unten gekommen, um zu sehen, ob alles in Ordnung war. Dabei schien er Gelegenheit gehabt zu haben, jedesmal ein bißchen zuzuschauen. Außer den Werbespots während des Films löschte er auch den »fünfminütigen Kommentar« eines beleibten, theatralischen Filmkritikers, von dem ich einmal in einer Wochenzeitschrift ein Bild in der Uniform eines US-Polizisten gesehen hatte und der mir nicht sonderlich sympathisch war. Dabei wäre ich eigentlich doch neugierig auf den Kommentar eines Mannes gewesen, den atmosphärisch mit *Stalker* denkbar wenig zu verbinden schien.

Was mein Bruder beim Abendessen sagte, kann ich in etwa so zusammenfassen. Ich kann das Gesprochene nicht wörtlich wiedergeben, da ich beim Zuhören manchmal in Gedanken woanders war. Er begann so: »Ich sehe zwar selten Filme und habe auch *Stalker* nicht ganz gesehen, aber ich habe darüber nachgedacht... Was ist deine Meinung dazu, Mā-chan?«

»Ich kann nichts über den Film als Ganzes sagen, aber beispielsweise gab es eine Szene, die auf einer Wiese spielt. Es war eine ruhige, lange Einstellung von einer Gruppe Menschen in einer vielfältigen Umgebung. Das ist für jemanden wie mich, der langsam denkt, angenehm, da man jeden einzelnen Menschen wie auf einer Bühne beliebig betrachten kann.«

Ō-chan hörte mir *für alle Fälle*, wie er immer sagte, zu und und erklärte dann folgendes: »Tarkowski, der Regisseur, stellt ein Dorf dar, das durch den Einschlag eines unbekannten kosmischen Körpers zerstört wurde. Man könnte es aber auch als ein Dorf nach dem Atomunfall von Tschernobyl interpretieren. Wegen der Strahlung wäre es natürlich schrecklich, dorthin geführt zu werden. Deshalb gefällt mir die Szene, wie die Leute im Film eine an einem Band befestigte Schraube auswerfen und sich so im Zickzack vorarbeiten. Dabei erinnerte ich mich an die Schnitzeljagden in Kita-Karuizawa während unserer Kindheit, bei denen wir unsere selbst aufgestellten Regeln einhielten, als wären es eiserne Abmachungen. Ich bin ganz schön alt geworden, wenn ich es mir recht überlege.

Außerdem gefallen mir die Szenen, in denen der Stalker, obwohl er dem Physiker und dem Schriftsteller, die er in die ›Zone‹ führen soll, körperlich und geistig überlegen ist, viel erschöpfter ist als die beiden und schwer atmend auf dem Boden liegt. Bei den Orientierungswettkämpfen in der Oberschule bin ich beim Herumrennen auch öfter mal im Gras ausgerutscht und habe das als gute Gelegenheit genutzt, mich mit übertriebener Erschöpfung an den Boden zu klammern. Natürlich tat ich das für mich selbst, es waren ja keine Zuschauer da. Ich hatte das Gefühl, daß ich dadurch meine Beziehung zur Erde und zu meinem Körper besser begreifen konnte.

Ich bin nicht imstande, ein allgemeines Urteil über Tarkowskis Aussage abzugeben. Aber ich habe *für alle Fälle* darüber nachgedacht, also ›das Ende der Welt‹ wird kommen, aber nicht sofort, vielleicht nicht einmal zu unseren Lebzeiten. Es kommt schleichend. Uns bleibt nichts anderes übrig, als zu warten, indem wir ebenso schleichend leben. Dabei ist es nur allzu natürlich, daß man den Wunsch hat, im voraus einen kurzen Blick auf das schleichend herannahende ›Ende der Welt‹ zu werfen. Liegt darin nicht die Aufgabe eines Künstlers?«

Ich fand, daß mein jüngerer Bruder doch klüger war als ich, und hörte ihm – gelegentlich geistesabwesend – zu, denn mich beschäftigte eine Szene am Anfang des Films, in der die Frau des Stalker sich peinigt. Es überraschte mich, daß sie so sehr einer Szene aus einem Film ›nur für Erwachsene‹ glich, die ich zufällig in einer Programmvorschau gesehen hatte, und in der eine Ehefrau sich vor Begierde verzehrte. Stalkers Frau litt eindeutig *Seelenqualen*. Wenn der stolze Ō-chan im Wettkampf im Gras ausrutscht, stürzt und sich absichtlich am Boden festkrallt, rührt das anscheinend auch nicht nur von physischer Erschöpfung her.

Die Frau des Stalker ist sehr schön und voller dunkler Leidenschaft. Auch wenn sie vor Qual plötzlich zu Boden fällt, ist ihre leidende Gestalt als Ganzes schön. Ō-chan würde die These aufstellen, daß ich wegen ihrer erstaunlichen sinnlichen Schönheit dabei unwillkürlich an Filme für Erwachsene dachte. Eigentlich dachte ich eher mit Bewunderung als mit

Neid daran, daß ich niemals einen so schönen Körper besitzen würde. Stalkers Frau verzweifelte über ihren Mann, der Kunden in die »Zone« führen mußte, sagte, ihre Heirat mit ihm sei ein Fehler gewesen, deshalb habe sie ein »verfluchtes Kind« geboren, Worte die meine Aufmersamkeit erregten.

Der Stalker, der unversehrt, aber erschöpft aus der »Zone« zurückkehrte, verzeifelt daran, daß seine Kunden gar nicht die Seelenfreuden, die den Menschen in dem geheimnisvollen »Zimmer« inmitten der »Zone« zuteil werden könnten, gesucht haben. Sein Glaube daran, daß die »Zone« verdorbene Menschen retten könne, ist von ergreifendem Ernst. Nachdem seine Frau ihn zu Bett gebracht hat, schaut sie direkt in die Kamera und beginnt wie bei einem Interview zu erzählen, was sie bewegt. Ich weiß nicht, ob das eine bei Spielfilmen übliche Technik ist, denn obwohl mein Großvater mütterlicherseits Filmregisseur war und auch mein Onkel Regisseur ist, sehe ich wie mein Bruder Ō-chan nur wenige Filme, aber diese Szene gefällt mir wirklich gut. Sie erinnert sich, daß ihr Mann in seiner Jugend als Versager verachtet wurde und ihre Mutter gegen die Heirat gewesen sei, da er unter einem Fluch stünde und ihnen daher nur abnormale Kinder geboren werden könnten. Sie aber habe ihn trotzdem geheiratet, da ihr ein schweres Leben mit gelegentlichem Glück lieber gewesen sei als ein eintöniges Dasein. Vielleicht sei das ja auch nur eine Rechtfertigung im nachhinein. An dieser Stelle wollte ich fast rufen: »Nein, das ist es nicht, Sie haben von Anfang so empfunden, und diese Empfindung ist richtig.«

In diesem Zusammenhang gab es noch eine andere Stelle, die mir wichtig erschien, die ich aber nicht gut verstanden hatte. Also befragte ich Ō-chan am nächsten Morgen darüber. Ich vermutete, daß Ō-chan, der keine Halbheiten mag – und da wir auch über den Film gesprochen hatten –, etwas von seiner Vorbereitungszeit für die Prüfung geopfert und sich den langen Film angesehen hatte, nachdem I-Ah und ich zu Bett gegangen waren.

»Ō-chan, ich möchte dich etwas über das Mädchen fragen, das um den Kopf ein goldfarbenes Tuch, einen *platok*, trug – Vater hat auch mal so einen in Moskau gekauft. Seine Mutter hat es im Film zweimal ein ›verfluchtes Kind‹ genannt. Ich nehme an, daß das Mädchen gehbehindert war, da die Mutter eine Krücke bei sich trug, als sie den Stalker aus einer Kneipe holte, aber sonst sah sie ganz normal aus, nicht? Ein sehr hübsches Mädchen . . .«

»Sie ist ein Kind, das nur mit der Kraft seines Bewußtseins, nennen wir es mal telekinetische Kraft, Gegenstände bewegen kann und daher eine geheimnisvolle Fähigkeit besitzt, die anders und neuer ist als die des Stalker. Die lange Einstellung, in der sie nur mit ihrem Blick die drei Gläser bewegt, war interessant beim Zurückspulen: Umgekehrt sah es nun so aus, als zöge sie die Gläser zu sich heran. Ist das ›verfluchte Kind‹ nicht ein Kind, das übernatürliche Kräfte besitzt, die weder es selbst noch die Menschen in seiner Umgebung begreifen können?«

»Es gibt zwei Szenen in dem Film, eine am Anfang und eine am Ende, in denen sich die Gläser bewegen. In der ersten Szene schläft das Kind. Die Eisenbahngeräusche – sie müssen schon die ganze Zeit zu hören gewesen sein – werden immer lauter, und es ist so dargestellt, daß das Rutschen der Gegenstände auf dem Tisch durchaus auch von den durch den heranrasenden Zug verursachten Schwingungen kommen können. Tarkowski scheint diese Methode zu mögen. Zuerst entwickeln sich die Dinge so, daß man sie nicht begreifen kann, erst mit der Zeit erschließt sich ihre Bedeutung . . . So war es auch, als der Stalker den Physiker und den Schriftsteller anweist, das Band an den Schrauben zu befestigen. So gesehen hätte es doch die durch den Zug erzeugte Vibration gewesen sein können, die die Gläser bewegte.«

»Als Naturwissenschaftler sollte mir die Interpretation mit dem Zug eigentlich mehr entgegenkommen, aber ich glaube, es war doch Telekinese, oder? Als ich die Szene sah, hielt ich die durch den Zug verursachten Schwingungen für eine vorbeugende Maßnahme gegen ›Ingenieure‹. Papa hat mir erzählt, daß in der Sowjetunion kritische Leserbriefe über Literatur und Filme von ›Ingenieuren‹ geschrieben würden, die in der Provinz die intellektuelle Schicht repräsentieren. Da sie durch ihre technischen Fähigkeiten den Aufbau des Sozialismus vorantreiben, sind sie Schriftstellern oder Regisseuren praktisch übergeordnet. Es könnte also unangenehm werden, wenn so ein ›Ingenieur‹ schreiben würde, das sei Unsinn. Deshalb ließ Tarkowski meiner Meinung nach auch die Möglichkeit offen, daß die Gläser sich wegen des Zuges bewegten. Aber er wollte ein Kind darstellen, das seine geistige Kraft auf Gegenstände übertragen kann.«

»So habe ich es auch empfunden, allerdings ohne den Umweg über den ›Ingenieur‹ zu nehmen. Angenommen, unsere Interpretation trifft zu, dann ist das Mädchen mit dem goldfarbenen Tuch ein Symbol für die ›Wiederkunft‹ Christi. Der Stalker trägt das Mädchen über eine längere Strecke auf seinen Schultern, nicht wahr? Das scheint Tarkowskis üblicher Stil zu sein, aber die Szene, in der er mit dem Mädchen auf den Schultern läuft, ist eine lange Einstellung. Gab es nicht einen Mann, der Jesus auf seinem Rücken trug – Christophorus, oder?«

»Wenn es sich wirklich um die ›Wiederkunft‹ Christi handelt, passiert ja einiges, denn vorher soll ja der Antichrist kommen und die Welt ins Chaos stürzen.«

»Sind nicht der Meteoriteneinschlag und die dadurch entstandene ›Zone‹ schon Anzeichen dafür, daß die Welt sich im Chaos befindet? Wäre ich ein russisches Bauernmädchen, würde ich eine solche Katastrophe auch als Vorboten der ›Wiederkunft‹ Christi verstehen.«

»Die Schwiegermutter des Stalker, die gegen die Heirat ihrer Tochter mit ihm war, sah in dem Kind ein böses Omen und nannte es deshalb ein ›verfluchtes Kind‹. Ich verstehe den Film wirklich nicht so gut, aber das liegt an mir.«

»Vielen Dank, Ō-chan, daß du mit mir darüber gesprochen hast. Ich verstehe jetzt einiges besser als vorher und werde alleine weiterüberlegen.«

Es gab noch etwas, worüber ich im Zusammenhang mit der Mutter in *Stalker* nachdachte. Seit meine Eltern in Amerika waren, dachte ich besonders oft an Mutter – meist in Verbindung mit verschiedenen kleinen Ereignissen; selten setzte ich mich jedoch in bezug auf einen bestimmten Aspekt mit ihr auseinander, wie ich es jetzt tat.

Es war ein Gedanke – oder eher ein wirrer Tagtraum –, dessen Inhalt zwar einfach und kurz ist, wenn ich ihn aus dem *Familientagebuch* wiedergebe, der mich aber die ganze Zeit beschäftigt hatte. Mir war bewußt, daß dies in Wirklichkeit unwahrscheinlich war, aber ich stellte mir vor, daß Mutter I-Ah als ›verfluchtes Kind‹ betrachtete. Außerdem hatte ich die Vorstellung – und dies schien mir etwas naheliegender –, daß Vater zu Mutter gesagt haben könnte, sie habe ein ›verfluchtes Kind‹ geboren. Vielleicht hatte er einen seiner typischen taktlosen Witze gemacht, bei denen er überhaupt nicht darüber nachdenkt, ob sie andere eventuell verletzen könnten. Wenn er sich dann mißverstanden fühlt, verletzt er sich selber und ärgert sich sogar noch richtig über die anderen. Der Gedanke, wie Mutter vielleicht darunter litt und traurig war, betrübte mich.

Natürlich nur angenommen, so etwas wäre in der Vergangenheit geschehen, wollten sie jetzt als altes Ehepaar – seit I-Ahs Geburt sind schon fünfundzwanzig Jahre vergangen – zum ersten Mal zu zweit im Ausland lebend, versuchen, das zu kitten und wiederherzustellen, was sie vor langer Zeit einmal zerstört hatten?... Dabei wurde ich trotz des Sicherheitsventils in meinem Bewußtsein – es handelte sich ja nur um eine Hypothese – so niedergeschlagen, daß ich vor Erschöpfung schwankend ins Bett kroch. Diesmal konnte ich nicht zu I-Ah gehen und seinen stummen Trost erwarten.

Daher kam es, daß wir uns beim nächsten Musikunterricht mit Herrn Shigetō über den Film *Stalker* unterhielten, über den ich immer noch nachdachte. Ich verheimlichte dem Gedanken, daß meine Eltern I-Ah vielleicht als ›verfluchtes Kind‹ gesehen hatten. Denn das steht mir nur nachts deutlich vor Augen, wie die Angst vor der Dunkelheit, am Tage erscheint es mir töricht. Ich sprach jedoch eingehend von dem Mädchen mit dem goldfarbenen Tuch.

»*Stalker* – hm . . . Den Film habe ich nicht gesehen. So ein russisches Wort kenne ich auch nicht. Ist das vielleicht ein neuer Begriff aus dem Englischen, da es ein Filmtitel ist? So was ist ja auch in Japan üblich. Wenn man es ›stalker‹ buchstabiert, dann heißt das ›Pirschgänger‹, es klingt allerdings auch so ähnlich wie ›stoker‹ – Heizer. . . . Du sagst, daß das Mädchen, das mit dem goldfarbenen Tuch vor der Kälte geschützt wird, behutsam auf den Schultern nach Hause getragen wird. Daher glaube ich nicht, daß seine Eltern es als ein ›verfluchtes Kind‹ betrachten. Vielleicht hat die Frau es in einem schwachen Moment vor Kummer so genannt. . . Der Vater hat nicht vor, seine Frau und sein Kind in die gefährliche ›Zone‹ mitzunehmen. Das bedeutet zweifellos, daß er seine Familie liebt. Andererseits fühlt er sich berufen, Menschen, die aus bestimmten Gründen in die ›Zone‹ wollen, dorthin zu führen; er ist von ihr besessen, deshalb hat er keine feste Arbeit. Seine Frau beklagt sich zwar darüber, aber in Wirklichkeit kümmert sie sich um ihn. Daher sind sie eine gute Familie.«

Als Herr Shigetō merkte, wie seine Frau neben ihm lächelte, setzte er schnell eine ernste Miene auf.

»Auch wenn Tarkowskis Absicht im Bild bestimmt deutlich zum Ausdruck gekommen ist, kann ich mich wahrscheinlich wegen meines mangelnden Verständnisses nicht für die eine oder die andere Interpretation entscheiden. Stellt denn das Kind, das mit seinem Blick Gläser bewegt, die ›Wiederkunft‹ Christi dar? Oder ist es der Antichrist?«

»Dazu kann ich nichts sagen, bevor ich den Film gesehen habe . . . Aber ich versuche mal, mir im Hinblick auf das, was du mir gesagt hast, etwas zu überlegen. Ein Meteorit stürzt herab, und ein Dorf wird vernichtet. Eine Katastrophe. Nach solchen Ereignissen wuchs immer die Hoffnung auf das ›Tausendjährige Reich‹, und häufig tauchten Gestalten auf, die man für den Messias hielt. Ob der Stalker auch so ein Mensch ist? Ich glaube nicht. Eher könnte das ›Zimmer‹ in der ›Zone‹, in das er die Leute führen wollte, einem Messias entsprechen, denn es soll allen, die es betreten, ihren größten Wunsch erfüllen, aber sie auch zur Verzweiflung treiben, so daß sie sich erhängen. Aber ein Ort bleibt eben ein Ort und ist kein Mensch.

Wenn man es so sieht, dann muß es das Mädchen sein. Sie setzt ihre Kräfte zwar noch nicht gezielt ein, aber sie scheint über große Fähigkeiten zu verfügen. Auch bei vorsichtiger Einschätzung ist es sehr wahrscheinlich, daß sie zum zweiten Stalker wird. Im Gegensatz zu ihrem Vater, der zwar ein Sendungsbewußtsein hat, aber gutmütig und ein Versager ist, wird sie ein besserer Stalker werden. Insofern stellt sich die Frage, ob sie Christus oder der Antichrist ist. Es gibt das Symbol der Taufe im Film. Stalker führt die Leute durchs Wasser. Sein Wunsch, sie in dem ›Zimmer‹ zu erlösen, entspricht eigentlich der Rolle Christi. Aber wenn die Menschen massenweise in die ›Zone‹ strömen und sterben, oder im besten Fall nur ihre Begierden, das heißt die erfüllbaren weltlichen Wünsche, befriedigen, ist er dann schließlich nicht doch der Antichrist, der Verwirrung und Chaos stiftet? Auch wenn danach, die ›Wiederkunft‹ Christi zu erwarten ist... Mir persönlich gefällt eine Geschichte, die erzählt, wie ein Kind als Messias das ›Tausendjährige Reich‹ nach einer Meteoritenkatastrophe führt.«

»Während das Mädchen sein Bewußtsein auf die Kraft seines Blickes konzentrierte und die Gläser über den Tisch rückte, bellte ängstlich ein Hund. Ein Hund, der weit empfindlichere Ohren hat als ein Mensch, könnte das Herannahen des noch weit entfernten Zuges gehört haben. Er war außerdem erst vor kurzem ins Haus gekommen. Jedenfalls stürzten die Gläser, die bereits an der Tischkante standen, zu Boden und zerbrachen, als die Eisenbahngeräusche lauter wurden. Dann wurde das Gesicht des Mädchens sichtbar, das bis dahin von den Gläsern verdeckt gewesen war. Sein Gesichtsausdruck schien zu sagen, daß es die zerstörerischen Geräusche als angenehm empfand.... Anschließend war Musik zu hören. Beethoven, nicht wahr I-Ah?«

»Ja, die *Ode an die Freude*. Wenn man sie in voller Länge spielt, dauert es über zwanzig Minuten, aber im Film kam sie nur kurz vor!«

Herr und Frau Shigetō schienen sich zu freuen, daß I-Ah so intensiv auf Musik reagiert. Er verhielt sich zwar die ganze Zeit ruhig und höflich, aber es war nicht sicher, ob er unserem Gespräch folgen konnte.

»Wenn Mā-chan mit I-Ah zusammen ist, haben sie immer ein gemeinsames Gesprächsthema. Man könnte meinen, daß das selbstverständlich ist, aber Mā-chan ist doch eine beachtliche Persönlichkeit, nicht wahr, I-Ah?«

»Ist das etwas Gutes?« vergewisserte sich mein Bruder vorsichtig.

»Das Beste«, antwortete Frau Shigetō, und Herr Shigetō setzte wieder seine ernsthafte Miene auf.

»Ich finde auch, daß Mā-chan eine beachtliche Persönlichkeit ist«, sagte I-Ah.

Am nächsten Donnerstag war zwar kein Unterricht, aber Frau Shigetō rief an und lud uns ein. Ich bin sicher, daß es Herrn Shigetō Spaß macht, I-Ah zu unterrichten, aber heute kamen wir nur auf Besuch, und er empfing uns ein bißchen feierlich und vergnügter als sonst. Ich beobachtete das gleiche bei I-Ah, der den Unterricht auch mochte, aber jetzt viel unbefangener wirkte und seine Bereitschaft zum Zuhören zeigte, indem er, neben mir sitzend, den Kopf nach vorne streckte. Herr Shigetō verriet uns sogleich den Grund für die Einladung.

»Ich habe jetzt auch *Stalker* gesehen, eine Video-Version, die im Handel ist. Bei einem Freund, der Slawist ist. Er sagt, seine Version sei ungefähr vergleichbar mit der, die ihr gesehen habt. Zuerst zu dem Wort *Stalker*. Wie ich letztes Mal vermutet hatte, stand ›СТАЛКЕР‹, die russische Version des englischen Wortes ›stalker‹, im Untertitel.« Herr Shigetō schrieb das Wort auf ein Stück Papier. I-Ah schien beeindruckt von den seltsamen Zeichen und seufzte leise. »Ich habe in den modernen russischen Wörterbüchern nachgeschaut, die mein Freund hat, aber das Wort nirgends finden können. Weder in der vierbändigen *Akademie*-Ausgabe noch in dem ebenfalls vierbändigen *Uschakowa* noch im *Ochegow*. Und auch nicht im ›Lexikon der neuen Wörter der siebziger Jahre‹. Das heißt, es kann kein russisches Wort sein, sondern es muß sich um ein Fremdwort beziehungsweise ein Lehnwort und zudem um ein sehr neues handeln. Mein Freund hat das Original gelesen. Im Text wird zwar ›СТАЈІКЕР‹ benutzt, aber der Titel soll ganz anders lauten: *Picknick am Wegesrand*, ein Roman von den Brüdern Strugatzki. Das hätte ich auch als Filmtitel eleganter gefunden.«

»Es tut mir leid, daß Sie so viel nachschlagen mußten«, sagte ich entschuldigend, wobei sich I-Ah neben mir auf dem Sofa auch etwas steifer aufrichtete. »Ich hätte einem Wissenschaftler keine so unüberlegte Frage stellen dürfen.«

»Nein, nein. In letzter Zeit gehe ich kaum aus, besonders ins Kino komme ich so gut wie nie. Hättest du mich nicht auf den Film aufmerksam gemacht, hätte ich ihn nie gesehen. Der Schauspieler, der den Stalker spielte, war hervorragend. Er stellte den Leidenden wirklich überzeugend dar. Er vermittelte sehr realistisch, daß er ein Dummkopf und verachtet war, wie seine Frau sagte. Und ich konnte es spontan als wahrscheinlich akzeptieren, daß die so gepeinigte und dennoch schöne Frau diesen Mann heiratet, weil sie ihn liebt und deshalb keine Wahl hat.«

»Die Frau gefiel mir besonders gut. Sie rauchte so elegant, daß sie fast etwas verrucht wirkte. Obwohl sie Russin ist, ist sie nicht dick. Ich habe keinen besonderen Grund dafür, aber ich halte sie für eine Jüdin«, sagte Frau Shigetō, während sie den kurzen, da von den fetten Teilen an den Knochenenden abgetrennten, kammförmigen Lammrippenbraten, den sie für uns machte, sorgfältig mit gepreßtem Knoblauch einrieb.

»Er ist ein Mann, der äußerst *vulnerable* und dessen Innerstes nach außen gekehrt ist. Vermutlich wird er von seiner Frau beschützt. Außerdem ist da noch das Kind. Sie hat es nicht leicht.«

Ich dachte an Frau Shigetō, die neben ihm arbeitete. Sie hatte zwar kein Kind, aber es war auch nicht gerade leicht, Herrn Shigetō zu unterstützen und ihn fortwährend zu ermuntern, nur das zu tun, was ihm gefiel. Als ich zufällig zu ihr hinschaute, rieb sie ein bißchen errötet und verlegen mit zierlich gebogenen Fingern den Knoblauch eifrig in das Fleisch. Herr Shigetō sah auch zu ihr hin und fuhr dann mit seinem üblichen ernsten Gesichtsausdruck fort.

»Auch seine kriminellen, finsteren und gefährlichen Eigenschaften kommen gut zum Ausdruck. Ein Kunde, der sinnlos eine Pflanzenranke herunterreißen wollte, empörte sich, da der Stalker fast eine Brechstange nach ihm geworfen hatte. Diese Reaktion wirkt echt, er ist *vulnerable*, düster und leidenschaftlich, also eigentlich ein krimineller Typ und äußerst gefährlich . . . Also, Mā-chan, ich glaube nicht, daß das Mädchen der ›wiederkehrende‹ Christus ist. Der kriminelle Charakter ihres Vaters kann schwerlich mit Christus in Verbindung gebracht werden. Obwohl man auch mit einer ›unbefleckten Empfängnis‹ argumentieren könnte. Ich fand, im Blick des Kindes lag etwas Böses. Ob es dann vielleicht der Antichrist ist, dessen Rolle darin besteht, alles auf dieser Welt zu zerstören? Das wäre zunächst einmal meine Schlußfolgerung . . .«

»Aber was bedeutet die *Ode an die Freude*, die durch den Lärm des Zuges hindurch zu hören war? I-Ah hat ganz aufgeregt mitdirigiert.«

»Ja, das stimmt«, bestätigte I-Ah.

»Gibt es nicht auch eine Freude an der Zerstörung? Ist nicht die ›Wiederkunft‹ Christi erst nach vollendeter Zerstörung möglich? In der Geschichte wimmelt es von unglücklichen Vorfällen, bei denen die Menschen aus endzeitlicher Erwartung zielstrebig die Zerstörung vorantrieben, um dann dem Messias doch nicht zu begegnen . . .«

»Es ist ein bißchen schwierig geworden, deinen Gedankengang zu verstehen«, sagte Frau Shigetō, um mir zu helfen, denn ich konnte dem Gespräch wirklich nicht mehr folgen. »Zuerst mußt du selbst einmal gut überlegen, sonst kannst du Mā-chan die Sache nicht verständlich machen . . . Mā-chan, willst du jetzt dein Augenmerk nicht auf das Essen richten? Du solltest dir das Mischungsverhältnis von Kräutern, Salz und Pfeffer merken. In letzter Zeit wird im Supermarkt sehr gutes, aufgetautes Tiefkühllamm angeboten. Die Ausländer sagen, es sei das einzige erstklassige Fleisch, das in Japan günstig zu bekommen sei. Wenn es euch heute abend schmeckt, könntest du es gelegentlich auch für I-Ah kochen.«

Danach stapelten I-Ah und Herr Shigetō alte Langspielplatten und Tonbänder auf dem Tisch und verglichen fachmännisch verschiedene Aufnahmen der *Ode an die Freude* miteinander. Frau Shigetō und ich arbeiteten währenddessen in der kleinen, hervorragend organisierten Küche.

Beim Abendessen wurde I-Ah von Herrn Shigetō gelobt, weil er die Spieldauer jeder einzelnen Version der *Ode an die Freude* – auch von denen, die er noch nie gehört hatte – genau erfassen konnte. Er erklärte seiner Frau, dies bedeute, daß er den Stil eines Dirigenten verstünde, woran ich erkannte, daß er davon genauso beeindruckt war, als ginge es um einen normalen Erwachsenen.

»Am Anfang einer Interpretation bemerkt man zuweilen, daß sie schnell ist, dann hört man sie zu Ende, und es bleibt im Gedächtnis, daß sie wirklich schnell war. Oder es gibt Interpretationen, die einem als langsam in Erinnerung bleiben. Das geschieht bei Leuten, die häufig Furtwängler oder Toscanini gehört haben. Diese Erinnerung verzerrt sich jedoch häufig. Hätte I-Ah mich nicht darauf aufmerksam gemacht, hätte ich meine verzerrte Erinnerung bis an mein Lebensende beibehalten. Wir haben nur den Anfang einiger Versionen der *Ode an die Freude* verglichen und uns über das Tempo unterhalten. Dabei habe ich festgestellt, daß I-Ah und ich die Aufnahmen unterschiedlich hören. Da I-Ah ruhig, aber bestimmt behauptete, dieses oder jenes Stück sei in etwa gleich lang, suchte ich die heraus, bei denen ich einen anderen Eindruck hatte als er, und stoppte sie. Und der Unterschied in der Spieldauer betrug tatsächlich kaum dreißig Sekunden, genau wie er gesagt hatte.«

Frau Shigetō schaute I-Ah mit ihren hinter der Brille vor Staunen geweiteten Augen an und sagte mit kindlicher Bewunderung:

»Dreißig Sekunden Unterschied, da kann man ja sagen, daß alle fast gleich lang sind.«

»Sie sind fast gleich lang, glaube ich«, sagte I-Ah vorsichtig.

»I-Ah, deine musikalische Auffassungsgabe ist ja hervorragend. Shigetō-san sollte dich intensiv unterrichten.«

»Idealerweise sollte der Schüler besser sein als der Lehrer«, erwiderte Herr Shigetō gelassen.

Während des Essens brachte uns I-Ah mit Bemerkungen zum Lachen, die wie geistreiche Witze wirkten. Außerdem unterhielten wir uns weiter über *Stalker*, wobei Herr Shigetō das Gespräch lenkte. Als wir noch einmal auf die Szene zu sprechen kamen, in der der Stalker das Mädchen auf seinen Schultern nach Hause trägt, bewunderte er, wie gut der Hund spielte, und wir diskutierten eine Weile darüber. Frau Shigetō sagte, daß so etwas wie schauspielerische Leistungen bei Hunden ein Zufallsprodukt seien, abgesehen von Beispielen wie Lassie oder Rin Tin Tin in den Fernsehserien. Aber auch hier gelte, daß man bei Hunden nicht von Schauspielkunst sprechen könne, da ihre Rollen fest vorgeschrieben seien. Interessanterweise sekundierte sie damit indirekt Herrn Shigetōs Behauptung, indem sie mit überraschend üppigen Filmkenntnissen aufwartete und ein Beispiel nach dem anderen für gelungene Szenen mit Hunden anführte.

Nach einiger Zeit wurde das Gespräch von Herrn Shigetō, der wohl einen Schlußstrich ziehen wollte, in eine andere Richtung gelenkt.

»In diesem Zusammenhang finde ich, daß die eigentliche

bewußte Schauspielkunst von Tieren nur in Disneys Zeichentrickfilmen existiert. Übrigens war die erste Betty Boop eine Hündin. Ich habe das mal in einer Privatvorführung bei einem Sammler gesehen.«

»Nicht wahr?... Allerdings verstehe ich nicht ganz, warum Betty Boop jetzt plötzlich in dieses Gespräch eindringen muß«, erhob Frau Shigetō punktuellen Einspruch, schien insgesamt aber zufrieden zu sein.

Dann bot sie meinem Bruder lächelnd noch eine Portion Lamm an. Ich erklärte ihr, daß I-Ah, seit man ihn in der Behindertenwerkstatt auf seine Gewichtszunahme aufmerksam gemacht hatte, nie mehr als eine Portion ißt. Als ich damit seine Zurückhaltung begründet hatte, wechselte sie ohne Umschweife das Thema und fragte I-Ah:

»I-Ah, du hast doch auch die Szene mit dem großen Hund gesehen, nicht wahr?«

»Weißt du noch, du hast neben mir komponiert und auch die Stelle gesehen, an der das Kind auf den Schultern nach Hause getragen wurde? Du hast dich amüsiert, weil sie am Rande des Bildschirms abbogen und weitergingen. Da war doch auch ein Hund.«

»Ich konnte ihn leider nicht gut sehen. Er bewegte sich so viel.«

»Das stimmt, der Schwerpunkt seiner Rolle bestand ja im eifrigen Herumlaufen. I-Ah, du hast den Sinn der Szene völlig begriffen.«

»Früher habe ich ihn oft auf den Schultern getragen«, sagte mein Bruder so, als hätte ihm das die ganze Zeit am Herzen gelegen. »Ich habe Papa oft auf den Schultern getragen.«

»Papa hat dich auf den Schultern getragen, I-Ah, nicht wahr? Papa war früher dick und schwer.«

»Früher war ich gesund. Ich hatte noch keine Anfälle. Da habe ich ihn oft auf den Schultern getragen.«

Wir alle lachten vergnügt, auch mein Bruder. I-Ah war die ganze Zeit wohlauf und gutgelaunt. Deshalb war ich an diesem Abend ganz optimistisch, was ihn betraf, denn er wirkte tatsächlich wie ein *früherer I-Ah*. Vielleicht wurde ich deswegen allmählich auch etwas leichtsinnig. Als ich auf dem Heimweg I-Ah, der im Eilschritt den steilen Hang vor Shigetōs Haus hinauflief, folgte, erinnerte ich mich an die Zeit, in der er sich wirklich noch flink bewegen konnte. Beim Dauerlauf, den wir im Sommer in Kita-Karuizawa jeden Tag machten, konnte ich ihn noch überholen, wenn ich wollte, aber Ō-chan konnte es gar nicht mit dem Tempo und der Ausdauer seines älteren Bruders aufnehmen. I-Ah war früher wirklich fit . . .

Im nachhinein kommt es mir so vor, als ob I-Ah schon ungewöhnlich erschöpft wirkte, als wir am Bahnhof ankamen und die Treppe zu den Bahnsteigen hinaufstiegen. Wir hatten Glück und konnten uns in der Bahn nach Shinjuku bequem nebeneinander setzen und uns ausruhen, da es nicht voll war. I-Ah, der die Familie seit kurzem, wenn Fremde dabei waren, nicht mehr ansprach, saß schweigend und mit einer Ernsthaftigkeit da, die ganz anders als die von Herrn Shigetō war. Ich machte mir immer noch keine Gedanken darüber, daß ich mit meinem Bruder in einen vollen Zug der Odakyū-Linie, die von Shinjuku in die Außenbezirke fährt, umsteigen mußte. Während wir auf dem Shinjuku-Bahnhof, auf dem ein großes Gedränge herrschte, darunter auch angetrunkene Männer, in einer Schlange standen, spürte ich, daß im Körper meines Bruders neben mir irgendeine Veränderung vor sich ging. Äußerlich wirkte er wehrlos und labil, wie eine große Puppe aus Pappmaché, die an eine unsichtbare Wand gelehnt war. Sein Gesicht und die Augen, die zwar leicht geöffnet waren, aber nicht mehr sahen, waren gerötet. Mit einem Gefühl der Ohnmacht – ich mußte etwas tun, konnte aber nicht – versuchte ich irgendwie den Körper meines Bruders zu halten, mich an ihn zu klammern, ihn, der zweifellos einen Anfall hatte und eine fiebrige Temperatur ausstrahlte, zu stützen. Obwohl sein Oberkörper – in welche Richtung würde er fallen? – keine Reaktion zeigte, spürte ich augenblicklich einen Druck auf meiner Schulter, der Knochen zerbrechen konnte . . .

Nachdem die Fahrgäste aus der Bahn an dieser Kopfstation

auf der gegenüberliegenden Seite ausgestiegen waren, hörte ich hinter mir, wie die Türen sich öffneten, und es überlief mich kalt. Sofort geriet die Schlange in Bewegung, ich konnte den plötzlich bleischwer gewordenen I-Ah gerade noch halten und wurde mit einer Wucht, der ich nichts entgegenzusetzen hatte, einige Schritte zurückgestoßen. Ich konnte doch den Leuten, die sich hinter uns drängten, nicht erklären, was sich im Körper meines Bruders abspielte. Ich konnte ja nicht einmal einen Schrei ausstoßen. Wir schienen die Schlange aufzuhalten und sahen zu allem Überfluß auch noch aus wie ein junges Paar, das sich in aller Öffentlichkeit umarmte. Wir standen den Leuten, die sich offen darüber erbosten, direkt gegenüber. Gleich werden I-Ah und ich zu Boden gestoßen werden, und diese müden, mürrischen, sogar betrunkenen Leute werden über uns hinwegtrampeln und in die Bahn steigen. Vielleicht treten sie mit den harten Absätzen ihrer Schuhe auf I-Ahs Hinterkopf, in den eine Kunststoffplatte eingesetzt ist. Meine Stimme versagte mir den Dienst, und ich konnte nur noch den Mund öffnen, dabei rannen mir Tränen der Angst und Verzweiflung die Wangen hinunter. Währenddessen wurden wir nach hinten geschoben und hielten uns gerade noch aufrecht.

Bald merkte ich jedoch, daß der Körper meines Bruders, den ich zu stützen glaubte, in Wahrheit mich gegen den Ansturm der Menge schützte und er dabei langsam versuchte, seine Position mit der meinen zu vertauschen. Nun wurden sogar deutliche Beschimpfungen gegen uns ausgestoßen. Mein Bruder wurde zur Seite gedrückt, aber er schob zurück, umfing mich mit seinen Armen und blickte den Leuten, die auf uns zudrängten, direkt ins Gesicht. Daraufhin ließ der Druck der Menschen nach, die mich in die Rippen oder in den Rücken stießen und versuchten, sich vorbeizuschlängeln. Der Strom der Menschen, die uns auswichen, schien jetzt ganz natürlich zu fließen. Die Fahrgäste, die schon die Hoffnung aufgegeben hatten, einen Sitzplatz zu ergattern, drängten jetzt langsamer zur Tür. Ich blickte mit verweinten

Augen in I-Ahs Gesicht und sah, daß keine Feindseligkeit daraus sprach, sondern daß er den Blick mit einem souveränen, gelassenen und starken Ausdruck über meinen Kopf geradeaus gerichtet hatte...

Da mein Bruder mittlerweile wieder gehen konnte, wichen wir der sich neu für den nächsten Zug formierenden Menschenschlange aus, gingen hinter die Treppe, die zu den oberen Bahnsteigen führte, und lehnten uns an die Wand. I-Ah steckte seinen Arm zwischen die Wand und meine Schultern und umschloß mich. Seinem Mund entströmte zwar noch jener für seine Anfälle charakteristische metallische, intensive Geruch, aber sein Gesicht war entspannt, und er schien wieder ganz der alte zu sein. Wären keine Fremden um uns herum gewesen, hätte er bestimmt ein paar Witze gemacht, über die er sich selber amüsiert und gelacht hätte. Auch ich war erleichtert, daß diese große Gefahr überstanden war.

Unterdessen faßte ich den seltsamen Entschluß, I-Ah überallhin zu begleiten, auch wenn sich in ihm eine böse Kraft wie die des Antichristen verbergen würde. Warum brachte ich meinen Bruder überhaupt mit dem Antichristen in Verbindung?

Dazu kann ich nur sagen, daß das Mädchen in *Stalker*, das den goldfarbenen *platok* um den Kopf trägt, dabei eine beziehungsreiche Rolle spielt. Auf den Fotos aus I-Ahs Kindheit ist sein Kopf meist auch mit einem Verband oder Tuch umwickelt oder ganz von einer Mütze bedeckt. ...

Es war eine böse und intensive Freude, die mich jetzt wie ein Licht durchflutete, denn ich dachte von allen Menschen auf der Welt nur noch an I-Ah und mich. Durch den Lärm der Expressbahn, die vom gegenüberliegenden Bahnsteig abfuhr, ertönte eine Art *Ode an die Freude*, die aber sicherlich nicht mit Beethovens Neunter zu vergleichen war. Überschäumender Mut erfüllte mich, und ich spürte I-Ahs weiche Ohren an meinem Kopf.

Alptraum eines Roboters

Es war ein strahlender Morgen, und ich hatte ein Gefühl, als wäre es der erste Wintertag des Jahres. Ich arbeitete eifrig, damit ich die Wäsche noch zum Trocknen aufhängen konnte, solange die Sonne schien. Dabei konnte ich von der Küche aus I-Ah sehen, der sich alleine angezogen hatte und zu den Topfpflanzen hinüberschaute, die auf der Ziegelterrasse hinter der Glastür standen, durch die das Sonnenlicht ins Zimmer drang. Mein Bruder strahlte zwar etwas aus, das auf eine bestimmte Absicht schließen ließ, aber wegen meines niedrigen Blutdrucks war ich noch nicht ganz wach und dachte nur daran, daß er wahrscheinlich hungrig war und ich rasch Frühstück machen mußte.

»Du bist ja tüchtig, I-Ah. Es ist doch Sonntag, und trotzdem bist du so früh aufgestanden. Warte, bis ich mit der Wäsche soweit bin, dann mache ich Tee!«

Wenn ich das Gefühl habe, daß I-Ah lebhaft und gutgestimmt ist, hilft es mir, den ganzen alltäglichen Kleinkram wie die Wäsche zu bewältigen. Nachdem ich die Wäsche wie eine mexikanische Wäscherin im Fernsehen in dem vollen Korb in den Garten gebracht und aufgehängt hatte, bereitete ich das Frühstück zu. Der Tee duftete, und ich briet die Spiegeleier passend zu dem schönen Wintertag *sunny side up*.

Als ich ins Eßzimmer kam, stand mein Bruder immer noch da wie ein Tempelwächter und betrachtete die Topfpflanzen. Endlich begriff ich, daß I-Ah über die Töpfe sprechen wollte. Sie schienen ihn schon seit dem Aufstehen beschäftigt zu haben.

»Möchtest du mir irgend etwas sagen? Ich höre dir zu. Oder willst du nach dem Frühstück gemütlich darüber reden?«

»Ach ja, bitte!«

Was ich bei unserem Gespräch endlich aus I-Ah herausbekam, für den es, je mehr er nachdachte, um so schwieriger wurde, sich zu artikulieren, war folgendes:

»Heute ist doch der erste Sonntag im November«, fing I-Ah an. Ganz selbstverständlich erinnerte er mich an etwas, woran ich nicht gar gedacht hatte, nämlich daß Mutter jedes Jahr die Topfpflanzen Anfang Mai hinausstellte und sie am ersten Sonntag im November wieder ins Haus brachte.

I-Ah wußte über diese jahreszeitlichen Arbeiten meiner Mutter genau Bescheid und war anscheinend entschlossen, sie während ihrer Abwesenheit gemeinsam mit mir zu vertreten.

»I-Ah, du bist ja tüchtig!«

»Ich wußte das schon die ganze Zeit!« sagte mein Bruder freudestrahlend.

Nach dem Frühstück wollte ich die Töpfe, die ich tragen konnte, auswählen und aus dem trotz der Sonne schon winterlichen Garten ins Haus bringen.

Inzwischen hatte I-Ah, den ich schon seit einer Weile nicht gesehen hatte – wahrscheinlich in Vaters Bibliothek – eine Schlinge aus miteinander verflochtenen Kordeln herausgesucht, die mit einem Ledergürtel verbunden waren.

Vater war ein Mensch, der emsig handwerkliche Arbeiten im Haus, wie das regelmäßige Reinigen der Abflußrohre, verrichtete. Die einzelnen Werkzeuge fertigte er sich selbst an und freute sich, wenn sie funktionierten. Die von meinem Bruder entdeckte Gürtel-Schlinge diente dem Transport der Topfpflanzen, besonders von vier großen, schweren *Kannonchiku*-Töpfen, in den Garten – und vom Garten wieder ins Haus. Ich hatte jedoch nicht die Absicht, I-Ah die Töpfe tragen zu lassen. Sie waren zu schwer. Ich konnte sie überhaupt nur bewegen, indem ich sie im Zickzack über den Ziegelboden zerrte. Selbst wenn ich es schaffte, sie anzuheben, könnte mir einer auf die Füße fallen, und das wäre furchtbar, überlegte ich.

Aber I-Ah hatte das Vorgehen unseres Vaters jedes Jahr genau beobachtet.

Nicht gerade geschickt befestigte er den Ledergürtel an dem größten *Kannonchiku*-Topf, legte das Seil als Sicherheitsvorrichtung um den Boden und stemmte ihn hoch. Ich rannte hastig vor meinem Bruder her, riß die Flurtür auf und räumte die Schuhe beiseite. Obwohl der Stamm der *Kannonchiku* ihm bestimmt die Sicht versperrte, berechnete I-Ah beim Gehen die Hindernisse des Bodens mit ein, und zog sogar beim Betreten der Wohnung, wie es sich gehört, die Schuhe aus. Er setzte die Töpfe an einem Platz hinter der Glastür sicher ab, genau da, wo Mutter sie jedes Jahr hinstellte. Kaum hatte I-Ah eine Pause gemacht, da nahm er schon den nächsten Topf, und von seinen Bemühungen angespornt, wässerte ich sorgsam die Pflanze, die er schon hereingebracht hatte. Mein Bruder trug alle vier Töpfe herein, und nach getaner Arbeit ergriff ein Gefühl der Befriedigung von ihm Besitz, so daß es ihn nicht im Zimmer hielt und er, die Hände auf dem Rücken verschränkt, erneut in den Garten hinausging und sich unter dem schon herbstlich gefärbten Hartriegelbaum sonnte. Auch ich ging nach draußen, und ich lebte auf, als ich mich um die Wildblumen kümmerte, die schon abgeblüht waren und sich auf den Winter eingerichtet hatten. Während ich die kleinen Töpfe, die noch draußen waren, goß, stellte ich mir vor, wie das, was jetzt nur wie vertrocknetes Gras aussah, im Frühling und Sommer in Blüte stand. Wenn ich neben meiner Mutter hockte und ihr half, lehrte sie mich die Namen der großen Frauenschuh-Blüte, die dick wie ein Goldfischbauch ist, und der *Yukimochisē*, aus deren Blüte so etwas wie ein weißes Reisklößchen hervorquillt. I-Ah hatte sich inzwischen neben mich gestellt und sagte, während er die schiefstehenden Töpfe auf dem Boden zurechtrückte, gefühlvoll:

»Diese Wildblumen haben wir zu Shigetōs mitgenommen!« Mein Bruder hatte die gleichen Empfindungen wie ich. »Dieser Topf ist eine japanische Orchidee, oder? Nennt man sie nicht *Kōzu*-Orchidee? Sie hatte hellbraune und weiße Blüten.«

»Hm, das hat geduftet! Es war am Tag unseres Debuts bei Herrn Shigetō!«

Der Ausdruck »Debut«, den mein Bruder benutzte, war auf eine für ihn typische Weise schief, aber ich erinnerte mich um so deutlicher. I-Ah hatte, seit er die Mittelstufe der Sonderschule besuchte, von Frau T., der Frau eines mit Vater bekannten Redakteurs, Klavierunterricht bekommen und bei ihr den Aufbau von Akkorden und das Zusammenstellen von Melodien gelernt. Schließlich konnte er komponieren. Seine Lehrerin Frau T. würde jedoch in Europa studieren – bisher hatte sie das immer nur für kürzere Zeit getan, aber diesmal würde sie für mindestens ein Jahr weg sein –, meine Mutter und I-Ah wußten sich nicht zu helfen.

Aber Vater, der, wenn Not am Mann war, letztendlich doch immer noch eine praktikable Lösung fand, fiel ein Freund aus seiner Studienzeit ein, der meinen Bruder unterrichten sollte: Herr Shigetō. Zu dem Zeitpunkt wußte ich, daß Herr Shigetō Fachmann für osteuropäische Literatur war, vor kurzem jedoch beschlossen hatte, seine Tätigkeit als Komponist, die bisher nur seinem Vergnügen gedient hatte, in den Mittelpunkt seines Lebens zu stellen. Der ersten Absprache gemäß sollte Herr Shigetō sich nach diesem Neubeginn auf alle Fälle einmal mit I-Ah treffen, um zu sehen, ob ihn die Sache interessierte. Vater meinte, wenn er selber I-Ah begleiten würde, könnte dies seinen alten Freund Shigetō vielleicht bei seiner Entscheidung beeinträchtigen – in Gedanken versetzte er sich gern in die Lage anderer, aber eigentlich ist er doch irgendwie egoistisch. Mutter, die Herrn Shigetō zwar seit jungen Jahren kannte, fürchtete ihn jedoch als Sonderling bei näherem Umgang. Also ging ich mit meinem Bruder zu den Shigetōs. Mutter schnitt als Mitbringsel für Frau Shigetō so viele von ihren liebevoll gehegten Wildblumen, daß in all den Töpfen fast nur noch grüne Blätter blieben, und band daraus einen Strauß.

Frau Shigetō, der ich an diesem Tag zum ersten Mal begegnete, hatte ein rundes Gesicht und trug eine Nickelbrille mit

Silberrand – später erfuhr ich, daß sie diese auf einem Trödelmarkt in Prag entdeckt hatte. Sie vermittelte den glücklichen Eindruck einer Frau, die bis an den Beginn ihres Alters ein kleines, in einem behüteten Heim aufgewachsenes Mädchen geblieben ist. Ein fester Nasenrücken und sanft gerundete Schläfen gaben auch ein Gefühl von tiefer, ernster Lebenserfahrung. Mit einem etwas melancholischen Blick betrachtete sie den Wildblumenstrauß, den I-Ah ihr überreicht hatte. Gerührt sagte sie:

»Diese bläulich-bernsteinfarbene Blüte hat die Gestalt einer zirpenden Grille mit ausgebreiteten Flügeln, wie schön. Bestimmt hat sie einen passenden Namen.«

»Ich glaube, sie heißen Prachtkäfer-Blumen.«

»Wenn man sie zerquetscht, dann riecht's nach Wanze, oder?«

Als Herr Shigetō, dessen Kopf seine Frau überragte, seinen Finger in den Strauß bohrte, machte I-Ah zwar keine aggressive, aber doch eine abwehrende Gebärde.

»Sei nicht so grob. Jede einzelne ist eine seltene Wildblume«, sagte seine Frau und zog den Strauß an sich. »Māchan, I-Ah – vielen Dank. Es muß schwierig gewesen sein, sie in der Bahn zu transportieren, oder? Das sind eigentlich keine Blumen für einen Strauß. Ist euer Garten jetzt nicht ganz trist, da sie alle abgepflückt sind?«

»Meine Mutter sammelt oder kauft die Wildblumen und versorgt sie dann, und sie hat sie auch selbst geschnitten.«

»Auch wenn die Blütezeit in diesem Jahr schon zu Ende ist, mußte sie doch beim Pflücken sehr vorsichtig sein, um die Substanz der Pflanzen nicht zu schädigen, nicht wahr!«

Herr Shigetō, der nicht nur durch die Worte seiner Frau, sondern auch durch I-Ahs Geste zurechtgewiesen worden war, schien zwar etwas verunsichert, hatte aber mit unverletzter Würde einen großen Krug mit Wasser gefüllt und kam jetzt aus der Küche zurück. Aus der Tasche seines Malerkittels zog er einige bunte Glasfläschchen. Eine Weile sortierten wir einzelne Blumen in die Glasfläschchen, denn Frau Shigetō hatte ja gesagt, daß man sie nicht bündeln solle. Dabei erklärte sie . . .

»Deine Eltern wissen genau Bescheid, Mā-chan. Mein Mann ist einerseits sehr einfühlsam, benimmt sich dann aber wieder grob. Das liegt daran, daß er sich in letzter Zeit mit Problemen herumschlägt.«

»Aber wenn ich ganz einfach heiter sein will, geht das ebenfalls. Ich bin aber ein Mensch, der genau nachdenkt und dabei alle Windungen eines Problems abschreitet.«

»Ja, das stimmt.«

Frau Shigetō hatte die Fläschchen mit den Blumen in gewissen Abständen aufgestellt, so daß sie den ganzen Tisch bedeckten. I-Ah näherte sich mit seinem Gesicht der Reihe nach allen Fläschchen und roch daran.

»Mein Mann arbeitet jetzt als Komponist, aber er verdient kein Geld damit. Seine früheren Übersetzungen sind vergriffen . . . Meines Erachtens macht er sehr gute Übersetzungen von Schriftstellern wie Milan Kundera, dessen Vater Musikexperte war und der sich selbst für Volksmusik interessierte. Außerdem liest er osteuropäische Zeitungen und Zeitschriften. Wichtige Sachen bietet er auch jetzt noch den Nachrichtenagenturen an.

Außerdem beteiligt er sich an einer Arbeitsgemeinschaft von jungen Journalisten, die sich für seine Tätigkeit interessieren. Aber von diesen eifrigen Leuten hält sich jeder für einen Experten (»Doch, doch, sie sind zwar noch jung, aber Experten sind sie allemal«, berichtigte Herr Shigetō). Und da sie den Zustand Osteuropas alle pessimistisch beurteilen, ist mein Mann niedergeschlagen. Gleichzeitig war er auch noch sehr krank und überlegt sich nun, ob er seine bisherigen beruflichen Kontakte zu den Nachrichtenagenturen beenden soll.«

»Ja, das ist eine Umstellung für mich«, sagte Herr Shigetō halb seufzend und richtete, als wolle er die Stimmung ändern, eine Frage an mich.

»Mā-chan, was meinst du?«

»Du fragst sie, was sie meint, aber du hast gar nichts ausführlich erklärt, wie soll sie da antworten?«

»Die jungen Fachleute sind, was die Zukunft der Gesellschaft angeht pessimistisch. Andererseits ist ihnen die Tatsache, daß sie pessimistisch sind, ziemlich egal. Mā-chan, was meinst du?«

Ich erinnere mich gut an die Fragen bei diesem ersten Besuch, der vielleicht eine Art mündliche Prüfung war. Wegen dieser Frage wäre ich beinahe zum *Roboter* geworden, und habe sie aus diesem Grunde nie vergessen.

... Es führt zwar von der Geschichte unseres ersten Besuchs bei Shigetōs weg, aber ich glaube, ich muß etwas über meinen *Roboterzustand* schreiben.

Daß ich dieses Gefühl, das ich häufig verspüre, so bezeichne, hat folgenden Grund. An einem schon länger zurückliegenden Geburtstag von I-Ah schenkte ihm Vater einen batteriebetriebenen *Sumō*-Ringer. Beim Geburtstagsessen hatten alle damit gespielt, und als ich, nachdem ich Mutter beim Geschirrspülen geholfen hatte, wieder ins Wohnzimmer zurückkam, hatte mein Bruder den »Sportler Asashio« auf dem Sofatisch abgestellt. I-Ah hatte der Puppe, die sich für einen *Sumō*-Ringer eigentlich zu flink bewegte, ironischerweise den Namen des *Sumō*-Ringers Asashio gegeben, der nicht gerade schnell war. In einer Art Schwebezustand, einen Arm nach oben gereckt, den Körper in umgekehrter Richtung verdreht, stand »Asashio« regungslos da. Als ich den Knopf an seinem Rücken drückte, gab er einen Augenblick lang ein surrendes Geräusch von sich, dann reckte der Roboter den schon erhobenen Arm noch weiter über den Kopf und rollte mit den Augen. Dabei ähnelte er mir auf eine Weise, daß ich ihn unwillkürlich abschaltete. Einen Moment lang surrte er noch und ließ dann ruckartig den Kopf fallen. Der Anblick des verrenkten Körpers war so erbarmungswürdig, daß ich nicht anders konnte, als den »Sportler Asashio« hinzulegen.

Diese Beobachtungen waren einer Selbstkritik sehr dienlich. Im Gegensatz zu der *Sumō*-Puppe bin ich ziemlich dünn, aber aus irgendeinem Grunde surrt es in mir, mein Körper bewegt sich verdreht, und ich lasse den Kopf ruckartig hängen. Diese Dinge an mir nenne ich meinen *Roboterzustand*...

Obwohl ich mich angesichts der plötzlichen Frage von Herrn Shigetō schon halb in einen Roboter verwandelt hatte, gelang es mir, indem ich ausschließlich an I-Ah dachte, eine Meinung zu äußern.

»Vor einiger Zeit waren Vater und ich bei einem Arzt zum Essen eingeladen. Leider hatten wir uns in der Zeit geirrt und kamen eine Stunde zu spät. Deshalb war der Gastgeber, der noch wie ein junger Assistenzarzt wirkte, von Anfang an aggressiv und sagte, ›Auf unserer Station wimmelt es von Kindern, deren Geburt ein einziges Unglück ist, aber man kann sie nicht töten‹. Das sollte wohl eine Kritik an Vater sein, der schrieb, daß I-Ahs Existenz in seinen Augen einen Sinn hatte... Damals ärgerte ich mich über das Schweigen meines Vaters. Aber vielleicht hat das ja nichts mit dem zu tun, was Sie gesagt haben...«

»Nein, gerade das meinte ich...«, Herr Shigetō blinzelte mit seinen Augen, die viel älter wirkten, als er war, und dabei doch arglos.

»Deren Geburt ein einziges Unglück ist, aber man kann sie nicht töten... wie furchtbar!« sagte I-Ah tiefbewegt, worauf Frau Shigetō sichtlich erschrak.

»Manchmal wirft mein Bruder etwas ein, das ins Gespräch der anderen paßt, aber... er überlegt es sich nicht so ernsthaft...«

»Bitte, mach dir keine Sorgen, Mā-chan!« sagte I-Ah.

»Ja, auch das paßt, I-Ah... Es bleibt mir wohl nichts anderes übrig, als deine Noten anzuschauen«, sagte Herr Shigetō. Da wußte ich, daß die mündliche Prüfung beendet war und wir sie beide anscheinend bestanden hatten.

Gleich an diesem Tag gab Herr Shigetō I-Ah die erste Stunde. Ich finde, Herr Shigetō verfügt über einen Sinn fürs Praktische, der jedoch in keinem Widerspruch zu seiner Weltfremdheit steht. Er sollte uns noch öfter beistehen, als ich es bisher geschildert habe. Beim Anschauen von I-Ahs Noten erkannte er sogleich die Unterrichtsmethode von Frau T. und nahm I-Ah mit in sein Arbeitszimmer, das er als Musikzimmer bezeichnete. Als wir danach Tee tranken und selbstgebackene Kekse nach osteuropäischer Art aßen, benahm sich I-Ah völlig entspannt. Daran erinnere ich mich deshalb, weil wir bei dieser Unterhaltung im Wohnzimmer auf die Frage von Frau Shigetō, warum wir nicht bei unseren richtigen Namen gerufen würden, den Ursprung unserer Spitznamen so eifrig erklärten.

Herr Shigetō wußte gleich, daß der Name I-Ah aus *Pu, der Bär* stammte.

»Ach ja, das ist doch der pessimistische Esel, oder? In letzter Zeit reagierst du ja sehr empfindlich auf Pessimistisches«, sagte seine Frau bekümmert.

»K. und Oyū haben sich kennengelernt, als Oyūs Mutter, die damals in Ashiya lebte, K. darum bat, Vorkriegsausgaben der *Besten Gedichte aus der Zehntausend-Blätter-Sammlung* und von *Pu, der Bär* ausfindig zu machen und ihr zu schicken. Ich kannte einen Laden in Shimokitazawa, der alte Ausgaben vom Iwanami Verlag sammelte, und nahm K. dorthin mit.«

»So lange kennst du dich also schon mit antiquarischen Büchern aus!« bemerkte seine Frau stolz. Der Gedanke, daß Vater, noch bevor er Mutter kannte, mit Herrn Shigetō befreundet war, und daß er uns wegen dieser Freundschaft auch jetzt noch half, rührte mich. Ich glaube, deshalb erzählte ich den Shigetōs von der Herkunft unserer Spitznamen, und was Vater darüber gesagt hatte . . .

Bisher habe ich meinen Namen stets mit Mā-chan angegeben, ohne seinen Hintergrund zu erklären. Doch der Name Mā-chan, mit dem ich nicht nur zu Hause, sondern auch in der Schule gerufen werde, hat nichts mit meinem richtigen Namen zu tun. Dieser Spitzname bezieht sich auf meinen kleinen, runden Kopf. Vom Kindergarten an bis jetzt zur Universität hatte ich von allen Mitschülern in jeder Klasse stets den kleinsten Kopf. Zudem ist er rund wie eine Kugel. Bei einer Sommerfreizeit in der Mittelschule mußte jede Gruppe etwas am Lagerfeuer zum besten geben. In meiner Gruppe stellte ausgerechnet ich in einem schwarzen Trikot, eine rote Skimütze ganz über den Kopf gezogen, einen Ball dar. Die anderen aus meiner Gruppe bildeten einen Kreis, und ich wurde als Ball hin und her gestoßen und geworfen... Sowohl in der Oberstufe als auch an der Uni ist mein Spitzname *Mari* – Bällchen – geblieben. Einige meiner Freunde denken, daß ich wirklich Mari heiße und reden mich auch in Briefen so an.

Als ich mich einmal bei Mutter darüber beklagte, erklärte uns Vater, warum mein Kopf so klein und rund sei. Genauso erklärte ich es auch den Shigetōs. Vater, der sonst seine Absichten gerne in einen Scherz verpackte, war, glaube ich, an diesem Tag außergewöhnlich ernst und direkt gewesen. Das hatte mich um so verlegener gemacht, und ich war diesmal diejenige, die etwas Merkwürdiges von sich gab. Ich äußerte nämlich Vater gegenüber – natürlich war auch das nur ein Traum –, daß ich eine Art Fabrik vor mir sah, in der mein Körper nach irgendeinem System gegossen worden sei. Ein wenig betroffen wies mein Vater diese Bemerkung zurück.

»Vier Jahre vor dir, Mā-chan, wurde I-Ah mit einer Mißbildung am Kopf geboren. Genauer gesagt, gab es am Anfang einen winzigen Defekt am Schädelknochen. Nämlich ein kleines Loch. Während der Schädelknochen wuchs, vergrößerte sich anscheinend auch die defekte Stelle. Damit der Inhalt des Gehirns nicht heraussickern konnte, bildete sich dann außen an dem Loch ein Beutel. Durch den Druck der dort angesammelten Rückenmarksflüssigkeit entstand ein Mechanismus, der das Gehirn zurückdrängte. Seltsam, nicht wahr? Er gehört nicht zu den eigentlichen Mechanismen, wie sie die menschlichen Gene für alle möglichen Fälle vorsehen. Es handelte sich um eine spontane Anpassungsleistung des Organismus. Mit der Zeit vergrößerte sich dieser Beutel zu einer Art Beule.

Bei I-Ahs Geburt, in dem Moment, als das Baby herausglitt, hat Mama anscheinend gehört, wie die Krankenschwester, die das Baby auffing, einen kleinen Schrei ausstieß. Dann verlor Mama das Bewußtsein. Als ich ihn zum ersten Mal sah, sah es so aus, als hätte er zwei Köpfe.

Es war ein sehr mutiger Entschluß von deiner Mutter, dich zur Welt zu bringen, da sie nach dieser ersten Geburt große Angst hatte, es könnte noch einmal etwas Mißgestaltetes im Dunkel des Mutterleibs entstehen. Aber stünde jenseits einer bewußten Entscheidung nicht auch zu vermuten, daß ihr Körper sich vielleicht wehren würde? Daß der mütterliche Leib selbständig entscheiden würde, beim nächsten Mal kein Kind mit einem solch riesigen Kopf mehr zu gebären, nachdem der Kopf des ersten Kindes doppelt so groß wie normal ausgefallen war. Der Mutterleib bemühte sich also eigenmächtig um die Erschaffung eines möglichst kleinen Köpfchens. Dabei mußte jedoch das Gehirn eine angemessene Größe haben. Vermutlich wurde deshalb eine Form gewählt, die einen möglichst geringen Umfang, dafür aber ein größtmögliches Fassungsvermögen hat – die Kugel. Meiner Meinung nach ist deine Kopfform sehr hübsch, Mā-chan, dazu hast du auch noch ein ordentliches Gehirn. Ich finde, die Steuerung des Mutterleibs war erfolgreich. Du warst wirklich ein ganz zierliches Baby, eine ganz leichte Geburt.

Oft wenn die Jungen aus der Klasse dich ›Mā-chan, das Bällchen‹ riefen, warst du beleidigt. Aber ich meine, du kannst stolz auf deinen Kopf sein. Fest steht, daß dein Körper ebenfalls bei der Steuerung des Mutterleibs mitgewirkt hat. Wie in aller Welt kommst du darauf, daß I-Ahs Riesenkopf und dein kleiner Rundkopf in einer Fabrik gegossen worden sein könnten?«

»K. hat euch das so einfühlsam erklärt, daß du es dir eingeprägt hast«, sagte Herr Shigetō eine Weile, nachdem ich geendet hatte. »Er hat sich einmal darüber beklagt, er könne nicht gut mit dir reden. Ich finde es schon sehr beachtlich, daß du seine Worte so genau aufgenommen hast. K. hat wirklich außergewöhnlich hohe Ansprüche an die zwischenmenschlichen Beziehungen in seiner Familie.«

»Aber es kommt selten vor, daß Vater so viel spricht ... Besonders ergriffen hat mich damals, daß meine Mutter eine Entscheidung traf. Im Vergleich zu jetzt war ich natürlich auch noch sehr naiv ... Mein jüngerer Bruder sagt, es gibt keinen Beweis dafür, daß ein Zusammenspiel von Mutter und Kind auf der Ebene des Unbewußten die Materie beeinflußt hat.« »Nein, es gibt aber auch keinen Gegenbeweis, oder? Man spricht zwar über die Wissenschaft vom Menschen, aber vieles ist dennoch nicht restlos aufgeklärt. Besonders das, was die seelische Beziehung zwischen Mutter und Embryo angeht ...«

»Mein Mann ist ein Mystiker im Sinne der russisch-orthodoxen Kirche, Mā-chan, auch wenn er so prosaisch ist«, warf Frau Shigetō ein. »Deine Gedanken sind klar, Mā-chan. Jedenfalls scheint auch K. kein völlig problemloses Familienleben zu führen.«

»Wenn ich mir überhaupt Gedanken mache, dann nur über I-Ah und mich ...«, sagte ich und wunderte mich, daß ich beim ersten Besuch in diesem Hause so viel redete.

Am Tag, nach dem I-Ah die schweren Pflanzentöpfe ins Haus gebracht hatte, geschah etwas Unvorhergesehenes auf dem Weg zur Behindertenwerkstatt. Unser Bus fährt auch an einer Mittelschule für Mädchen vorbei und ist dementsprechend vor Schulbeginn oder nach Schulschluß sehr voll. Im Winter, wenn alle dick angezogen sind, ist das Gedränge besonders schlimm. I-Ah trägt seine voluminöse Schultertasche und hält sich an den Haltegriffen fest. Aber obwohl seine Behinderung am Bein gering ist, fällt sie doch auf. Zugegebenermaßen werden die Schülerinnen dadurch manchmal etwas gestört. An diesem Morgen stieß I-Ah an der Bustür mit einem energisch wirkenden Mädchen mit markanten Gesichtszügen und einem anderen, ruhigen Mädchen zusammen, das von ihr anscheinend patronisiert wurde. Seine

Schultertasche schlug gegen die Brust des ruhigen Mädchens. Wie ein junger Kater funkelte das energische Mädchen meinen Bruder böse an. I-Ah war vollauf damit beschäftigt, sich mit beiden Händen an den Haltegriffen festzuklammern und bemerkte zunächst nichts. Als ich endlich dazukam und mich entschuldigte, fauchte das energische Mädchen »Nichtsnutze« und zwar so, daß ich ihren Atem in meinem Gesicht spüren konnte.

I-Ah war zunächst von der Forschheit des Mädchens eingeschüchtert, aber da er sich keiner Schuld bewußt war, schaute er nun belustigt zwischen den Haltegriffen hervor. Wahrscheinlich hatte ihn auch noch nie jemand als »Nichtsnutz« beschimpft. In unserer Familie wurde dieses Wort nicht gebraucht. Auch auf dem Weg von und zur Sonderschule war es nie vorgekommen. Und in der Behindertenwerkstatt wohl ebenfalls nicht. Ich glaube, die Lehrer benutzen dieses Wort nie, und die Schüler nehmen es auch unter sich nicht in den Mund. Um gerecht zu sein, sollte man erwähnen, daß das Wort »Nichtsnutz« auch gar nicht zu den emsig in der Werkstatt arbeitenden Gefährten I-Ahs passen würde.

Also hatte mein Bruder an dem Wort »Nichtsnutz« wahrscheinlich nur den Klang interessant gefunden. Ich gab den Gedanken an das Mädchen auf, und wir stiegen in die Bahn um. Als wir uns jetzt der Werkstatt näherten, begegneten wir dem stets gutgelaunten Herrn Tamio, der aber diesmal betrübt wirkte und den Kopf hängen ließ. Eine Frau mit traurigem Gesicht begleitete ihn. Bei ihrem Anblick kam mir wieder das Wort »Nichtsnutz« in den Sinn.

Wenn es Herrn Tamio, der zwar I-Ahs Kollege, aber schon im Alter meines Vaters ist, schlecht geht, begleitet ihn manchmal eine Frau, die aufpaßt, daß er sich auf dem Heimweg keinen *Sake* am Automaten zieht und trinkt. Wie ich jetzt weiß, ist die Frau, die ich auf ungefähr so alt wie meine Großmutter geschätzt hatte, Herrn Tamios jüngere Schwester. An diesem Tag stellte ich mir vor, wie I-Ah und ich eines Tages im Alter von Herrn Tamio und seiner Schwester sein,

dabei aber viel älter aussehen würden, weil unsere Gesichts-
muskeln nur einen besorgten Ausdruck zustande gebracht
hätten. Als »Nichtsnutz«-Pärchen würde man uns auch dann
noch I-Ah und Mā-chan nennen. Bei diesem Gedanken
fühlte ich mich zum ersten Mal wirklich niedergeschlagen.

Nüchtern vergegenwärtigte ich mir nun die Erklärung meines Vaters zu meiner Kopfform, die mir gerade am vorangegangenen Tag wieder eingefallen war. Dann empfand ich
mich selbst als *Dummkopf*, weil ich Shigetōs so ausführlich
davon erzählt hatte.

Die Worte *nüchtern* und *Dummkopf* hat Ō-chan frisch aus
seiner Paukschule eingeführt. Ich brauche gar nicht lange zu
überlegen, denn es geht um den kleinen, runden Kopf, der
auf meinem dünnen Hals sitzt. »Warum hast du einen so kleinen, runden Kopf?« Angenommen, irgendein taktloser
Mensch würde diese Frage stellen. Würde dann die zweifel-
hafte psychologische Erklärung meines Vater genügen, um
ihn in die Schranken zu weisen? Das von der Schülerin gebrauchte Wort »Nichtsnutz« hat keine allgemeine Bedeutung, sondern ist nur für I-Ah und mich in einem *höchst* – ein
weiteres Lieblingswort von Ō-chan – persönlichen Sinne
wichtig, da es angesichts unserer Zukunft als Paar – ein behinderter Bruder und seine rundköpfige Schwester – immer
stärker an Substanz gewinnt.

Zum Abendessen gab es paniertes Schweinekotelett –
»Das Kotelett ist nicht nur *einigermaßen*«, lobte Ō-chan, und
auch I-Ah aß äußerst zufrieden, doch ich hatte keinen Appe-
tit, so daß Ō-chan mich fragte:

»Ist der *Roboterzustand* wieder eingetreten? Du hast wohl
allen möglichen Kummer?«

Ich schrieb an diesem Abend nichts in mein *Familientagebuch*, sondern dachte nach. Obwohl der praktische Ō-chan
natürlich auch für uns da war, führte er doch ein sehr unab-
hängiges Leben und war einmal durch die Aufnahmeprüfung
für die Universität gefallen, die er nun wiederholen mußte.
Für Mutter muß es ein schwerer Entschluß gewesen sein,

trotz dieser Probleme, Vater, als er als *writer in residence* nach Kalifornien ging, zu begleiten und I-Ah einer Person wie mir anzuvertrauen, die dazu neigte, sich in einen *Roboter* zu verwandeln. Aber sie hatte wohl erkannt, daß Vater sich mit seiner außergewöhnlichen inneren *Krise*, die in ihren Augen meine Vorstellungen übersteigt, auseinandersetzen mußte, indem er den Alltagssorgen in Japan entkam.

Ich mußte durchhalten, aber mein wahres Wesen war von einer kleinen, selbständigen Musterschülerin scharfsinnig durchschaut worden. Ich bin nämlich ein Parasit, der an einem Baum namens Gesellschaft nagt und deshalb von ihr als »Nichtsnutz« beschimpft worden ... Ich verfiel wieder völlig in meinen *Roboterzustand* und lag lange wach in meinem dunklen Schlafzimmer. Der Vergleich mit dem »Sportler Asashio« erübrigt sich; ich hatte mich jedenfalls in einen unnützen, klapperdürren *Roboter* verwandelt, in dessen Brust es unentwegt surrte.

Als bei der nächsten Stunde Herr Shigetō mit I-Ah ins Musikzimmer gegangen war, unterhielt ich mich still mit Frau Shigetō, und das Gespräch kam auf die Sache mit dem Wort »Nichtsnutz«. Ich erzählte es ihr nicht etwa in dem deprimierten Ton, den die Sache annahm, wenn ich für mich selbst darüber nachdachte. Wäre ich in trüber Stimmung gewesen, hätte ich wahrscheinlich doch ein anderes Thema gewählt. Aber I-Ah hatte sich auf dem Weg zu Shigetōs etwas so Drolliges geleistet, daß ich mich erleichtert und beschwingt fühlte.

Was das war, will ich jetzt so erzählen, wie ich es auch ins *Familientagebuch* eintragen habe. Das Haus der Shigetōs liegt in einem Neubaugebiet an der Keiō-Linie, in der Mitte eines Hangs. Die Häuser am oberen Rande des Hangs, die auf einer Ebene mit dem Bahnhof liegen, haben alle, so als wollten sie stolz den Unterschied zu den Häusern unten im Tal demonstrieren, einen Drahtzaun um den Garten; dahinter ist bei einigen ein Rasen, bei anderen ein Übungsnetz für Golf. In den meisten Gärten gibt es einen Hund.

An diesem Tag – ich wartete gerade an der Biegung zum Hang, wo I-Ah seinen aufgegangenen Schnürsenkel band – raste am Zaun eines Hauses auf der gegenüberliegenden Straßenseite ein Spitz hin und her und bellte. Um zu verhindern, daß mein Bruder auch anfing, Krach zu schlagen, sagte ich: »Ein Hund, der so bellt, ist eigentlich ein eher ängstlicher Hund, ein schwacher, armer Hund.«

Mein Bruder war aufgestanden und rief dem kläffenden Spitz mutig – wahrscheinlich weil es noch 4-5 Meter bis zu dem Drahtzaun waren – »Ken-kun, Ken-kun!«* zu.

»Woher weißt du denn, wie der Hund heißt?«

Er beantwortete meine Frage nicht sofort, ging mit gespielter Unschuldsmiene ein Stückchen weiter und erwiderte dann: »Heute benutze ich sino-japanische Lesungen.«

Ich lachte so laut, daß der Spitz plötzlich ganz verschreckt bellte. Als wir nebeneinander die asphaltierte Straße entlang den Hang hinuntergingen, war meine deprimierte Stimmung, die schon einige Tage angehalten hatte, wie weggeblasen.

Nachdem Frau Shigetō sich die Geschichte über das Wort »Nichtsnutz« nachdenklich angehört hatte, erklärte sie mir ausführlich, was sie darüber dachte. Dabei saß sie mir gegenüber und hantierte geschickt mit Papier, Schere und einer Tube Klebstoff. Als sie ihre Hände ruhen ließ und hochschaute, fragte sie zunächst, wie I-Ah denn den Vorfall aufgenommen habe, und ob ich Anzeichen für eine Störung bei ihm entdeckt hätte.

»Dort hat er nur belustigt auf den Klang des Wortes ›Nichtsnutz‹ reagiert, danach haben wir nicht mehr darüber gespro-

---

* *Ken*, sino-japanische Lesung des japanischen Wortes *inu* (Hund). Alle japanischen Schriftzeichen verfügen über mehrere Lesarten – sino-japanische, d. h. aus dem Chinesischen entlehnte, und rein japanische Lesungen. I-Ah benutzt hier die unübliche sino-japanische Lesung *ken* für Hund und zeigt damit, daß er sich in der Schrift gut auskennt. *Kun* ist eine Anrede, die ausnahmsweise auch für Tiere gebraucht wird. Er ruft also eigentlich nur »Hund, Hund«. Wahrscheinlich hat I-Ah auch Spaß am alliterierenden Rhythmus von *Ken-kun, Ken-kun*. (d. Übs.)

chen... Hätte er die Betreuer in der Behindertenwerkstatt nach der Bedeutung des Wortes gefragt, stünde es in dem Mitteilungsheft, das zwischen den Eltern und der Werkstatt ausgetauscht wird. Das war aber nicht der Fall.

Es könnte höchstens sein, daß I-Ah von meiner Niedergeschlagenheit über diesen Vorfall beeinflußt wird. Für den ausgeglichenen Charakter von Ō-chan hat es keine Bedeutung, ob meine Eltern hier sind oder nicht, aber er meinte, ich mache mir wohl viele Sorgen. Möglich, daß I-Ah das bemerkt hat und mich mit der sino-japanischen Aussprache von Hund aufheitern wollte.«

Während der zweiten Hälfte meiner Antwort lächelte Frau Shigetō, wie um von ihren fiebrig geröteten Wangen abzulenken, aber aus ihrem scharfen Ton schloß ich, daß sie vor Ärger errötet war.

»Du hast dich also bei den Mädchen entschuldigt, bevor sie euch ›Nichtsnutze‹ genannt haben und nicht danach; das geht ja gerade noch. Wäre ich dabei gewesen, hätte ich sie wohl nicht geschlagen, aber ich hätte sie gezwungen, das Wort zurückzunehmen. Es ist wichtig für einen Menschen, sich so zu verhalten.

Habe ich dir schon erzählt, daß mein Mann und ich mit einer Katze nach Europa gereist sind? Wir trafen mit einer polnischen Fluggesellschaft aus Dubai kommend, in Warschau ein. Da wir von einem heißen in ein kaltes Land geflogen waren, warteten wir vor Kälte zitternd auf unser Gepäck, das nicht kam. Da sah ich, wie ein polnischer Regierungsbeamter in einem englischen Anzug sein Gepäck von einem Träger heraussuchen ließ. Dabei staute sich das Gepäck der anderen Passagiere. Mein Mann ging als polnisch sprechender japanischer Fluggast zu dem Herrn hin, um ihn zu fragen, ob das der Sozialismus sei. Solcher Mut ist wichtig.«

»Sie war höchstens in der Mittelschule und ein hübsches Mädchen...«

»Alle Kinder sind hübsch, Mā-chan. Dennoch steckt im Charakter eines jeden Kindes schon etwas, das sich herausbil-

det, wenn es erwachsen wird. Ich nehme das als Anhalts-
punkt und versuche, mir das Kind im mittleren Alter vorzu-
stellen. Dadurch kann man Menschen besser verstehen.
Mā-chan, du hättest durch dieses hübsche Mädchen hindurch
eine Frau in mittlerem Alter mit guter Figur, markanten
Zügen und einem intoleranten Charakter sehen sollen. Daß
sie euch als ›Nichtsnutze‹ beschimpft hat, beinhaltet wahrscheinlich verschiedene Bedeutungen.«

Betroffen verwandelte ich mich fast wieder in einen *Roboter*. Ich hatte selbst schon gespürt, daß ich mich dem Mädchen im Bus gegenüber, das wie ein Liebling der Lehrer
wirkte, kriecherisch verhalten hatte und daß I-Ahs Erheite-
rung über den Klang des Wortes »Nichtsnutz« dagegen tapfer gewesen war. Deshalb trafen mich die Worte von Frau
Shigetō empfindlich. Sie merkte das ganz genau und ver-
folgte das Thema nicht weiter.

Nachdem Herr Shigetō den Unterricht beendet hatte, be-
sprachen wir den Vorfall noch einmal zu dritt. Zuerst gab
Frau Shigetō eine Zusammenfassung unseres Erlebnisses im
Bus. I-Ah konnte sich auch gut daran erinnern und nickte
eifrig, etwas beschämt, daß er mit seiner Tasche an die Brust
des Mädchens gestoßen war. Frau Shigetō erinnerte ihren
Mann an die Geschichte auf dem Warschauer Flughafen. Herr
Shigetō ergänzte seinerseits etwas über das Verhalten seiner
Frau.

»Sie weiß, daß es im Sommer in Europa häufig kalt ist.
Um die Katze vor Kälte zu schützen, war ihr Korb in ein
Tuch eingeschlagen, und dem Mädchen, das neben ihr saß,
hatte sie ihren selbstgestrickten Schal geliehen. Sie ist immer
sehr lieb zu kleinen Mädchen.«

Nachdem Herr Shigetō und I-Ah sich uns angeschlossen
hatten, bat mich Frau Shigetō, den Tee und die Kekse vorzu-
bereiten; sie selbst setzte ihre Bastelarbeit fort. Auf einem
Blatt Papier der Größe DIN A4 fertigte sie eine Collage an,
indem sie Buchstaben aus englischen Zeitungen und verschiedenen Publikationen ausschnitt, und machte so einen

Entwurf für ein Flugblatt. Sie hatte vor, mit dem fertigen Entwurf in einen Supermarkt, der vierundzwanzig Stunden geöffnet war und einen Kopierer hatte, zu gehen. Das Flugblatt protestierte gegen die Unterdrückung von Dichtern und Schriftstellern und war für den bevorstehenden Japanbesuch des polnischen Staatsratsvorsitzenden gedacht.

»Gib Mā-chan doch ein paar davon mit, sie soll sie an K. schicken. An der University of California haben einige polnische Exil-Intellektuelle, zum Beispiel Milosz, eine Anstellung gefunden. Wir zeigen ihnen, was die Japaner für sie tun.«

»K. ist bestimmt nicht so engagiert«, sagte Frau Shigetō entschieden; diesmal war nicht nur ich, sondern auch mein Bruder betroffen. »Jaruzelskis Besuch ist in Japan schon seit längerem bekannt. Also habe ich K. gefragt, ob der japanische P. E. N. Club nicht eine Protestaktion gegen den Japanbesuch initiieren könnte. Aber er hat nichts unternommen. Vielleicht hat er sich ein bißchen dafür geschämt und deshalb nicht selbst wegen I-Ahs Stunde vorgesprochen, sondern hat es auf Mā-chan abgeschoben, oder?«

»K. hat bis jetzt selbst schon Unmengen wirkungsloser Erklärungen abgegeben. Die kommen aus dem armen Polen ins reiche Japan und bitten um Wirtschaftshilfe, dabei hat der Gastgeber ein wachsames Auge auf Amerika und die EG und außerdem noch geschäftliche Interessen – vielleicht hatte K. einfach keine Lust, eine Erklärung abzugeben, von der er wußte, daß sie sowieso keinen Sinn hat?«

»Auch wenn die Privilegierten es für sinnlos halten, ein unbekannter Mensch tut jedenfalls, was er kann. Das ist mein Prinzip. . . . Kannst du dir mal bitte diesen Aufruf auf polnisch anschauen? Es könnte ja sein, daß ein paar Exemplare den Mitgliedern der Delegation in die Hände geraten.«

Herr Shigetō griff sofort nach dem Entwurf und sagte beim Lesen: »Wir sollten das Flugblatt doch nach Kalifornien schicken; K. wird etwas erleichtert sein, wenn ein anderer das, was er hätte tun sollen, gemacht hat. Falls er Schuldgefühle kriegt, weil er nicht selbst daran gearbeitet hat, ist er selbst daran schuld... Ich finde das Polnisch übrigens sehr gut.«

»Wenn es fertigkopiert ist, bitte ich Mā-chan, es ihm zu schicken«, Frau Shigetō nahm den Entwurf fröhlich entgegen, beendete das Gespräch über das Flugblatt und wendete sich wieder dem Thema »Nichtsnutz« zu.

»Ich ärgere mich zwar über das Mädchen, das euch als ›Nichtsnutze‹ beschimpft hat, aber um ihre Zukunft mache ich mir keine Sorgen. Aus ihr wird später bestimmt einmal eine gestandene Frau, die ihr Leben tüchtig meistert.

Eher beschäftigen mich diejenigen, die als ›Nichtsnutze‹ beschimpft werden, vor allem, wie sie sich ihrer Daseinsform als besondere Menschen, die man als ›Nichtsnutze‹ bezeichnet, bewußt werden können. Ich nehme damit zwar die Pointe vorweg, aber ich finde I-Ahs gelassene Haltung in diesem Punkt großartig.« (I-Ah erwiderte arglos ein »Danke schön!«, worauf Frau Shigetō ein wenig unverständlich mit »Bitte, bitte ganz meinerseits« reagierte.)

»Weißt du, Mā-chan, eigentlich sehe ich mich selbst auch als ›Nichtsnutz‹. Seit ich noch ganz jung war, während meiner ersten Ehe und auch jetzt mit Herrn Shigetō... – ›Nichtsnutz‹ – ich verwende das Wort jetzt zufällig wegen unseres Problems, bislang ist es mir gar nicht in den Sinn gekommen. Meinem Empfinden nach bin ich als ein *Niemand* geboren, lebe wie ein *Niemand*, werde auch noch ein bißchen so weiterleben, um bald als *Niemand* zu sterben.« (Mein Bruder, der auf das Wort ›sterben‹ empfindlich reagiert, seufzte leise auf, um Frau Shigetōs Redefluß nicht zu stören. Frau Shigetō war wieder einmal überrascht. »Ach, du meine Güte, I-Ah, das tut mir leid«, entschuldigte sie sich.)

»Mit meinem äußerst mittelmäßigen Verstand glaube ich, daß man sich seine innere Ruhe bewahrt, solange man wie ein *Niemand* lebt und sich nie und unter keinen Umständen für etwas Besonderes hält. Wenn wir außerdem das tun, was in unseren Kräften steht, ist alles gut. Auch ich bemühe mich zwar nach Kräften, aber das geht nicht über Kleinigkeiten wie die Geschichte mit dem frierenden Mädchen, dem ich den Schal geliehen habe, hinaus und an die sich Herr Shigetō noch erinnert hat. Wenn man jedoch die Konsequenz besitzt, als ein *Niemand* zu leben . . . entschuldige I-Ah, ich sage wieder etwas Schreckliches . . ., glaube ich, daß man im Sterben die Ruhe des Nichts zurückerlangt. Man geht vom Zustand eines nahezu Nichts ins absolute Nichts über. Ist die Beschäftigung mit der Seele und dem ewigen Leben nicht schon eine Privilegierung der eigenen Person? Verglichen mit Insekten wohl schon . . . Abraham ist doch das Oberhaupt eines auserwählten Volkes, das einen Vertrag mit der himmlischen Existenz geschlossen hat. Möglicherweise halten sich in Polen nicht nur die kommunistischen Kader für privilegiert, sondern auch die Katholiken. Auch wenn sie aus weltlicher Sicht heute eher negativ privilegiert sind . . .«

»Du bist eine Anarchistin und hast überhaupt nichts für den Glauben übrig . . .«, Herr Shigetō blinzelte amüsiert. »Ich hatte den Eindruck, daß dein Flugblatt auch für die Katholiken in Polen eintritt.«

»Es tritt für alle *Niemande* in Polen ein. Nur für sie kann ich eintreten. Ich bin mit meinem ganzen Wesen ein *Niemand* und froh darüber . . . Mit den Augen eines *Niemand* gesehen, Māchan, ist das Wesen von K.s Krise ganz deutlich zu erkennen.«

Ich habe diese wohldurchdachten Worte von Frau Shigetō, die sie durch mich Vater und Mutter mitteilen wollte, zusammengefaßt und in mein *Familientagebuch* geschrieben. Denn gegen die Krise meines Vater kann ich unmittelbar nichts tun und auch selbst dazu nichts sagen, aber wenn mir Frau Shigetō das Flugblatt gab, wollte ich ihre ordentlich gegliederten, zusammengefaßten Gedanken in einem Brief wiedergeben und mitschicken. Wenn mein Vater in Kalifornien nicht wußte, wie ernsthaft Frau Shigetō über sein Inneres nachdachte und wie sich dies mit ihrem eigenen Inneren verband, würde er das Flugblatt möglicherweise nicht ernstnehmen, und ihr damit, fürchtete ich, nicht gerecht werden können.

»Zum ersten sind K-chan und Shigetō-san seit ihrer Jugend befreundet, aber damals kannte ich die beiden noch nicht. K. hatte schon mit dem Schreiben begonnen und sich bereits einen gewissen Namen gemacht. Mein Mann erinnert sich ungern daran, daß K. in den folgenden Jahren etwas über der Erde schwebte und sich, ehrlich gesagt, recht unsympathisch benahm. Erst nach verschiedenen schwierigen Erfahrungen, die I-Ahs Geburt mit sich brachten, wurde er wieder normal. Daß mein Mann trotzdem mit ihm befreundet blieb, lag an seiner Toleranz gegenüber dem Kommilitonen aus der Provinz, den der Journalismus psychisch krank gemacht hatte. Ich lernte K. noch zu einer Zeit kennen, als er diese Allüren hatte, und glaube nicht, daß mein Mann übertreibt.

Zum zweiten, wirken eventuell die Gewohnheiten oder Schäden aus der Zeit, in der K. sich selbst für etwas Besonderes hielt, noch bei ihm nach? Wohl aus diesem Grunde hat er es sich erlaubt, nach Kalifornien zu gehen, seiner Tochter den behinderten Sohn anzuvertrauen und Oyū völlig mit Beschlag zu belegen, und als erwachsener Mensch einfach behauptet, er befände sich in einer *Krise*. Wenn jemand lange Zeit berufsmäßig über sich selbst schreibt und dabei auch viel gelesen wird, bereitet es ihm wahrscheinlich Schwierigkeiten, sich ganz natürlich als einen *Niemand* zu sehen – jetzt einmal von jugendlicher Selbstüberhebung ganz abgesehen.

Zum dritten – seine verworrenen Gedanken über den Glauben und das Leben nach dem Tod, von denen er gelegentlich spricht, resultieren aus seiner Selbsteinschätzung als privilegiertes Wesen. Gegenwärtig leben Milliarden Menschen auf diesem Planeten; davon sind die, die einen festen Glauben haben, in der absoluten Minderheit. Ungeheuere Massen von *Niemanden* haben keine feste Vorstellung von der unsterblichen Seele, so leben sie und so sterben sie. Macht man sich bewußt, in welchem Ozean von lebenden und sterbenden *Niemanden* man sich befindet, relativieren sich auch das eigene Leben und der eigene Tod. Dennoch bin ich keineswegs der Meinung, daß unser Leben und Sterben sinnlos sind. Da bin ich mir sicher, denn ich habe viel Erfahrung mit dem Dasein eines *Niemand.*«

Was Frau Shigetō sagte, faszinierte mich. Auch ich wünschte mir für die Zukunft ein stilles Leben als *Niemand,* mit I-Ah an meiner Seite. Um so mehr fühlte ich mich verpflichtet, Vater zu verteidigen. Ich habe das zwar nicht in mein *Familientagebuch* geschrieben, aber ich erklärte Frau Shigetō, daß Vater es wahrscheinlich nicht als privilegiertes Dasein empfand, Schriftsteller zu sein.

»Natürlich kann man einwenden, daß Vater jetzt eine Stelle als *writer in residence* an der kalifornischen Universität hat, aber ich glaube, ihm tut das alles wirklich leid. Er hat Mutter geklagt, daß er ohne seine *Krise* abgelehnt hätte, aber als Wrack in höchster Not angesichts eines herannahenden Sturmes keine Rücksichten nehmen konnte.«

Frau Shigetōs Erwiderung auf meine Worte paßte nicht ganz, wahrscheinlich wollte sie dieses Thema selbst auch beenden. Damit war unser langes Gespräch über den Tag, an dem das mit dem »Nichtsnutz« passiert war, abgeschlossen.

»Mā-chan, Menschen ändern sich mit der Stellung, die sie einnehmen, ganz gleich welche Stellung es ist. Allerdings gibt es so etwas wie das ursprüngliche Wesen eines Menschen. Ein früherer Vorgesetzter von Herrn Shigetō, der immer noch für die Presseagentur arbeitet, wurde vor kurzem Vorstandsmitglied. Er gab eine private Party, von der mein Mann völlig erschöpft zurückkam. Die Ansprache des Beförderten war zu lang, und Herr Shigetō war vom Zuhören ganz ermattet und trank zum Ausgleich zuviel *Sake*... Du warst am nächsten Morgen doch immer noch ganz erledigt und hast mürrisch Vergleiche mit der lateinischen Lautlehre angestellt.

»Nichts Besonderes, Anfängergrammatik, die jeder kennt«, sagte Herr Shigetō *nüchtern.* »Dabei spielt die Länge eines Vokals eine Rolle, das heißt der Akzent im Lateinischen wird auf zwei Arten gesetzt – einmal gibt es einen von Natur aus langen Vokal und dann einen, dessen Längung von seiner Position abhängig ist. Das bezeichnet man als *long by nature* und *long by position*.

Mein Vorgesetzter spricht zwar schon von Natur aus langatmig, aber seiner Position als Vorstandsmitglied entsprechend, redet er noch länger...«

Frau Shigetō lachte hell auf, als hörte sie diesen Scherz zum ersten Mal; ich lachte auch laut los, denn ich hörte ihn ja wirklich zum ersten Mal. I-Ah schaute amüsiert zu, wie wir so lachten, und Herr Shigetō selbst behielt einen gespielt unbeteiligten Ausdruck bei.

An diesem Abend konnte ich lange nicht einschlafen und hatte dann einen traurigen Traum. Im ewigen Dämmerlicht einer Wüste, offenbar auf der arabischen Halbinsel, von der Frau Shigetō erzählt hatte, drängten sich ungeheure Menschenmassen. Sie standen oder hockten, aber alle starrten in eine Richtung. Einige lagen auch und versuchten mit größter Anstrengung ihren Kopf in diese Richtung zu heben. Dieser Anblick ähnelte der Szene unmittelbar vor dem »Jüngsten Gericht«, von der mein Vater mir, als er jeden Tag Blake las, anhand der Karten, auf denen er als Gedächtnisstütze die Übersetzung notierte, erzählt hatte. Die Mächtigen werden schon in den goldenen Palast geschleppt, und Entsetzliches scheint ihnen zu widerfahren. Die Menge in der Wüste, die ein Schreckensgeschrei hört, frohlockt und singt. Die Atmosphäre ist mit zorniger Energie aufgeladen wie die Luft vor einem Blitz mit Elektrizität. Im Traum erinnerte ich mich daran, daß diese Wüstenlandschaft der bei Blake sehr ähnelte, so, als hätte ich sie wirklich gesehen.

Ich habe die Absicht meines Vaters nicht verstanden, aber der Schwerpunkt seiner Erläuterungen zu Blakes Wüste bezog sich auf die ungetauften, toten Säuglinge, die aus ihren erkalteten Körpern heraus schreien. (6000 Jahre lang toben die toten Kinder. Unzählige Menschen toben. Sie stehen nackt und blaß in einer Atmosphäre, erfüllt von der Hoffnung auf Rettung.) In meinem Traum stehen I-Ah und ich als

Kinder in der Wüste. Ich sehe uns wahrscheinlich als Kinder, weil I-Ah am Kopf behindert ist und ich nicht verheiratet bin. Im Unterschied zu Blakes Wüste steht jedoch hier die »Wiederkunft« Christi nicht bevor – in diesem Punkt bin ich erleichtert, denn I-Ah ist nicht der Antichrist* –, das Jüngste Gericht wird erst in 6000 Jahren stattfinden.

Inzwischen war mir klar, daß mein Bruder und ich in der Wüste absolute *Niemande* waren. Unter keinen Umständen würde jemand erscheinen, der sich um uns kümmern und uns von hier fortbringen würde. Noch schlimmer war, daß Frau Shigetō, die tagsüber unsere Verbündete war, im Halbdunkel der Menschenmenge stand und uns durch ihre silbergeränderte Brille mit einem Blick voll stummen Vorwurfs streifte, der mich irgendwie an eine alte deutsche Frau erinnerte. Und obwohl sie in ihrer Handtasche einen schmalen, selbstgestrickten Schal trug, lieh sie ihn I-Ah und mir, die wir so froren, nicht . . .

Frau Shigetō lehnt uns ab, weil sie durchschaut hat, daß wir zwar *Niemande* sind, aber vortäuschen, es nicht zu sein. Aber das hatte selbstverständlich nichts mit dem Bewußtsein zu tun, die Kinder eines leidlich bekannten Schriftstellers zu sein. Schon in meiner Kindheit habe ich es gehaßt, wenn man mich auf Vaters Namen ansprach. Auch wenn es sich beispielsweise um meinen Klassenlehrer handelte, habe ich versucht, mich von solchen Leuten fernzuhalten. Frau Shigetō hat das auch gar nicht mißverstanden. Das war es nicht. Telepathisch schien sie mir mitzuteilen, es ginge nicht an, daß ich I-Ahs Behinderung für etwas Besonderes hielte und stolz sei, weil er trotz dieser Behinderung etwas von Musik verstünde. Auch ich dürfe mich nicht für etwas Besseres halten und I-Ah

---

* Der Begriff »Antichrist« geht hier auf Blake zurück. In seiner Vision des Jüngsten Gerichts werden alle menschlichen Irrtümer in der Gestalt eines Engels (*Covering Cherub*) vereint, der zum Satan, d. h. Antichristen, wird. Wenn dieser Antichrist erscheint, ist das Jüngste Gericht nahe. Im folgenden Kapitel tritt I-Ah in einem Traum Mā-chans als dieser Blakesche Cherub in seiner positiven Version auf. (d. Übs.)

überallhin begleiten, wie auch jetzt auf die arabische Halbinsel.

»Vergleiche euch doch mal mit diesen Menschen im Dämmerlicht. Der geistig behinderte I-Ah und du, Mā-chan, die nicht heiraten will, ihr seid verglichen mit diesen *Niemanden* noch schlimmere ›Nichtsnutze‹ in einer Sackgasse. «

Wir haben weder Mutter noch Vater. Die beiden sind nach Kalifornien gegangen und beschäftigen sich mit der Seele. Deshalb haben sie sich in einen besonderen Raum abgehoben. Ō-chan ist von Natur aus ein unabhängiger Mensch, und wenn er hier in der Wüste wäre, würde er bestimmt alleine und zügig losmarschieren. Da er seit längerem in einem Orientierungsclub trainiert, hätte er vielleicht bereits eine Karte von der Wüste angefertigt und sogar schon Stützpunkte festgelegt. Ich hingegen war unter Frau Shigetōs Blick zum *Roboter* erstarrt und konnte mich daher nicht zu I-Ah umwenden, um mich zu vergewissern, ob er sich direkt neben mir befand. In der Menge der *Niemande* konnte ich ihn nicht mehr ausfindig machen und hatte das Gefühl, daß I-Ah selbst mich längst vergessen hatte.

Ich stand schon 6000 Jahre da und würde noch 6000 Jahre in der Wüste auf der arabischen Halbinsel herumstehen ...

Als ich aufwachte, begann ich sofort zu wimmern und weinte eine Weile. Die dämmerige Wüste in meinem Traum war so trocken, daß meine Tränen schon getrocknet waren, bevor sie fließen konnten. Während ich weinte, dachte ich an Frau Shigetō. Obwohl ihre schreckliche Erbarmungslosigkeit im Traum sich von ihrem tatsächlichen Charakter unterschied, existierte dahinter etwas, das ihrem Wesen entsprach. Und zwar die Vorstellung vom »gerechten Menschen«. Ich muß zugeben, daß die Vorwürfe dieses »gerechten Menschen« auf mich zutreffen ...

Ich wartete, bis meine Tränen versiegt waren, und las im *Familientagebuch*, das am Kopfende meines Bettes lag, den Abschnitt, der beschrieb, wie mein Bruder auf dem Heimweg von Shigetōs auf dem Bahnsteig einen Anfall bekommen hatte. Obwohl er bei einem Anfall nicht klar im Kopf ist und auch körperlich leidet, stand er mir gegen den herandrängenden Menschenstrom bei. Außerdem hatte ich meinen Entschluß – »Sollte I-Ah wie der Antichrist eine böse Kraft in sich bergen, werde ich ihn trotzdem überallhin begleiten« – in einer Randbemerkung als merkwürdig kommentiert.

Warum war ich so naiv davon überzeugt, daß ich *meinen Bruder überallhin begleiten* konnte? Obwohl ich ein *Niemand* im wahrsten Sinne des Wortes bin. Ich, ein *Niemand*, benutzte eigensüchtig und starrsinnig I-Ahs Behinderung als Stütze ... Es betrübte mich, so ein *Niemand* zu sein – weder schön noch stark und so schüchtern, daß ich mich bei jeder Gelegenheit in einen *Roboter* verwandele ...

Diese Traurigkeit hat sich in meinem Traum von der Wüste in ewiger Dämmerung *materialisiert* – wie Ō-chan sagen würde, dachte ich völlig niedergeschlagen.

Es tat mir leid, daß ich Frau Shigetō in meinem Traum als eine so gefühllose Person gesehen hatte. Aber mein beschränkter Kopf konnte die Vorstellung von einem »gerechten Menschen« erst mit Frau Shigetō in Verbindung bringen, nachdem ich mir im Traum freien Lauf gelassen hatte.

Ich hatte noch über dieses und jenes nachgedacht und war ein bißchen unsicher in bezug auf den Tag, an dem ich Frau Shigetō beim nächsten Unterricht begegnen würde.

Aber Frau Shigetō war ein großes Mißgeschick widerfahren, während ich so ichbezogen träumte und über meinen Traum nachgrübelte. Die wirkliche Welt scheint gerade diese gütigen, freundlichen Menschen ungerecht zu behandeln. Im Grunde war der Auslöser für ihr Mißgeschick ihr Verhalten als »gerechter Mensch«. Ungerechte Gewalt geschah ihr, und sie erlitt einen Schlüsselbeinbruch ...

Frau Shigetō hatte tatsächlich ihre Absicht in die Tat umgesetzt, das Flugblatt, das sie während I-Ahs letzter Unterrichtsstunde entworfen hatte, zu verteilen. Der polnische

Staatsratsvorsitzende weilte als Gast auf dem Amtssitz des japanischen Premierministers, und Frau Shigetō hatte versucht, das Flugblatt Jaruzelski persönlich zu übergeben. Als Folge davon war sie von einem Polizisten zurückgestoßen worden und hatte sich das Schlüsselbein gebrochen. Herr Shigetō bat einen Freund von der Presseagentur, sich bei der Polizeibehörde zu erkundigen, warum die Wachleute so brutal gegen eine Frau mittleren Alters vorgegangen seien. Herr und Frau Shigetō sahen allerdings ein, daß ihr Protest ein wenig einseitig war.

Frau Shigetō, die zu dem Amtssitz gefahren war, um die Flugblätter zu verteilen, hatte ursprünglich folgenden Plan gehabt. Sie wollte hinter der Besuchermenge, die wahrscheinlich zu Jaruzelskis Ankunft mobilisiert worden war, warten, und wenn die Delegation sich näherte, die Blätter verteilen. Um nicht als schwarzes Schaf entdeckt und entfernt zu werden, zeigte sie den Wartenden die Flugblätter vorsichtshalber nicht. Erst wenn der Staatsratsvorsitzende in der Amtsvilla verschwunden war, wollte sie den Leuten, die sich für die japanisch-polnischen Beziehungen interessierten, die Flugblätter zu lesen geben.

Frau Shigetō, die zum Übereifer neigte, kam jedoch schon an, bevor die Wachposten vor dem Amtssitz des Premierministers Stellung bezogen hatten. An der Kreuzung unterhalb des Abgeordnetengebäudes sah sie eine ältere Polin ziellos umhergehen und sprach sie an. Die Polin hatte eigentlich eine Verabredung mit einer Dolmetscherin gehabt, aber diese war nicht erschienen. Da Frau Shigetō zwischen der älteren Frau, die eine Einladung besaß, und den Pförtnern vermittelte, wurde sie für die Dolmetscherin gehalten und zusammen mit der Frau auf das Gelände geführt. Vor dem Eingang wartete eine Gruppe von Journalisten. Nachdem Frau Shigetō die ältere Frau dem Sekretär übergeben hatte, mischte sie sich unter die Journalisten, in der Absicht zu warten. Als vor ihren Augen die polnische Delegation aus dem Wagen stieg, schlängelte sie sich zwischen den Fotografen hindurch und näherte sich Jaruzelski, um ihm die Flugblätter zu übergeben. Da stieß ein Polizist, der durch diesen unerwarteten Zwischenfall in Panik geraten war, Frau Shigetō mit beiden Händen zurück und brach dabei ihr Schlüsselbein. So erklärte es uns Herr Shigetō am Telefon. Pflichtbewußt teilte er uns mit, daß er wegen dieses Vorfalls den heutigen Unterricht ausfallen lassen müsse. Ich bot sofort an, mit meinem Bruder ins Krankenhaus zu gehen, aber nachdem Herr Shigetō kurz geschwiegen hatte, erwiderte er etwas verlegen, wie mir schien, daß seine Frau bald entlassen würde und wir sie daher nicht im Krankenhaus zu besuchen bräuchten. Außerdem erklärte er, seine Frau habe einen Schock und sei so deprimiert, daß sie kaum Antwort auf sein Fragen gab. Man hätte sie in der Klinik, in die sie mit dem Krankenwagen eingeliefert worden sei, in ein Fünfbettzimmer gelegt, und eine ihrer Mitpatientinnen sei eine recht aggressive Person. Es müsse ja nicht sein, daß I-Ah dort eine unangenehme Erfahrung mache.

Seit wir im Bus beschimpft worden waren und ich den trübsinnigen Traum gehabt hatte, litt ich ein wenig unter Verfolgungswahn. Daher stellte ich mir vor, wie I-Ah vielleicht im Vorbeigehen am Bett der aggressiven Patientin gegen den Infusionsständer oder Ähnliches stoßen und eine schreckenerregende Stimme wieder »Nichtsnutz!« brüllen würde. Auch Frau Shigetō, die meinen Bruder zwar sehr rücksichtsvoll behandelte, wenn sie gesund war, würde es vielleicht *lästig* finden, sich während ihrer Krankheit mit einem Behinderten zu unterhalten... Ich fühlte mich zurückgesetzt, weil Herr Shigetō, der das alles vorauszusehen schien, von unserem Krankenbesuch nicht begeistert war.

Aber Herrn Shigetōs Verlegenheit entstammte in Wirklichkeit seinem Unbehagen darüber, die Musikstunde, auf die mein Bruder sich jede Woche freute, wegen seiner persönlichen Angelegenheiten ausfallen lassen zu müssen.

»Auch wenn meine Frau im Krankenhaus ist, wäre es kein Problem für mich, I-Ah den Unterricht zu geben, aber es beunruhigt sie, daß die schon zum Verteilen bereiten Flugblätter liegenbleiben«, rechtfertigte er sich. »Ich habe in der Zeitung gelesen, daß die polnische Delegation heute abend im Tōkyō Kaikan-Gebäude am Palastgraben einen Empfang als Gegeneinladung für die Japaner gibt. Ich habe zwar keine Einladung bekommen, da ich seit einigen Jahren kein gutes Verhältnis zu den Beamten in der polnischen Botschaft habe, aber ich will zumindest zur Stadthalle gehen und die Flugblätter an die geladenen Gäste, wenn sie hineingehen, verteilen. Deshalb fällt heute der Unterricht aus.« Das war im wesentlichen der Inhalt von Herrn Shigetōs Anruf.

Ich erzählte diese Geschichte Ō-chan, der zufällig an diesem Nachmittag keinen Unterricht hatte und zum Mittagessen nach Hause gekommen war. I-Ah hatte die Geschichte von Frau Shigetōs Unfall zwar schon einmal von mir gehört, stieß aber, während er meinen Erklärungen zuhörte, wieder einen Seufzer aus. Ō-chan hingegen aß weiter und hörte schweigend mit unbewegtem Gesicht zu; einmal ging er in sein Zimmer, und als er kurz darauf die Treppe heruntergerannt kam, machte er einen überraschenden Vorschlag. Er wisse zwar über Herrn Shigetō nur das, was ich erzählt hatte, aber er glaube nicht, daß Herr Shigetō momentan einer politischen Gruppe oder Bürgerinitiative angehöre. Würde er dann nicht heute ganz alleine die Flugblätter verteilen? Ō-chans Erfahrungen auf dem Gebiet von Flugblattaktionen beschränkten sich zwar auf die Aktivitäten seines Orientierungsclubs bei Schulfesten, aber wenn man nur lahm alleine herumstand, konnte man die Flugblätter nicht loswerden. Überhaupt wurde dann manchmal die Verteilung der Flugblätter gar nicht bemerkt.

»Wie wäre es, wenn wir an Stelle von seiner Frau mit Herrn Shigetō die Flugblätter verteilen?«

»Ō-chan, was meinst du mit *wir*?«

»Ich meine, daß ich auch mitmachen möchte«, antwortete mein Bruder leicht eingeschnappt.

»Es besteht ja die Gefahr, daß I-Ah wie damals in der Menschenmenge einen Anfall bekommt. Deshalb muß jemand auf ihn aufpassen, während wir die Flugblätter verteilen, oder?«

»Du mußt gut aufpassen, Ō-chan, denn es ist wirklich riskant«, sagte I-Ah wie ein Mensch mit Autorität, zeigte aber gleichzeitig eine rührende Abhängigkeit.

So kam es, daß wir an diesem Abend die von Frau Shigetō kopierten Flugblätter, von denen einige schon für Kalifornien beiseite gelegt worden waren, am Tōkyō Kaikan verteilten. Wir hatten uns in zwei Parteien auf beiden Seiten der Straße, die am Palastgraben entlangführt, postiert, denn der Haupteingang des Gebäudes war, obwohl auch noch andere Veranstaltungen stattfanden, auf Wunsch der polnischen Botschaft von der Polizei abgeriegelt worden, und jeder Versuch, die Flugblätter dort zu verteilen, war aussichtslos.

Wir fuhren zuerst mit der S-Bahn, dann mit der U-Bahn, und als wir am Tōkyō Kaikan ankamen, stand Herr Shigetō mit einem Stoß Flugblätter im Arm geistesabwesend am Rande des Gebäudes. Er erklärte uns folgendes. Als die Delegation vor dem Gebäude angekommen war, hatte schon eine Demonstration junger Leute auf sie gewartet, die sich zur Solidarität mit den demokratischen Kräften in Polen bekannte – es war zwar nur eine kleine Gruppe, aber deshalb mobil genug, um bei der Ankunft der Wagengruppe rechtzeitig zur Stelle zu sein. Nachdem die Delegation im Schritttempo vorbeigefahren war, fuhr sie ins Parkhaus im Keller des angrenzenden Gebäudes und betrat dann das Gebäude durch den Hintereingang. Nachdem der Haupteingang von der Sondereinheit der Polizei abgeriegelt war, war der Wagen des Staatsratsvorsitzenden möglicherweise noch einmal vorgefahren. Da der Haupteingang auf alle Fälle bewacht war, hatte sich Herr Shigetō in einiger Entfernung dazu postiert und konnte nur noch die Leute, die anscheinend als Gäste der polnischen Botschaft zur Stadthalle unterwegs waren, aufs Korn nehmen . . .

»Haben Sie schon *für alle Fälle* was verteilt?« fragte Ō-chan unbefangen. Herr Shigetō schüttelte den Kopf, der wegen seiner Kopfbedeckung, die an eine irische Seemannskappe erinnerte, merkwürdig flach wirkte.

»Den Leuten, die mich kennen, ist es anscheinend peinlich. Deshalb haben sie, anstatt den Zebrastreifen hier zu nehmen, auf dem Weg zur Halle die Fahrbahn überquert. Und meine Frau hat gesagt, ich soll die Flugblätter nicht an Leute geben, die sie nicht lesen, weil sie selbstgemacht sind und wir nur 100 Stück haben.«

»Dann geben Sie *uns* bitte die Flugblätter. Mā-chan, du und Herr Shigetō, ihr bleibt hier; I-Ah und ich gehen auf die andere Straßenseite, so kreisen wir die Leute, die den Übergang benutzen, *für alle Fälle* ein. . . . Ich habe mir auf der Anzeigetafel angeguckt, welche Veranstaltungen heute stattfinden. Es gibt nur noch eine Party anläßlich der Meisterschaften im japanischen Schach und den Empfang einer Firma für Damenmoden, deshalb werden die Gäste der polnischen Botschaft leicht zu erkennen sein, glaube ich. Gut, komm, I-Ah, wir gehen rüber auf die andere Seite, da ist auch der U-Bahn-Ausgang!«

Also fingen wir an, die Flugblätter zu verteilen. Aber da es an diesem Winterabend schon ganz dunkel war und der Empfang schon begonnen hatte, konnten wir die Flugblätter nur noch an die Leute verteilen, die zu spät und nur noch einzeln eintrafen. Dennoch verlor ich nicht den Mut. In der U-Bahn hatten Ō-chan und ich eine Strategie entworfen und uns darauf eingestellt, da der Empfang nur eine Stunde dauern sollte, die Gäste lieber auf dem Heimweg anzuvisieren. Als wir das Herrn Shigetō erzählten, der trotz seines dicken Seemannsmantels zu frieren schien, harrte er nicht gerade frischen Mutes mit uns aus. Nach einer Weile ging er in das Gebäude, wo er anscheinend etwas zu erledigen hatte. Ich dachte, er wäre zur Toilette gegangen, aber als er wieder herauskam, umspielte ein alkoholischer Duft seine rote Nase . . .

Bald begannen die Gäste, da der Empfang anscheinend zu Ende war, aus dem Gebäude zu kommen. Beim Verteilen der

Flugblätter sah ich, wie I-Ah auf der anderen Straßenseite in Begleitung von Ō-chan bedächtig die Flugblätter austeilte und sich höflich vor den Leuten verbeugte, ob sie die Flugblätter annahmen oder nicht. Manche Leute verbeugten sich unwillkürlich genauso tief. Ich hörte zwar nicht auf, meine Flugblätter zu verteilen, aber das Verhalten meines Bruders fesselte mich. Dabei kam mir ein Gedanke, den ich noch nie gehabt hatte. Obwohl ich ja seine jüngere Schwester bin, bilde ich mir ein, seine Beschützerin zu sein. Er hat mich zwar auch schon beschützt, aber ich fühle mich nicht wohl, wenn er nicht in meiner Reichweite ist. Aber ist das nicht vielleicht eine falsche Einstellung?

Ich glaube, durch I-Ah und Ō-chan angespornt, wurden auch Herr Shigetō und ich aktiver. Immer mehr Leute nahmen die Flugblätter an, und nach und nach war mein Stapel verteilt. Von den Flugblättern, die Herr Shigetō noch in der Hand hatte, verteilte ich die meisten. Auch sie waren rasch weg. I-Ah und Ō-chan, die über die Straße kamen, berichteten ebenfalls, daß sie alle Flugblätter verteilt hatten. Ō-chan erzählte, daß er sogar das Blatt, auf dessen leerer Rückseite er vor dem Ende des Empfangs mathematische Aufgaben gelöst hatte, einer Ausländerin gegeben habe, die ganz zuletzt gekommen war und ernsthaftes Interesse an unserer Flugblattaktion zeigte.

Die nächste Stunde nach der Flugblattaktion fiel ebenfalls aus. Statt dessen komponierte I-Ah besonders eifrig an einem neuen Stück. Da ich Ō-chan bis dahin immer für einen sehr unabhängigen Menschen gehalten hatte, wie ich auch schon mehrmals erwähnte, hatte sein Vorschlag, die Flugblätter zu verteilen, mich zunächst überrascht. Weiterhin überraschte mich, daß er seine Studien für die Aufnahmeprüfung so ernst nahm – obwohl das für einen Betroffenen wahrscheinlich selbstverständlich ist –, daß er auf der Rückseite des Flugblatts mathematische Aufgaben löste, während er auf das Ende des Empfangs wartete. Seit der Flugblattaktion hat er sich ein wenig verändert und anscheinend eine neue Art der

Vertrautheit mit I-Ah entwickelt. Einen Tag, nachdem wir am Tōkyō Kaikan gewesen waren, ging ich zum Supermarkt am Bahnhof, um Lebensmittel einzukaufen. Ich tätigte noch einige Erledigungen, wie Banküberweisungen, und ging dann nach Hause. I-Ah lag wie immer bäuchlings auf dem Wohnzimmerteppich und komponierte. Ō-chan saß am Eßtisch und lernte. Er hatte seine Tasche, die etwa so groß war wie ein mittlerer Dachs und die sämtliche Unterlagen für das Vorbereitungsseminar enthielt, zu seinen Füßen abgestellt.

Als ich ihn fragte, ob er nach unten gekommen sei, weil er einen Anruf erwarte, antwortete er kurzangebunden: »Eigentlich nicht!« Und I-Ah sagte: »Ich kann das Telefon abheben, weil Ō-chan doch so viel für die Prüfung lernen muß!«

Von da an wurde es ein alltäglicher Anblick – Ō-chan am Eßtisch und I-Ah auf dem Teppich, jeder für sich in Konzentration versunken. Dabei fielen mir Ähnlichkeiten zwischen den beiden Brüdern auf, die ich bis dahin nicht bemerkt hatte. Nach Ansicht meines Vaters sahen die Noten, die I-Ah auf sein Notenpapier schrieb, schlacksig, lang und gelassen wie Sojabohnenkeime aus und die Zahlen auf den Rechenblättern von Ō-chan wie ganz zwanglos dahin marschierende Ameisen mit einem lockeren Gruppenbewußtsein...

I-Ah hatte in den zwei Wochen bis zur nächsten Stunde bei Herrn Shigetō ein neues Stück angefertigt. Bis dahin fragte ich ihn nicht nach dem Stück, denn ich fand, es bereitete ihm mehr Spaß, wenn I-Ah es bei Shigetōs erst *ganz fertig* vorstellte. Mein Bruder hatte sich ganz allein zum Ausgehen zurechtgemacht und bot in der Bahn gutgelaunt einem alten Herrn seinen Platz an. An der Kreuzung am Abhang zu Shigetōs Haus, als der *sino-japanische* Spitz bellend am Drahtzaun hochsprang, wandte sich mein Bruder zu mir und schaute mir gelassen ins Gesicht. Der reizbare kleine Hund bellte weiter, aber ich glaube, er war etwas verunsichert und ratlos.

Frau Shigetō, die gerade aus dem Krankenhaus entlassen

worden war, hatte ein ganz schmales, kleines Gesicht; ihre Haare, bei denen die Dauerwelle herausgewachsen war, hatte sie hinten zusammengebunden, und sie erinnerte mich an eine fürsorgliche ältere Schülerin, die auf dem Lyzeum sehr nett zu mir gewesen war. Wie schon einmal machte Frau Shigetō Lammbraten für uns. Herr Shigetō war wie stets einerseits sehr ernst, und andererseits stellte er sich ein wenig töricht, doch obwohl er sonst jedesmal, wenn wir kamen, in einem Buch las, saß er heute am Eßtisch und spielte mit den Gläschen mit speziellem Salz, Majoran und Pfefferkörnern, die seine Frau benutzte.

»I-Ah, Mā-chan, ihr beide und sogar euer kleiner Bruder habt so fleißig die Flugblätter verteilt. K. hat auch eine Karte geschrieben. Er hat die Flugblätter bekommen. Wirklich, vielen Dank. Wären meine Hände nicht so voll Knoblauch, würde ich euch gerne die Hand geben«, sagte sie und schaute ein wenig künstlich aufgeräumt hinter ihrer Brille hervor.

»Dann wisch dir mal den Knoblauch ab«, entgegnete Herr Shigetō und reichte ihr mit einer für seine Verhältnisse ungewöhnlich flinken Bewegung ein Handtuch. Gehorsam folgte ihm seine Frau. Während zuerst I-Ah und dann ich Frau Shigetōs Hand schüttelten, war ich froh, daß Ō-chan nicht dabei war. Mein jüngerer Bruder war ein Mensch, der ständig an seinen Fingern schnuppern mußte, ob sie auch ja nicht nach Knoblauch rochen.

»I-Ah, Mā-chan, vielen Dank. Es gab sogar eine Reaktion auf mein Flugblatt von einer Polin«, Frau Shigetō wischte ihre Hände nochmals gründlich ab und fuhr fort, die Lammrippe mit Knoblauch einzureiben. Trotz ihrer Blässe waren ihre Wangen zart gerötet.

»Auf dem Flugblatt war unsere Adresse als Kontaktadresse angegeben, und ich habe einen Brief auf polnisch bekommen. Interessanterweise ist diese Frau Professorin für moderne Wirtschaftswissenschaft an der Universität Warschau; anscheinend gehört sie zu jenen Wissenschaftlern, die bei ihrer Analyse mathematisch vorgehen. Außerdem ist sie Regierungsberaterin und forscht jetzt auf dem Gebiet der japanischen Wirtschaftspolitik, um den landwirtschaftlichen Wiederaufbau zu konzipieren... Wißt ihr, es war diejenige, die ich in den Amtssitz des Premierministers gebracht habe und die der Anlaß für meinen Unfall war...«

»Vielleicht war sie es auch, die sich das letzte Flugblatt von I-Ah und Ō-chan geholt hat...«

»Genau, die war es«, sagte Herr Shigetō und nahm aus dem Briefkorb, der wegen der Essensvorbereitungen in eine Ecke des Tisches geschoben worden war, den Umschlag..., aber er gab uns den auf polnisch verfaßten Brief nicht und wedelte damit vor dem Gesicht meines Bruders herum. Als I-Ah keine Flugblätter mehr hatte und ratlos dastand, fiel Ō-chan ein, daß er eines als Rechenpapier verwendet hatte...

»Die Mathematikaufgabe auf der Rückseite habe zwar nichts mit der Botschaft des Flugblatts zu tun, sei aber ausgezeichnet gelöst, steht in dem Brief. Ich dachte immer, Ō-chan wäre wie K. eher geisteswissenschaftlich begabt.«

»Ich glaube, er ist im Grunde eher ein Naturwissenschaftler.«

»... Unter den Anwesenden beim Staatsbesuch Jaruzelskis befinden sich auch Wissenschaftler, die sich ernsthaft mit der Zukunft Polens auseinandersetzen, aber ich habe diesen Botschaftsklüngel satt«, bemerkte Frau Shigetō.

»Zumindest die Frau ist in Ordnung. Sie geht anscheinend bald nach Hause zurück. Es wäre schön, wenn es ein Regime gäbe, in dem sie ihre Fähigkeiten zeigen könnte. Die Danziger Arbeitergewerkschaft ist zwar auch wichtig, aber das Spezialgebiet dieser Frau, die Verbesserung der Agrarwirtschaft, ist dringender.«

»Diese Wissenschaftlerin scheint der Ansicht zu sein, daß sich Polen ändern wird.«

»Wenn Sie das nächste Mal nach Warschau reisen, können Sie sie doch besuchen.«

»Nein Mā-chan, man kann zwar nicht sagen, daß Wissenschaftler wie sie privilegiert sind, aber sie sind doch bedeutende Menschen«, sagte Frau Shigetō mit scharfem Ernst.

»Ich möchte wirklich, ganz gleich in welchem System, nur dort lebenden *Niemanden* begegnen. . . . Ich glaube, sie hat sich gefreut, daß sie gerade von einem japanischen *Niemand* ein Flugblatt bekommen hat. «

Als Herr Shigetō bei den Worten seiner Frau überrascht und nachdenklich blinzelte, rührte sich I-Ah, der bislang artig abgewartet hatte. Er streckte seine Noten, die er aus der Schultertasche gezogen hatte, plötzlich dorthin, wohin Herr Shigetō seinen Blick gesenkt hatte. Offensichtlich konnte er seine Freude nicht länger bezähmen . . .

Als Herr Shigetō überrascht fragte »›Rippe‹?«, deutete mein Bruder, wie ein Dirigent, der einen Solisten vorstellt, auf Frau Shigetō.

»Das ist bestimmt das Geschenk für den Krankenbesuch bei Frau Shigetō?« Ich hatte im Gegensatz zu sonst rasch geschaltet.

»Wir haben gehört, daß Sie sich das Schlüsselbein gebrochen haben, und mein Bruder hat wohl aus Sorge ein Stück darüber geschrieben, aber ich weiß nicht, warum er Rippe statt Schlüsselbein genommen hat . . . I-Ah, es ist doch das Schlüsselbein. «

»Ich finde *Rippe* interessanter. «

Herr Shigetō sah sich die Noten aufmerksam an und sagte zustimmend: »Du bist ein Mensch der kurzen Worte. Wollen wir es gleich mal spielen? Musiktheoretisch ist es in Ordnung, und es gibt keinen auffälligen Schwachpunkt. «

»Vielen Dank!«

»Ich bedanke mich«, rief Frau Shigetō meinem Bruder nach, der freudig hinter Herrn Shigetō her ins Musikzimmer ging, und verbeugte sich leicht . . .

Ich half ihr, die Gewürze auf das Lamm zu streuen, sie hatte alles genau abgemessen, um es mir zu zeigen. Frau Shigetō bemühte sich um eine Fortführung des vorangegangenen Gesprächs über die *Niemande* und berichtete folgendes.

Ihre Verletzung wirkte noch nach, und sie schien leicht zu ermüden. Ich habe eine Zusammenfassung von dem, was sie bei der Arbeit erzählte, und auch meine Antworten in meinem *Familientagebuch* festgehalten.

»I-Ah wußte genau, daß ich am Schlüsselbein verletzt war, hat aber, da für ihn das Wort schöner klingt, ›Rippe‹ verwendet. Ich glaube, auf diesen Titel wären wir nie gekommen. Das ist I-Ahs Art, sich eine eigene Welt zu schaffen. Und doch schließt er sich nicht ab und hat einen offenen Zugang zur Außenwelt. Durch seine Musik und durch die Gespräche mit dir, Mā-chan. Ich finde das sehr schön.«

»Es freut mich, daß Sie das sagen, aber wenn ich darüber nachdenke, glaube ich, ich bin diejenige, die meinen Bruder immer in einen gesonderten Raum eingeschlossen hat. Der Grund dafür ist das, was Sie letztes Mal gesagt haben. Über den Raum, in dem ich meinen Bruder als Ausnahmemenschen behandele, anstatt als *Niemand*. Schon der Begriff ›Nichtsnutz‹ besagt, daß seine Besonderheit aus der Sicht von Außenstehenden unter den *Niemanden* steht. Es ist normal, daß ich I-Ah liebe, obwohl er behindert ist; damit bin ich aufgewachsen. Aber irgendwann einmal habe ich angefangen, seine Behinderung wie eine Fahne vor mir herzutragen.

Ich finde es jetzt immer noch angemessen, wenn wir uns der Gesellschaft gegenüber so verhalten. Aber ich habe mich zu sehr daran gewöhnt, I-Ah auch innerhalb der Familie als wundersames, interessantes Wesen zu betrachten, und anscheinend nichts unternommen, um meinen Bruder realistisch zu sehen. Ich habe die Tatsache nicht gesehen, daß mein Bruder, abgesehen von seiner Behinderung, auch ein *Niemand* ist. In der Gruppe habe ich bisher über die Selbständigkeit von Behinderten diskutiert, aber ich habe mir nie vorgestellt, mit einem selbständigen I-Ah zusammenzusein. Vor kurzem habe ich beobachtet, wie I-Ah auf der gegenüberliegenden Straßenseite Flugblätter an Fremde verteilt hat. Ich habe meinen Bruder noch nie aus solcher Entfernung betrachtet. Ich merkte, daß die Leute ihn, auch wenn sein Gesichtsausdruck zu naiv und seine Bewegungen zu langsam sind, wie einen normalen Menschen behandelten. Zum ersten Mal kam mein Bruder in direkte Berührung mit der Außenwelt, und zum ersten Mal erlebte ich ihn wirklich als gewöhnlichen *Niemand*, so empfinde ich es.«

»Ich glaube, das war nicht nur dein Eindruck. Die polnische Wirtschaftswissenschaftlerin hat doch ihr Flugblatt von I-Ah bekommen. Aus ihrem Brief geht hervor, daß sie ihn und den begabten Mathematikstudenten anscheinend für ein und dieselbe Person hält.«

»Hätte sie meinen Bruder genauer beobachtet, hätte sie seine Behinderung natürlich erkannt... Aber I-Ah hat gewiß auch etwas von einem gewöhnlichen *Niemand*.«

Frau Shigetō war plötzlich abwesend und hörte meiner stockend und mühsam hervorgebrachten Antwort nicht mehr richtig zu. Auch ich hatte bemerkt, wie ihr Mann die Tür des Musikzimmers öffnete und sich dann wieder ans Klavier setzte. Das ganz frische Werk »Rippe« erklang jetzt nicht mehr leise und gedämpft wie bisher, sondern klar und laut. Frau Shigetō schien durch ihre Bluse hindurch ihr noch eingegipstes Schlüsselbein zu kratzen und lauschte immer aufmerksamer dem Klavierspiel. Der Gedanke, daß I-Ah zurückgeblieben ist, ein *Niemand*, ja noch weniger als ein *Niemand*, aber dennoch ein interessanter Mensch, der mit etwas sehr Wundersamem ausgestattet ist – seiner »Rippe« –, steht vielleicht im Widerspruch zu meinen Worten von eben; aber dieser Gedanke schien nach und nach von der Musik aus mir herausgelockt zu werden.

Die Traurigkeit des Erzählens

Jetzt, da meine Eltern in Kalifornien sind, kann ich vor allem Vater mit einer natürlichen Distanz betrachten und über ihn nachdenken. Ein positives Erlebnis in der Beziehung zu ihm hatte ich, als ich *Momo* von Michael Ende las. Es gehörte zum Lehrplan meiner Mittelschule. Wir alle befanden uns in hellster Aufregung über dieses Buch, und unser Japanischlehrer, der es wohl für nötig hielt, unsere kindliche Begeisterung etwas zu dämpfen, sagte: »In Wirklichkeit geschieht es nie, daß ein kleines Mädchen die ganze Welt rettet.«

Gleich als ich aus der Schule kam, bedrängte ich Mutter, die in der Küche das Abendessen zubereitete, und beschwerte mich darüber. Da sie *Momo* noch nicht gelesen hatte, hielt sie sich zurück, aber Vater, der, auf dem Sofa im Wohnzimmer lesend, zugehört hatte, kam in die Küche, anscheinend um sich ein Glas Mineralwasser aus dem Kühlschrank zu holen, und bemerkte: »Ich glaube, daß schon oft ein Mädchen die ganze Welt gerettet hat. Das ist bloß nicht überliefert. Wahrscheinlich hat das Mädchen, das die Welt gerettet hat, selbst gar nicht richtig begriffen, was es getan hat. . . . Aber wenn dir beim Lesen von *Momo* im Bett das Herz klopft und du dir wünschst, die Welt zu retten, indem du den grauen Herren die Zeit wieder abjagst, dann ist das ein *Zeichen*. Ein *Zeichen* dafür, daß ein einziges Mädchen die ganze Welt retten kann. Solltest du einmal in die Lage geraten, die ganze Welt zu retten, denk daran, es mir zu erzählen, Mā-chan. Wenn du dich scheust, es mir zu erzählen, dann sag es I-Ah. Er ist ein noch besserer Zuhörer als Momo.«

In seinen ersten Briefen aus Kalifornien schrieb Vater etwas über Ende. Da ich mit ihm über *Die unendliche Geschichte* gesprochen habe, stellt der Autor Ende, so glaube ich, einen der seltenen Berührungspunkte zwischen mir und Vater dar.

»Wenn Eure Mutter und ich auf dem großen, unebenen Universitätsgelände spazierengehen und wir an Euch – I-Ah, Mā-chan und Ō-chan zu Hause in Tōkyō – denken, sehen wir viele Arten von Bäumen staunend zum ersten Mal, beispielsweise solche, die in Australien beheimatet sind. Dann erreiche ich manchmal einen friedlichen, entspannten Seelenzustand, ganz anders als mein übliches Gefühl, unter Druck zu stehen. So als betrachtete ich Euer Leben, das Ihr Tag für Tag so tapfer meistert, durch ein besonderes Prisma, während unser Leben im natürlichen Fluß des Alterns voranschreitet. Dabei spreche ich natürlich nicht nur von einer Vorstellung, denn Ihr führt ja tatsächlich ohne fremde Hilfe tapfer unseren Haushalt in Tōkyō. Dafür bin ich Euch sehr dankbar. Besonders Dir, Mā-chan.

Heute möchte ich Dir also einen langen Brief schreiben, und dabei sehe ich ein Bild von Dir vor mir – und genau darüber werde ich schreiben. Ich erinnere mich noch an ein Ereignis, als Du etwa drei Jahre alt warst. Du kannst Dich sicher nicht mehr daran erinnern, Du standest neben mir – ich lag wie üblich lesend auf dem Sofa – und drücktest mit einem verträumten Blick Deinen Bauch gegen meine angewinkelten Beine. Das ist mir als ein mystischer Augenblick im Gedächtnis geblieben, denn eine solche Zutraulichkeit zeigtest Du selten, da ich meist mit I-Ah beschäftigt war. Es gibt noch ein Bild. Du warst schon ein Teenager und mir noch fremder geworden. Ausnahmsweise kamst Du zu mir, um Dich über das Buch, das du gerade lasest, zu unterhalten. Du hattest *Die unendliche Geschichte* mit einem kupferfarbenen Seideneinband in der Hand. Früher hatte ich Dir einmal etwas zu *Momo* gesagt. Daher wußte ich gleich, daß Du in diesem Zusammenhang etwas besprechen wolltest. Du machtest Dir Gedanken über den Dialog zwischen der in die Enge getriebenen *Kindlichen Kaiserin* und dem *Alten vom Wandernden Berge* ›Willst du wirklich alles in die Hände eines Menschenkindes legen?‹ – ›Das will ich.‹

Aber Du hast mir keine Frage gestellt. Du hattest *Die*

unendliche Geschichte etwa bis zur Hälfte gelesen und mußtest anscheinend jemandem erzählen, was Dein Herz bewegte, denn Meister Ende gestaltet die Geschichte in der Mitte äußerst spannend. Offenbar wolltest Du lieber mit Deinem Vater, der selbst schreibt, darüber sprechen als mit I-Ah und fingst so an:

›Bastian, der bis dahin der Leser der Geschichte war, tritt doch schließlich in die Geschichte ein. Dabei gibt er der *Kindlichen Kaiserin* zur Rettung Phantásiens den neuen Namen ‹Mondenkind›. Eine Seite davor habe ich mir noch Sorgen gemacht, wie Bastian in die Geschichte hineinkommen könnte. Eigentlich dachte ich, es geht nicht. Aber als er den Namen ‹Mondenkind› ausruft und so nach Phantásien gelangt, kam mir das alles ganz natürlich vor. . . . Ich erkannte, daß eine Geschichte letztendlich ganz davon abhängt, wie sie erzählt wird.‹

›Ja‹, antwortete ich, ehrlich gesagt, ziemlich verblüfft. ›Das trifft möglicherweise auf alles Erzählte zu, nicht nur auf Geschichten. Aus der Sicht des Schreibenden glaube ich, daß es ganz darauf ankommt, wie das Erzählte vom Leser aufgenommen wird. Das ist das Entscheidende. Ich schreibe schon lange, und als ich jünger war, war ich mit den meisten Kritiken unzufrieden, aber wenn jemand sagt, er habe das Erzählte so und so empfunden, kann ich jetzt in der Regel meine eigene Geschichte darin wiederfinden – unabhängig von der darin enthaltenen Kritik.‹

›Ich wünschte, du hättest auch solche Leser wie Bastian für deine Erzählungen‹, sagtest Du mit jenem mystischen Blick, der mich an Dich, als Du drei Jahre alt warst, erinnerte . . .

Heute denke ich fast jeden Tag an diese Worte. Ich träume nun in Kalifornien von einem neuen Roman, und wenn ich wie Bastian werden könnte – ich habe keine schlanken Beine und bin etwas rundlich, daher bin ich fast wie Bastian in dieser Welt –, würde ich als Leser und Zuhörer meiner eigenen Geschichte lauschen, die ich jetzt zu erzählen beginne. «

Zu meiner Überraschung sollte Vater bald nach diesem

Brief für einen japanischen Sender mit dem Autor von *Momo* und *Die unendliche Geschichte* sprechen.

»Anläßlich einer großen Gedenkausstellung für den Maler Edgar Ende in San Francisco, der nach der Machtübernahme von den Nazis verfolgt wurde, kam sein Sohn Michael Ende nach Amerika, und wir sollten ein Gespräch führen. Ich schicke den Ausstellungskatalog mit, denn ich möchte, daß Du Dir seine Bilder, und sei es nur als Fotos, anschaust, Mā-chan. Im Protokoll eines Gesprächs, das ich zur Vorbereitung auf das Interview mit Ende gelesen habe, das übrigens wohl bald in Japan gesendet wird und etwas schwermütig geraten ist, habe ich folgenden Satz entdeckt.

›Gelingt es einem Betrachter, den Weg ins Innere eines Bildes zu finden und das Werk damit selber fortzuführen, dann sollten wir damit aufhören, alles Mögliche anzubieten und vorwegzunehmen, und ihn bei seiner Entdeckungsreise nicht stören.‹

Bei meinem Gespräch mit Ende fiel mir ein, was Du, abgesehen von dem, worauf ich in meinem letzten Brief einging, gesagt hast. Das war es also, was Du beim Lesen der *Unendlichen Geschichte* dachtest. Bastian, der nach Phantásien kam, verlor rasch die Erinnerung an unsere Welt. Jedesmal wenn er in der neuen Welt einen Wunsch erfüllt bekommt, vergißt er ein Stück von der alten Welt, aber er selbst merkt nicht, wie er vergißt.

Du warst der Auffassung, in eine neue Welt hineingeboren zu werden und sein Selbst in der alten Welt ganz vergessen zu haben sei dasselbe, wie völlig ausgelöscht zu sein, und wenn man sich dessen in der neuen Welt nicht bewußt sei, könne man genauso gut auch tot sein – das fandest Du beängstigend.

Ich habe Dir zwar zugehört, bin aber aus irgendeinem Grund nicht richtig darauf eingegangen. Die Frage nach dem, was nach dem Tod kommt, wie Du sie Dir gestellt hast, weckt in mir, wenn ich jetzt darüber nachdenke, seltsamerweise Erinnerungen an die Ängste meiner eigenen Kindheit.

Ich habe Dir nur teilweise geantwortet, und heute tut es mir so leid, daß es mich fast deprimiert; ich war wahrscheinlich zu feige.

Mā-chan, was ist jetzt aus der Problematik der Wiedergeburt geworden, die Du damals entdeckt hattest? Ich hoffe, daß Deine Einstellung etwas positiver geworden ist.«

Damals hatte ich tatsächlich den ganzen Tag an die Schrecklichkeit des Todes gedacht, auch wenn das ganz kindische Gedanken waren. Wie ich jetzt von Shigetōs erfahren habe, war dies auch Vaters Problem in seiner Jugend gewesen. Meine Angst vor dem Tod verbinde ich mit Vaters Verhalten, nachdem Professor W. gestorben war. Zu der Zeit hatte er sich fast jeden Abend bis spät in die Nacht betrunken, mit rotem Gesicht dagesessen und geweint. Solange Vater so vor sich hin trank, leistete Mutter ihm keine Gesellschaft und zog sich immer sehr früh ins Schlafzimmer zurück. Ich hatte mein Bettzeug neben ihrem Bett ausgebreitet und konnte nicht einschlafen, wenn Vater angetrunken in der Küche rumorte. Es empörte mich, daß auch Mutter am Schlafen gehindert wurde. Eines Tages sagte sie in ziemlich strengem Ton zu ihm, er möge doch in sein Arbeits- und Schlafzimmer gehen. Daraufhin versuchte Vater zweifellos, sich zusammenzunehmen, aber seine Antwort klang merkwürdig verzerrt.

»Irgendwann einmal hat Professor W. gesagt. . . ›Ich habe jetzt mehr Freunde im Jenseits, deshalb ist mir das Jenseits näher als das Diesseits, und ich fürchte den Tod nicht. Wenn nur die furchtbaren Schmerzen nicht wären. . .‹ Er litt unter großen Schmerzen, da er Lungenkrebs hatte.«

Ich wußte mir keinen Rat und steckte den Kopf unters Kissen. Als meine Mutter wiederkam, schlief ich schon. Beim Lesen der *Unendlichen Geschichte* fiel mir dieser Abend ein, und ich löcherte Vater ohne Rücksicht auf seine Verlegenheit mit Fragen, was ich selten tat.

»Du hast also gehört, was ich nach Professor W.s Tod mit Mama über den Tod und seine Qualen gesprochen habe, Mā-chan? . . . Damals hegte ich nur eine unbestimmte Furcht vor einem schmerzhaften Tod. Zunächst beängstigte mich nur, daß Professor W. so qualvoll gestorben war. Eigentlich bestand meine Angst jedoch eher in der Vorstellung, vom Tod ausgelöscht zu werden.«

»Meine auch.« Offen gesagt, kann ich nicht gut mit Vater reden, aber ermutigt durch *Die unendliche Geschichte* in meiner Hand, fragte ich doch, was ich fragen mußte: »Ich habe Angst, mich in Nichts aufzulösen, wenn ich sterbe. Meine Freundin hat gesagt, sie fürchtet sich davor, vor ihrer Geburt Millionen von Jahren Nichts gewesen zu sein.«

»... Wirklich. Ich selbst denke jetzt gar nicht mehr so viel darüber nach. Mit zunehmendem Alter schwindet die Angst davor, sich aufzulösen. Ich weiß keinen klugen Rat, mit dem ich dich aufmuntern könnte. Während der ganzen Menschheitsgeschichte, wenn man in diesen Dimensionen spricht, wurde immer über die Wiederkehr der Toten nachgedacht...«

»Wenn man wiederkommt und hat aber alles Frühere vergessen, ist es doch das gleiche, als wäre man ausgelöscht. So ist es bei Bastian in der *Unendlichen Geschichte*.«

Heute erweckt aber der Gedanke an eine Wiedergeburt in mir den Wunsch, ein ganz neuer Mensch zu werden, der nichts mehr von seinem alten Ich weiß – oder ein neues Tier oder eine Pflanze, jedenfalls ein lebendiges Wesen. Ich bin nicht mehr der Ansicht, daß sein Ich zu vergessen und ausgelöscht zu werden dasselbe bedeutet. Es ist eher ein angenehmes Gefühl, im jetzigen Leben keine Vorstellung von seiner nächsten Wiedergeburt zu haben und nach der Wiedergeburt nichts mehr von dem vorangegangenen Leben zu wissen...

Existiert eine solche Wiedergeburt, so erinnern I-Ah, Ō-chan und ich uns nicht an die vielen Leben, die wir vor diesem durchlebt haben. Und nach diesem Leben werden wir noch weiteren, nicht voraussehbaren Leben begegnen. Wenn es so ist, kann ich nicht glauben, daß es einen tieferen Sinn hat, wenn meine Familie sich wegen eines unglücklichen und nicht mehr rückgängig zu machenden Zufalls quält, aufgrund dessen das Gehirn meines Bruders in seinem jetzigen Leben beschädigt ist.

Als Vater I-Ahs im Selbstverlag herausgegebene Noten an seine Bekannten verteilte, behaupteten mehrere, sie hätten in dieser Musik einen mystischen Klang vernommen, der die Grenzen des Menschlichen überschreite. Wie üblich behielt ich meine Meinung für mich, fand aber diesen Eindruck sentimental. Als mein Bruder »Sommer in Kita-Karuizawa« und »Requiem für M« zu schreiben begann, hatte er sich genau überlegt, was er mit jedem Stück ausdrücken wollte. Die entsprechenden Techniken hatte er sich Schritt für Schritt beim Hören von Radio und Schallplatten und natürlich durch die geduldige Unterweisung von Frau T. angeeignet. Doch auch wenn er seine Werke nicht wie ein normaler Musiker beredt erläutern konnte, war er nicht von einer himmlischen Kraft inspiriert; er komponierte eine sehr irdische, menschliche Musik mit eben deren Motiven und Grammatik.

Nachdem Vater einige Jahre in seinem Arbeitszimmer oder im Wohnzimmer auf dem Sofa mit der Lektüre von Blake verbracht hatte, verfaßte er nun eine Reihe von Kurzgeschichten, durchwirkt von Bildern aus Blakes *Prophezeiungen* und einschneidenden Ereignissen in I-Ahs Entwicklung. Auch Ō-chan und ich traten als Figuren darin auf. Ich sagte zu Ō-chan: »Auch wenn es gut gemeint ist, stört es mich, aus einer einseitigen Perspektive beschrieben zu werden. Gegenüber den Freunden, die mich schon kennen, macht es mir nichts aus, aber es deprimiert mich, wenn die Leute, denen ich in Zukunft begegnen werde, mir gegenüber Vorurteile haben.«

»Macht doch nichts, es sind doch nur Geschichten«, erwiderte der vernünftige Ō-chan.

Keiner von uns beiden hatte die Erzählungen ganz gelesen, aber eine Mutter aus dem Behindertenkreis mit einer Tochter, die Gehirnlähmung hatte und um die ich mich vor zwei Jahren gekümmert hatte, empfahl mir, die letzte Geschichte des Buches zu lesen. Mehr noch als die Erzählung selbst faszinierten mich Blakes Gedichte, die mein Vater übersetzt und zitiert hatte.

Dabei fällt mir ein, daß Vater an dem Tag, an dem er den Erzählzyklus vollendete, ein Loch im Garten aushob und den Stapel von Karteikarten, die er für seine Notizen bei der Lektüre von Blake benutzt hatte, darin verbrannte. Als meine Mutter fragte, ob er nicht zumindest die Übersetzungen von den Gedichten aufheben wolle, antwortete mein Vater, nachdem er eine Weile überlegt hatte: »Aus der Sicht von Fachleuten wimmelt es bestimmt von Fehlern.« Bei diesem »Familienereignis« stocherte ich eifrig mit einem Ast in den Karten, so daß die Flammen hochschlugen.

Jesus antwortete: ›Albion, fürchte nichts – denn stirbst du nicht, kannst du nicht leben;
Sterbe ich, dann werd ich auferstehen, und du mit mir.
Das ist Freund- und Bruderschaft; ohne sie ist der Mensch ein Nichts.‹
So sprach Jesus, und durch die Finsternis heran schwebt der Wächtercherub
überschattet beide, und Jesus spricht: ›Das tun die Menschen ewiglich und immer wieder
einer für den anderen, um durch Vergebung aller Sünden bar zu sein‹

In seiner Erzählung erwähnte Vater, daß dieses Gedicht ein Teil der *Prophezeiungen* mit dem Titel *Jerusalem* sei. Daher nahm ich in seiner Bibliothek im ersten Stock aus dem Blake-Regal einen großen Faksimile-Band und schaute mir eine von Blakes Illustrationen an. Von der tiefschwarzen Fläche des Bildes hoben sich die Umrisse eines hellen Baumes ab. »Der Lebensbaum.« An ihn ist Jesus geschlagen. Albion, der an seinem Fuße steht und den Worten Jesu lauscht, scheint die ganze Menschheit zu symbolisieren. Ich las diesen Abschnitt so oft, bis ich ihn fast auswendig konnte, und schlief dann ein. Ich träumte, ich stünde an Albions Statt unter dem Baum –

das war natürlich ein bißchen vermessen, aber auch ich bin ja
ein Teil der Menschheit. In meinem Traum konnte ich Jesus
jedoch vor lauter Ehrfurcht kaum richtig sehen. Die Umrisse
des Baumes, der einen Platinschimmer hatte, hoben sich von
der Dunkelheit ab. *Sterbe ich, dann werd ich auferstehen, und
du mit mir,* sprach Jesus, und der Wächtercherub flog ganz
selbstverständlich im Dämmerlicht herbei und warf seinen
dunklen Schatten auf mich. Mir fiel sein anmutiges Verhalten
auf, und ich hob, von der vertrauten Form des Schattens ge-
leitet, den Blick. In der Luft schwebte, ein Lachen unterdrük-
kend, I-Ah, dem Flügel gewachsen waren.

Unzählige Male schon war Jesus gestorben und wieder
auferstanden, und jedesmal war mein Bruder dabeigewesen.
Deshalb benahm er sich wohl so selbstverständlich, dachte
ich. Als ich Mutter in der Küche von diesem Traum erzählte,
hörte auch Vater, der im Wohnzimmer auf dem Sofa las, aufmerksam zu – vielleicht wollte ich ihm auf diese Weise von
dem Traum, der ja auf Blake zurückging, erzählen. Er sprach
mich an:

»Die Vorstellung, daß Jesus immer wieder auf die histori-
sche Welt kommt, das heißt eine Welt, in der die Zeit
herrscht, wird von den Christen nicht akzeptiert. Paß also
auf, wenn du mit Freunden sprichst, die gläubig sind, denn
für gläubige Menschen ist das eine bedeutsame Frage, Mā-
chan.«

Danach konnte ich eine Zeitlang sonntags morgens auf
dem Weg zum Treffen der freiwilligen Helfer für Behinderte
an der Universität nicht mit erhobenem Kopf an den Leuten
vorbeigehen, die sich vor der Kathedrale versammelt hatten.
Meine Freundinnen, die mich von unserem Treffpunkt aus
beobachteten, wunderten sich: »Was ist los, Mā-chan? Du
siehst aus wie eine reuige Sünderin!«

Auf Vaters Brief folgte bald ein weiterer. Offenbar setzte
er sich mit der Problematik der Auferstehung auseinander,
die auch mich beschäftigte.

»Ō-chan und Du, Ihr habt *Stalker* im Nachtprogramm

aufgenommen und gesehen; wir haben hier kein Videogerät und können den Film deshalb nicht anschauen. Ich habe mir vorgenommen, das Original zu lesen. Ich war in einer Buchhandlung in San Francisco, die auf englische Übersetzungen russischer Romane spezialisiert ist. Leider hatten sie das *Picknick am Wegesrand* der Brüder Strugatzki nicht, aber sie hatten einen Roman des modernen sowjetischen Schriftstellers Aitmatow, der die Kreuzigung und Auferstehung Jesu thematisiert. Ich schicke den Roman mit getrennter Post, bitte gib ihn Herrn Shigetō. Möglicherweise hat er ihn bereits auf russisch gelesen.

Aitmatow beschreibt die philosophische Dimension der Kreuzigung Jesu in seinem Roman anhand des Dialogs mit Pontius Pilatus. In den Romanen von Bulgakow und in Dostojewskis *Großinquisitor* tauchen die gleichen Ideen auf, anscheinend spricht dieses Konzept die russischen Autoren an. Seit dem Tod und der Auferstehung Jesu sind jedoch 2000 Jahre vergangen. Aitmatows Held ist ein moderner junger Mann, der Jesus Christus nicht im Sinne der Kirche verehrt, sondern sich dafür einsetzt, daß er nicht umsonst gestorben ist – eine Geschichte, wie sie zu allen Zeiten geschehen kann. Der junge Mann wird von Leuten, die in entlegenen Gegenden Rußlands Elche jagen, an einem Baum erhängt. Fleischfabriken haben diese Männer aus den Städten angeheuert, und ihre Brutalität unterscheidet sie von den Einheimischen. Das ist in Grundzügen die Geschichte.

Davor hatte sich der junge Mann einer Gruppe angeschlossen, die eine verbotene Pflanze mit halluzinogener Wirkung sammelt. Er arbeitete an einem Tatsachenbericht für eine Zeitung, aber er wird entlarvt und vor einen fahrenden Güterzug gestoßen. Die beiden Erfahrungen von ihm werden als ein Nachvollziehen des Lebens und Sterbens Jesu aufgefaßt. Im Roman wird die Kreuzigung und Auferstehung Jesu dreimal verarbeitet. Mit anderen Worten: der junge Mann erweckt die Passion Christi zweimal als eigene Erfahrung und einmal gedanklich zu neuem Leben.

Denkt man darüber nach, so erscheint es nicht mehr angebracht, daß Schriftsteller der Gegenwart das große Thema der Kreuzigung und Auferstehung als einziges Leitmotiv einer Erzählung verarbeiten.

Dabei übergehen sie die Geschichte und schildern Menschen, die – vor dem Hintergrund der Leiden Christi – diese Erfahrung synchron erleben. Sie zeichnen den Tod und die Auferstehung Jesu nach. Dies ist eine Erzähltechnik, die zwar aus einer Ratlosigkeit entstand, aber vielleicht weist sie eine Parallele zur Psychologie gläubiger Menschen auf.

Ich selber schreibe keine Romane, die sich mit metaphysischen Dingen beschäftigen; die Wirksamkeit dieser Technik habe ich durch die Lektüre hervorragender Werke kennengelernt. Jetzt wollte ich wieder einmal den Roman eines Asiaten – Aitmatow ist nämlich Kirgise – lesen und mich damit auseinandersetzen. . . . So, nun ist mein Brief endgültig zum Monolog eines Schriftstellers im bequemen ausländischen Exil geraten. Bei Deinem Problem habe ich Dir damit wohl nicht sehr geholfen, Mā-chan.«

In Anbetracht dieses Verhältnisses zwischen Vater und mir verwundert es wahrscheinlich etwas – so wichtig ist es nun zwar auch wieder nicht –, daß ich ausgerechnet Romanistik studiere. Obgleich ich eigentlich keine Beziehung zur Literatur habe, habe ich dieses Studienfach unabhängig von meinem Vater aus eigenem Entschluß gewählt. Vielleicht wird es noch verwirrender, wenn ich erzähle, daß der Grund dafür ebenso wie das Thema meiner Abschlußarbeit Céline war. Der für meine Arbeit zuständige Professor sagte mir ganz offen, daß ich dem sehr umgangssprachlichen Französisch Célines nicht gewachsen sein würde. Er befürchtete außerdem, eine Tochter der modernen Wohlstandsgesellschaft sei unfähig, die Gefühlswelt und Denkweise Célines zu begreifen. Seine Antwort klang zwar barsch, aber er hatte die Absicht, mir einen objektiven und überdies pädagogischen Rat zu geben.

Dennoch nahm ich mir vor, vom Ende meines zweiten Studienjahres an jeden Tag Céline zu lesen. Eine von den älteren Magisterstudentinnen wußte, daß ich nach und nach Karteikarten anlegte, und machte giftige Bemerkungen. »So so, Céline, ein unbedarftes höheres Töchterchen macht auf diabolisch – wie süß!« Ich antwortete ausweichend, daß ich weniger Céline als Katzen mochte, und versuchte, Ausdrücke über Katzen bei Céline zu sammeln.

Mein Ansatz stand von Anfang an fest. Es waren die Kinder, die Céline *nos petits crétins* nennt, die Kinder, die trotz ihres erbärmlichen Daseins mit der Kraft der Verzweiflung durchhalten. Ich war an der Universität als freiwillige Helferin in der Pflege behinderter Kinder engagiert. Da die Leute, die ich dort kennenlernte, alle in einer sehr schwierigen privaten Situation lebten, sprach ich weder mit meiner Familie über sie, noch schrieb ich etwas in mein *Familientagebuch*. Das möchte ich auch jetzt beibehalten. Jedenfalls lernte ich die Kinder, ihre Angehörigen und auch die freiwilligen Helfer von anderen Universitäten kennen. Dabei gelang es mir, mein schüchternes, zurückhaltendes Wesen, das immer so leben wollte, *als wäre ich nicht vorhanden*, ein wenig abzulegen... Außer durch meine Erfahrungen in der Behindertenpflege besitze ich durch I-Ah einen Schlüssel zur Welt dieser Kinder.

Es überraschte mich, in Célines lebendig geschriebener Episode über die *petits crétins* bei jedem Lesen ein neues Wort zu entdecken. Mehr noch als bei der Behandlung der Kinder bedient er sich in seiner Ausdrucksweise gewollt bösartiger Übertreibungen. Meiner Erfahrung nach kriegen die Gesunden bei uns dagegen den Mund nicht auf, verhalten sich aber erstaunlich brutal gegenüber behinderten Kindern. Braucht ein behindertes Kind auf einer Bahnhofstreppe Hilfe, provoziert es damit zuweilen automatisch ein diskriminierendes Verhalten. Im Gegensatz dazu muß Céline ein Mensch gewesen sein, dem solche Brutalitäten völlig *fremd* waren.

Ich wollte mich hauptsächlich mit den Kindern und dem Kater Bébert in *Rigodon* beschäftigen. Für die Vorbereitung des größeren Rahmens meiner Arbeit schrieb ich Auszüge auf Karteikarten und fügte meine eigene Übersetzung hinzu.

Kommt nicht in der folgenden Stelle Célines gütige Ernsthaftigkeit zum Ausdruck? Der Begriff *nos petits crétins*, den ich schon erwähnt habe, fiel mir in diesem Zusammenhang zuerst auf. » . . . *nos petits crétins* haben sich eingerichtet, sie brauchen uns nicht mehr, Schweden sind sie nun, sabbernd, stumm, taub . . . ich stelle sie mir in dreißig Jahren vor, wenn sie noch leben, werden sie größer sein als jetzt . . . vielleicht werden sie auch nicht mehr sabbern, gut hören, vollkommen rehabilitiert sein . . . die Alten haben keine Hoffnung, nicht wahr? Aber die Kinder alles . . . «

Ich habe nicht die Fähigkeit, den französischen Stil zu beurteilen, aber an Céline gefällt mir seine Art, eine ernste Problematik leicht und offen darzustellen – die ganz im Gegensatz zu meinen anfänglichen Erwartungen steht. Vor einiger Zeit übersetzte ich bis zum späten Abend an diesem Teil, den ich in meine Kartei eingetragen hatte, und merkte nicht, daß Vater neben mir stand. Das trug außerdem dazu bei, daß ich die betreffende Karte besonders gut im Gedächtnis behielt. Vater rührt zwar meine Post nicht an, aber er versucht sofort, die Bücher, die ich gerade lese, oder meine Karteikarten in die Hände zu bekommen. Dieses Verhalten hat mich schon im Kindergarten gestört. An diesem Tag saß ich also am Eßzimmertisch und exzerpierte. Vater griff nach einigen meiner Karteikarten und sagte: »›Die Alten/*des vioques* haben keine Hoffnung, nicht wahr? aber die Kinder/*des mômes* alles . . .‹, hmm? So ist es wirklich.« Seine Stimme klang merkwürdig ehrlich und einsam.

Daher schaffte ich es nicht, ein Gesicht zu ziehen, obwohl er einfach meine Karteikarten gelesen hatte.

Am folgenden Tag nahm Vater jedoch die ihm besonders teure Pléiade-Ausgabe der Céline-Romane Band I und II aus dem Regal – er wolle sie mir schenken, weil der Anhang und die Anmerkungen sehr hilfreich für das Verständnis der umgangssprachlichen Ausdrücke und der Schlüsselfiguren seien. Er sagte, ich könne, wenn nötig, auch den dritten Band und einige andere Arbeiten einsehen. Von meinem Taschengeld zwei Bände der Pléïade-Ausgabe zu kaufen hätte auf jeden Fall meine Möglichkeiten überstiegen, deshalb war ich aufrichtig dankbar.

Der eigentliche Auslöser für mein Interesse an Céline war die Begegnung mit einem amerikanischen Autor in Vaters Auftrag. Auch wenn ich mich für unabhängig von ihm halte, gibt es dennoch vieles, das mich mit ihm verbindet.

Als ich in die zweite Klasse der Oberschule ging, besuchte der in Amerika sehr bekannte Autor K.V. Japan. Vater war sein Gesprächspartner in einem Fernsehinterview, und die Aufzeichnung wurde in einer Literaturzeitschrift veröffentlicht. K.V. spendete sein Honorar der Klinik für Strahlenkranke in Hiroshima. Der Verlag reagierte mit entsprechender Großzügigkeit und zahlte ein höheres Honorar als üblich. Ich sollte K. V. das Geld, das er dann wiederum spenden würde, in einem Umschlag aus Japanpapier aushändigen. Vater hatte es nichts ausgemacht, zwischen ihm und der Klinik für Strahlenkranke zu vermitteln, aber die Übergabezeremonie war ihm peinlich, wie er sagte, also ging ich hin, um den Umschlag zu überbringen. Als ich mit den Verlagsleuten in der Lobby wartete, trat K. V. aus dem Aufzug. Er war groß und hatte ein markantes, liebenswürdiges Gesicht wie ein Wissenschaftler aus einem Comic. Als ich den Umschlag wieder von K. V. entgegennahm, sagte ich meinen auf englisch einstudierten Satz: »Wir werden eine Quittung an Ihren Verlag in Amerika schicken.« Das Wort »receipt« war mir zu banal erschienen, daher verwendete ich selbstgewiß das Wort »voucher«, das ich im japanisch-englischen Wörterbuch nachgeschlagen hatte. Für K. V. klang das wohl komisch; er lachte zwar nicht, aber seine großen Augen funkelten lebhaft.

Darauf ging K. V. in einen Laden in einer Ecke der Lobby und suchte nach Taschenbuchausgaben seiner eigenen Werke, konnte aber keine entdecken. »Der Laden hat wirklich eine gute Auswahl an Büchern«, sagte er bedauernd und mit komischem Ernst. Die Verlagsleute und ich lachten. Vor dieser Begegnung hatte ich von meinem Vater ein Penguin-

Taschenbuch mit einem Vorwort von K.V. bekommen und ließ es von ihm signieren. In dem Vorwort war ein Grabstein abgebildet, der an die Kritzelei eines kleinen Jungen erinnerte. Im gleichen Stil zeichnete K.V. neben seine Unterschrift ein Mädchen, das ein kleines Schild vor sich hertrug, auf dem »voucher« stand. Auf den Grabstein waren nebeneinander das Pseudonym des Autors, sein richtiger Name als Arzt und sein Geburts- und Todesjahr eingemeißelt:

LOUIS-FERDINAND CÉLINE,
LE DOCTEUR DESTOUCHES/1894-1961.

Unter dem Eindruck, daß K. V. ein freundlicher, kultivierter Amerikaner war, trug ich das signierte Buch gewissenhaft nach Hause. Nachdem ich meinem Vater einen kurzen Bericht und den Umschlag mit dem Geld gegeben hatte, schilderte ich meiner Mutter in der Küche meinen Eindruck. Mein Vater, der sofort mit den Vorbereitungen für die Überweisung des Geldes nach Hiroshima begonnen hatte, hörte mit und sagte erfreut: »K.V. ist wirklich *decent.*« Ich las das Vorwort zu dem von K.V. signierten Buch und fand das englische Wort, das mein Vater verwendet hatte, sehr passend.

Der folgende Abschnitt am Ende des Vorworts erweckte in mir den Wunsch, Céline zu lesen. K.V. erwähnte eine Arbeit über einen ungarischen Arzt aus dem 19. Jahrhundert mit dem Titel *La vie et l'Œuvre de Philippe Ignace Semmelweis*, die Céline 1924 als Docteur Destouches geschrieben hatte. »Diese Arbeit wurde in einer Zeit geschrieben, in der medizinische Abhandlungen noch schön und literarisch waren, da man die Medizin wie eine Kunst praktizieren mußte, denn die Unkenntnis über den menschlichen Körper und seine Krankheiten war groß.«

Der junge Destouches beschrieb die Mediziner in einem Geiste, der der Heldenverehrung gleicht. Semmelweis setzte sich dafür ein, die Verbreitung des Kindbettfiebers auf der Entbindungsstation eines Wiener Krankenhauses einzudämmen. Die Opfer dieser Krankheit waren in der Hauptsache

Arme. Zu jener Zeit entbanden die Frauen, die eine anständige Wohnung hatten, lieber zu Hause.

»Auf einigen Stationen war die Todesrate sensationell hoch. 25% oder mehr. Semmelweis vermutete, daß die Medizinstudenten die Mütter auf dem Gewissen hatten. Denn nachdem sie bakterienzerfressene Leichen seziert hatten, gingen sie oft direkt auf die Station. Er bewies seine Vermutung, indem er die Studenten dazu anhielt, sich die Hände mit Wasser und Seife zu waschen, bevor sie die Gebärenden berührten. Die Todesrate sank.

Aber der Neid und die Ignoranz seiner Kollegen führten zu seiner Entlassung. Die Sterberate stieg wieder an.

Hätte Destouches es nicht schon durch seine von Armut gezeichnete Jugend und seine schwere Militärzeit erfahren, so hätte er gewiß an diesem Beispiel gelernt, daß der Lauf der Welt wohl eher von der Eitelkeit als von der Weisheit bestimmt wird.«

Als ich mich sofort nach dieser medizinischen Abhandlung erkundigte, war Vater offensichtlich überrascht, schien sich aber auch über seine eigene Überraschung zu amüsieren. Das war nur natürlich, da ich damals noch kein Französisch konnte. Vermutlich war ihm danach, mir die kostbare Pléiade-Ausgabe zu geben, weil er sich an damals erinnerte. Als er davor einmal in Frankreich zu tun gehabt hatte, hatte er mir das bei Gallimard erschienene Buch *Semmelweis (1815–1865)*, *thèse* mitgebracht. Ich stellte es ungelesen ins Regal, aber so gesehen, hat Vater meine Frage ganz bestimmt ernst genommen. Damals studierte ich bereits Romanistik und hätte die Abhandlung, die mein Vater eigens für mich gekauft hatte, einigermaßen bewältigen können, wenn ich mir Mühe gegeben hätte, aber aus psychologischen Gründen las ich sie nicht. Einmal litt ich unter Alpträumen, verursacht von der von K. V. erwähnten Abhandlung. Darin berührten Hände Leichen, die von Bakterien, wie kleine, mit bloßem Auge sichtbare Würmer, zerfressen waren, und die Finger glänzten von schwarzem Blut und feuchtem Eiter. Arme, die aussahen wie die Arme der Gynäkologen in Fernsehspielen, kamen ohne Gummihandschuhe zwischen meinen angewinkelten Knien auf mich zu . . .

In einem anderen Traum kamen zwar die Hände nicht vor, aber auf dem Hinterkopf von I-Ah, der als neugeborenes Baby auf dem Operationstisch lag, wimmelte es von Bakterien, die aussahen wie Pantoffeltierchen . . . Wenn es mein eigenes Unterbewußtsein war, das solche Träume hervorbrachte, dann war ich, die ein solches Unterbewußtsein hatte, eine widerliche Person. Abgesehen von dem Schock über die Träume, überwältigte mich ein derartiger Selbsthaß, daß ich am ganzen Körper zitterte. Jedenfalls war das Vorwort der Grund, weshalb ich anfing, Céline zu lesen und außerdem das Fach Romanistik an der Universität wählte.

Ich beabsichtigte, *Rigodon* zum Thema meiner Abschlußarbeit zu machen. Célines Beziehung zu *nos petits crétins* war nicht von der sonst üblichen Sentimentalität getränkt. Er schloß die Bedauernswerten nicht voll Mitleid in die Arme, sondern er tat sein Möglichstes, seine Kenntnisse als Arzt für diese Kinder einzusetzen. In dieser Notlage kämpften die Kinder trotz ihrer Behinderung genauso tapfer wie er. Das gefiel mir ausgezeichnet.

Deutschland, Ende des Zweiten Weltkriegs. Die Eisenbahnen sind durch Luftangriffe der Alliierten bereits fast lahmgelegt, und es herrscht ein heilloses Durcheinander von Flüchtlingen. Das ist der Hintergrund, vor dem sich der Roman im wesentlichen abspielt. Als Nazi-Kollaborateur verschrien – die Vorwürfe der Résistance während des Krieges und die Kritik der öffentlichen Meinung in Frankreich danach haben sich bis jetzt nur hinsichtlich seines Antisemitismus als zutreffend erwiesen –, konnte Céline weder nach Frankreich zurück noch in Deutschland bleiben. Bei dem Versuch, in die Schweiz und nach Dänemark auszureisen, fuhr er, wie bei einem *Rigodon* im Kreise tanzend, kreuz und quer durch Deutschland. Seine Frau Lili, der Kater Bébert und sein Freund, der Schauspieler La Vigue, begleiten ihn.

Sie kommen mit dem nackten Leben davon, denn während der wiederholten Bombenangriffe auf den Zug ist ein etwas dubioser deutscher Offizier ihr dünnes Rettungsseil. Céline schreibt, wie aus der Gegenwart plaudernd, über die Einzelheiten ihrer Irrfahrt und seine Gefühle. Tatsächlich lebt er, während er 1961 den Roman schreibt, in dem er seine Empfindungen so unmittelbar schildert, in Frankreich auf dem Lande. Es heißt, am Tag, nachdem er seinen Roman mit den charakteristischen Punkten... beendet hatte, sei er gestorben. Ich finde Célines Schreibweise äußerst egozentrisch. Außerdem war er besessen von einem fanatischen, wahnhaften Drang zur Selbstrechtfertigung. Aber gerade dieses Ich übt eine lebhafte Anziehungskraft aus, wie sie typisch für das Werk eines großen Schriftstellers ist...

Céline, der nur mit dem Ziel, sein Leben und das seiner Gefährten zu retten, umherirrt und Flüche und Haßtiraden versprüht, vermag jedoch angesichts des zufällig entdeckten Säuglings oder der *nos petits crétins* nicht gleichgültig zu bleiben. Das ist wahrscheinlich eher gegen seine Natur, dennoch schreibt er so ergreifend, daß es einem zu Herzen geht. Ich fühlte mich von *Rigodon* angesprochen. Auch wenn mich ein Satz wie »so so, Céline, eine unbedarfte höhere Tochter macht auf diabolisch, wie süß« entmutigt und kränkt, habe ich doch auf meine Art eine Stütze, an der ich mich wieder aufrichte. Ich könnte solchen Leuten spitz entgegnen, daß sie ja Céline gar nicht richtig gelesen haben...

Als Céline, seine Frau, seine Katze und sein Freund nicht mehr ein noch aus wissen, finden sie in einem Dorf auf einem Bauernhof Zuflucht. Sie haben ein *permit* vom Reichsbevollmächtigten, das jederzeit seine Gültigkeit verlieren kann, über Dänemark auszureisen. (Ich nahm mir vor, die konkrete Bedeutung von »Reichsbevollmächtigter« in der Universitätsbibliothek nachzuschlagen.) Sie können gerade noch auf einen offenen Güterzug springen, der von der Artillerie geschützt wird, aber unterwegs müssen sie den Zug, der von Berlin nach Rostock fährt, wieder verlassen. Zusammen mit

Flüchtlingen aus Berlin sind sie gezwungen, einen anderen Zug zu suchen. Céline erhält die Information, daß die französische Vichy-Regierung indessen nach Sigmaringen nahe der Schweizer Grenze gegangen ist, und beschließt, sich unter die Leute zu mischen, die von dort nach Frankreich zurückkehren . . .

Auch der Zug, mit dem sie nun fahren und der über Leipzig nach Ulm gehen soll, wird bombardiert. Nur durch die Flucht in einen Tunnel entkommen sie dem Feuertod durch eine Phosphorbombe. Als Céline in diesem Zug ein in Säuglingskleider eingewickeltes, zurückgelassenes Baby entdeckt, kümmert er sich darum. Es gibt weder Milch noch Windeln, aber er muß irgend etwas für das Baby tun.

»Alles leer . . . Keiner da! . . . Doch! Auf dem Sitz in der Mitte liegt ein eingepacktes Kind! . . . Keinen Monat alt . . . es schreit nicht . . . seine Mutter hat es da abgestellt . . . ich geh mal rein . . . und gucke . . . nicht übel . . . es ist nicht krank . . . wirklich noch ein Säugling . . . und jetzt?«

Vielleicht geht das aus meiner ungelenken Übersetzung nicht hervor, aber Céline oder besser gesagt der Arzt Destouches findet ein Baby, das zurückgelassen wurde, und nimmt sich seiner an. Bald darauf gibt er es in die Hände vertrauenswürdiger Menschen. Als ich diese Schlüsselszene auf französisch auf eine Karteikarte übertrug, durchströmte mich eine Wärme – wegen seiner spontanen Reaktion, als er das Kind findet, wegen seiner ärztlichen Fürsorge, wegen seines Wunsches, dem Kleinen irgendwie zu helfen. Célines Gebrauch der Auslassungspunkte . . . erscheint mir hier überaus natürlich. Ich stelle mir einfach vor, ich wäre das Baby. Sein hundeähnliches Gesicht würde mir einen Schreck einjagen, aber ich würde von einem aufrichtigen, freundlichen Mann gefunden und in den erfahrenen, großen Händen eines Arztes gehalten – wie froh wäre ich!

Die alptraumhafte Zugfahrt endet immer wieder in einer Sackgasse, und Céline begegnet auf dieser Reise mit Hindernissen *nos petits crétins*. Ohne zu zögern, nimmt er sie alle in seine Obhut. Es ist das gleiche wie bei dem Baby, man muß es seiner angeborenen Natur zuschreiben. Kurz zuvor war er in Ulm, das nicht zerbombt war, ausgestiegen. Als er den Fußweg vor dem Bahnhof entlanggeht, begegnet er einem spitzbärtigen Alten, der sich als Feuerwehrhauptmann ausgibt. An diesem wunderschönen, klaren Maimorgen steigt er sogar in den dritten Stock des Bahnhofsgebäudes und untersucht den splitternackten, nur mit einem Helm bekleideten Feuerwehrmann. Er ist auf einen Streich des kindischen Alten hereingefallen. Aber dennoch wird es ihm nicht zuviel. Auch nach diesen Erlebnissen lehnt Céline es nicht ab, *nos petits crétins* zu helfen, obwohl er bei einem Bombenangriff eine Kopfverletzung davongetragen hat.

Und so fing es an. Céline lag mit blutgetränktem Hemd auf dem Weg nach Hamburg in einem offenen Güterwaggon in der Nähe der Lok. Sollte der Zug Hamburg erreichen, hatte er die vage Hoffnung, weiter nach Norden reisen zu können. Eine junge Französin, die Deutschlektorin an der Breslauer Universität gewesen war, berichtet ihm, sie sei mit zweiundvierzig geistig behinderten Kindern in ihrer Obhut vor der Sowjetarmee aus Berlin geflüchtet. Unterwegs sei eines nach dem anderen an Masern gestorben. Jetzt waren nur noch zwölf bis fünfzehn übrig. Céline will sofort den Zustand der Masernkranken in Augenschein nehmen. Aber da die Kinder über den ganzen Zug verteilt sind, können sie nicht gleich ausfindig gemacht werden. Keines von den vier- bis zehnjährigen Kindern ist irgendeiner Sprache mächtig. Die junge Frau selbst spuckt Blut, hat Fieber und kann nicht einmal mehr Nahrung für die Kinder beschaffen. Sie hat keine andere Wahl, als Céline, den Arzt, zu bitten, sich der Kinder anzunehmen.

Der Zug erreicht das zerstörte Hamburg. Die Kinder, die es irgendwie geschafft haben, aus dem Zug zu klettern, kommen auf dem Bahnsteig zu ihm.

»Die Gören kamen heran, Mädchen und Knaben waren nicht von einander zu unterscheiden... alle trugen komische, ausgewachsene Wollsachen . . . ungefähr fünfzehn waren es . . . man sah auf den ersten Blick, daß es Schwachsinnige waren . . . Sie hinkten und sabberten, schnitten Grimassen . . . durch und durch Anstaltsirre . . .«

Wenn ich I-Ah auf einem Ausflug der Behindertenwerkstatt begleite und dumme Bemerkungen auf irgendeinem überfüllten Umsteigebahnhof höre, kommt mir die Galle hoch. Aber Céline spricht hier nicht in böser Absicht; er fordert sogar seine Frau Lili auf, die Katze aus der Tasche zu holen und sie den Kindern zu zeigen.

Da sie auf einen Zug warten müssen, der um Mitternacht nach Magdeburg fahren soll, machen sie sich in die Ruine von Hamburg auf, um Lebensmittel zu besorgen. Céline nimmt alle Kinder mit. »›Los, meine Kinder, auf gehts!‹ Ich will, daß sie mir folgen . . . ich führe sie . . . die Energie von ›Vorwärts, Kleiner/*hardi petit*‹ bleibt mir immer . . . was man als Kind gelernt hat, prägt sich ein . . . danach gibts nur noch Verbeugungen, Nachahmungen, Ermüdung, Bücklinge um die Wette . . .«

Hamburg ist völlig zerstört, Tote liegen in den Straßen. Tapfer dringen die Kinder in die Täler aus Ziegeln und Lehm vor. Da gibt es zerbombte Apotheken und Kolonialwarenläden, und die Kinder erbeuten Brot, Marmelade und Dosenmilch. Auf Céline wirken die unpassierbaren Stellen wie Schluchten, aber die Kinder kehren unversehrt zurück. Im Zug waren sie alle geschwächt gewesen, und keines von ihnen hatte gelacht, doch jetzt standen sie aufrecht da – immer noch sabbernd zwar –, hatten Lebensmittel besorgt und den Bahnhof wieder erreicht.

Es war Dezember geworden, und da in diesem Jahr die Verantwortung für das Essen und die Planung und Führung des ganzen Haushaltes bei mir lag, überlegte ich, wie ich I-Ah und Ō-chan zu Weihnachten eine Freude machen konnte. Dafür blieben mir noch zehn Tage. Mein Talent, einen Haushalt zu führen, war von Natur aus dürftig; dazu machte mir auch noch etwas anderes, für das ich kein richtiges Programm hatte, Kopfzerbrechen und irritierte mich.

Das betraf nämlich unmittelbar meine Abschlußarbeit über Céline. Übervorsichtig wie ich bin, hatte ich alle bis zur ersten Hälfte des dritten Studienjahres verlangten Leistungsnachweise irgendwie erledigt. Vom zweiten Halbjahr an hatte ich vorgehabt, nur noch das Anfertigen von Hausarbeiten in den Mittelpunkt meines Studiums zu stellen und mich auf meine Abschlußarbeit zu konzentrieren, statt zur Uni zu gehen. Da ergab es sich, daß meine Eltern beide nach Kalifornien gingen und ich die Zeit, die ich nicht an der Uni sein mußte, damit verbrachte, den Haushalt zu versorgen und I-Ah zur Behindertenwerkstatt zu bringen und wieder abzuholen. Dabei fand ich mein Leben an sich sogar ausgefüllter als je zuvor, aber wenn diese Situation bis zur Rückkehr meiner Eltern im nächsten April andauerte, würde ich mit der Fertigstellung meiner Arbeit in Schwierigkeiten geraten.

Da mir die beiden Pléïade-Ausgaben, die ich von Vater bekommen hatte, zur Verfügung standen, in denen sich die meisten Erklärungen zur Umgangssprache, vor der mein Professor mich gewarnt hatte, befanden, und wenn ich die »Céline-Hefte/*cahiers Céline*« Nr. 1-7, deren Standort in Vaters Bibliothek ich gezeigt bekommen hatte, und einige andere Forschungsarbeiten, auch in englischer Sprache, benutzte, könnte ich die Arbeit eigentlich schreiben. Nur ausgezeichnete Kenntnisse des Französischen fehlten mir noch. Außer bei *Rigodon* selbst wollte ich in meiner Arbeit schon vorhandene Übersetzungen zitieren. In unserer Bibliothek standen viele Arbeiten über Céline, aber die von meinem Vater zusammengetragenen Werke folgten augenscheinlich einer bestimmten Ausrichtung, und ich beabsichtigte, mir Arbeiten von allgemeinerem Charakter zu besorgen. Um das Romanische Institut und die Universitätsbibliothek zu benutzen, wollte ich einige Tage in der Woche zur Universität gehen. Damit mußte ich gleich am Anfang des nächsten Jahres beginnen, sonst würde ich, da ich in allem ziemlich lang-

sam bin, in die Enge getrieben, so daß ich mich weder vorwärts noch rückwärts bewegen könnte . . .

Ich sprach nicht aus, was mir auf der Seele lag, aber mein
ganzes Verhalten drückte wohl mehr als Worte einen Hilferuf
aus. Ō-chan, der, auch wenn er ein unabhängiger Mensch ist,
über einen sehr sensiblen Charakter verfügt, schien dies bemerkt und über den Grund nachgedacht zu haben, den ich
ihm wahrscheinlich nicht nennen würde, wenn er mich danach fragte. Vielleicht war es auch nur ein Zufall, aber nach
der Bekanntgabe der Resultate der Übungsklausuren seiner
Paukschule gegen Ende des Jahres geschah Folgendes. An jenem Tag ging Ō-chan nach dem Abendessen in sein Zimmer
hinauf, dachte wohl länger über seinen Einfall nach und kam
nach etwa drei Stunden wieder ins Eßzimmer herunter. Wie
üblich war ich gerade dabei, meine Céline-Kartei zu ergänzen
und daran herumzusortieren.

»Ab Neujahr bringe ich I-Ah die Hälfte der Woche zur Behindertenwerkstatt und hole ihn ab«, erklärte Ō-chan überraschend. »Ich muß ja jetzt nicht mehr jeden Tag in die Paukschule. Morgen fange ich mal probeweise damit an. Es tut
mir leid, Mā-chan, daß ich dir bis jetzt die ganze Hausarbeit
aufgehalst habe!«

Ich rief meinem jüngeren Bruder, der ohne Umschweife in
die Küche gegangen war, um nach etwas zum Essen zu suchen, hastig nach:

»Aber Ō-chan, jetzt kommt doch der Endspurt für deine
Prüfungsvorbereitungen! Was ist das für eine Idee? Mutter
wird sich Sorgen machen!«

Mein Bruder ließ sich diesen Protest durch den Kopf gehen. Während er überlegte, schien er mein Steak aus Import-
fleisch, das ich nur zur Hälfte gegessen hatte, in kleine Stücke
geschnitten und auf einen Teller gelegt zu haben. *Für alle Fälle*
kam er damit jedoch ins Eßzimmer zurück und fragte:

»Darf ich das essen?« und schob sich die Stücke mit den
Fingern in den Mund. Er gab eine wohlüberlegte Erklärung,
der er zuerst anscheinend aus dem Weg hatte gehen wollen.

»Heute nachmittag habe ich mir den Aushang mit den letzten Noten angeschaut, und wenn ich auf meine Gesundheit achte und mir die Arbeit einteile, schaffe ich es, auf meine Wunsch-Uni zu kommen. So beurteilt es zumindest die Paukschule. Seit ich letztes Jahr durchgefallen bin, habe ich selbst nachgedacht und finde dieses Urteil begründet. ...
Und weil ich seit dem großen Turnier des Orientierungsclubs am letzten Neujahrsmorgen nicht mehr mitmache, bin ich körperlich nicht so gut in Form. Wenn ich I-Ah mit dem Bus in die Werkstatt bringe und ihn abhole, ist das ein besseres Training für die Beine und Hüften, als mit der Bahn in die Paukschule zu fahren.«

Ō-chan hatte den Verdacht, mein Zögern, sein Angebot anzunehmen, könnte daher rühren, daß ich die erste Hälfte seiner Erklärung über die Übungsklausur nicht glaubte. Er leckte seine mit Fleischsaft bekleckerten Finger ab, holte aus seiner Hosentasche eine zerknitterte Bestenliste und zeigte sie mir. Der Name meines Bruders stand an fünfter Stelle unter den Bewerbungen für »Naturwissenschaften II«.

»Du hast dir deinen Entschluß gut überlegt, Ō-chan, und kannst anscheinend alle Einwände leicht widerlegen. Also gebe ich den sinnlosen Widerstand auf und nehme deinen Vorschlag an. Gerade in meiner jetzigen Situation bin ich dir sehr dankbar dafür ...«

»Gut!« schloß mein Bruder nach Art unseres Vaters und brachte den Teller in die Küche zurück. Ich hatte das Gefühl, daß eine Wendung eingetreten war, bei der sich meine beiden Probleme auf einmal lösen würden.

»Wenn du gute Aussichten für deine Prüfung hast, Ō-chan, wollen wir schon im voraus feiern. Sollen wir nicht dieses Weihnachten nach langer Zeit mal wieder Peking-Ente essen gehen?«

I-Ah, der vor dem CD-Spieler lag und mit Rücksicht darauf, daß ich meine Karten ordnete, mit Kopfhörer Musik hörte – ich glaube, er hatte meine innere Gereiztheit der letzten Zeit gespürt und etwas von seiner Unbeschwertheit verloren –, hob plötzlich den Kopf und schaute wie elektrisiert hoch.

»I-Ah, wir gehen zu Frau Chō ins chinesische Restaurant, zum ersten Mal seit der Abschiedsfeier von den Eltern. Wir wollen feiern, weil Ō-chan die Universitätsprüfung bestehen wird.«

Mein älterer Bruder nahm vorsichtig die Kopfhörer ab, stand auf und streckte Ō-chan die Hand entgegen.

»Herzlichen Glückwunsch, Ō-chan!«

»Danke, aber . . .«, Ō-chan hatte Bedenken hinsichtlich I-Ahs Interpretation. »Ich habe noch nicht endgültig bestanden, denn die richtige Prüfung ist erst nächstes Jahr.«

»Das wird eine Generalprobe für die Feier, wenn du bestanden hast.« Als Kenner der Musikprogramme in Radio und Fernsehen durchschaute I-Ah unsere Absichten vollkommen.

Dann stieg er mit ungewöhnlichem Eifer in den ersten Stock hinauf und kam nach kurzer Zeit zurück, eine Kassette auf die gleiche Weise vor sich hertragend, wie er an der Sperre im Bahnhof seine Monatskarte präsentierte. Gekonnt schaltete er die Anlage auf das Abspielen von Kassetten um. Ich erinnerte mich genau an diese Kassette, aber ich hatte sie schon zehn Jahre nicht mehr gehört, es war eine Aufnahme von unserem Festessen, als Ō-chan die Grundschulprüfung bestanden hatte. Ō-chan war zwar anfangs etwas überrascht, machte aber keine Anstalten, I-Ahs entschlossenem Vorgehen Einhalt zu gebieten, und leistete auch keinen passiven Widerstand durch einen Rückzug in sein Zimmer.

»Vater, Mutter, I-Ah und Mā-chan, ich danke euch für eure Unterstützung. Dadurch habe ich die Prüfung bestanden. Es war ein bißchen schwierig, aber ich habe es geschafft. Wir haben auch eine Pause gemacht. Das Quiz in der Pause hat mir gefallen. Es war ein *Rate*spiel. . . . Meine Bitte ist, also ich möchte, daß mir alle zum Bestehen der Prüfung gratulieren. . . . Wenn ich groß bin, möchte ich so was wie ein elffacher Wissenschaftler werden. Ich möchte alles über die

Sterne, ja die Sterne, den Himmel, das Meer, die Berge, die Flüsse, die Ebenen, die Erde, seit sie besteht, über das Leben in den Wäldern, über die Pflanzen, die Pflanzen leben ja auch, das Leben der Insekten in einem Jahr, das Leben der Fische, Schlangen und Frösche, das Leben der Vögel und das Leben der japanischen Affen wissen... oder na ja, die japanischen Affen lasse ich weg und das Leben der Pflanzen auch. Insgesamt ein elffacher Wissenschaftler, außerdem möchte ich noch alles über Pilze wissen.«

Als er seine mit heller Stimme vorgetragene Rede beendet hatte, stießen wir mit Cola an, und im Laufe der Aufnahme hielt mein Vater auch eine kleine Ansprache – Ō-chan kramte inzwischen in der Küche herum. Ich war der Ansicht, daß sich sein Charakter in den vergangenen dreizehn Jahren nicht wesentlich verändert hatte, und ich fand es komisch, wie er jetzt schmollend dem Band zuhörte und spärliche Bartstoppeln hatte. Jedenfalls hatte er wohl eine neue Flasche Cola entdeckt, und auf dem Band war zu hören, wie er das allen mitteilte. Anders als bei seiner üblichen *druckreifen Ausdrucksweise*, wie sie mich bei meinem Bruder heute noch irritiert, klang er jetzt wie ein kleiner Lausebengel. »Ui, guckt mal, im Kühlschrank ist Cola!«

Mein Vater, der unterbrochen wurde, ermahnte Ō-chan.

»Sicherlich bist du so klug, daß du elffacher Wissenschaftler werden kannst, aber du denkst immer nur an dich. An die anderen denkst du nicht. Du kommst jetzt in die Schule, um mit Kindern deines Alters, die in anderer Umgebung aufgewachsen sind, das Gemeinschaftsleben zu lernen. Das ist vielleicht wichtiger, als elffacher Wissenschaftler zu werden...«

»I-Ah, danke, die Kassette ist zu Ende. Du kannst aufs Radio umschalten... Ō-chan, du hast Papa immer widersprochen, aber in Wirklichkeit hast du seinen Rat beherzigt. Du bist in der Oberschule Kapitän vom Orientierungsclub geworden – und deshalb durch die Aufnahmeprüfung gefallen.«

»Ich weiß nicht, was du damit sagen willst, ich bin nicht in der Lage, sofort darauf zu antworten.« Noch verlegen wegen seiner Kinderstimme, wies mein Bruder meine scherzhafte Ermunterung zurück.« . . . I-Ah hat sich an die Kassette erinnert, sie sofort gefunden und hergebracht. Er ist zwar während der Aufnahme selbst nur kurz zu hören, aber er verhält sich dir und mir gegenüber ganz wie es sich für einen älteren Bruder gehört. Ohne seine Stimme hätte die Feier eine unerträgliche Atmosphäre, wie bei besseren Leuten, die die Aufnahme ihres Sprößlings auf eine Eliteschule feiern. . . . Morgen will ich I-Ah mal probeweise zur Behindertenwerkstatt bringen und ihn abholen.«

»Vielen Dank!« sagte I-Ah, während er die Kassette sorgfältig wieder verpackte.

»Keine Ursache«, erwiderte Ō-chan höflich.

Ich fuhr seit längerem wieder einmal mit der Chūō-Linie bis Yotsuya zur Universität, traf mich mit einer Freundin, schaute im Institut vorbei und ging anschließend in die Universitätsbibliothek. Aber dort erwartete mich eine seltsame Erfahrung. Ich beabsichtigte einen längerfristigen Plan im Hinblick auf die Bücher zu erstellen, die ich ausleihen wollte. Als ich mich dann im Lesesaal hinsetzte, neben den leeren Platz von jemandem, der anscheinend zum Mittagessen gegangen war, lag dort die vertraute *Unendliche Geschichte* mit dem kupferfarbenen Seideneinband. Ich erlaubte mir, das Buch in die Hand zu nehmen, und las auf der ersten Seite den Satz »Warum gibt es in Japan keine Schriftsteller, die den Leser wirklich ermutigen?« in einer Schrift, die nicht wie nur eben so hingekritzelt aussah.

Da ich mich an die Erregung bei meiner eigenen Lektüre von Ende erinnerte, empfand ich Sympathie für diesen Menschen, der diese Worte einfach schreiben mußte. Gleichzeitig zögerte ich aus persönlichen oder vielmehr familiären Gefühlen und überlegte, ob es richtig wäre, mich dieser Auffassung anzuschließen. Zudem hatte ich ja Vaters Werk, der gerade in

Kalifornien mit seiner *Krise* kämpfte, fast gar nicht gelesen. Trotzdem mit einer Einschätzung zu sympathisieren, die Ende lobt und die japanischen Schriftsteller in ihrer Gesamtheit ablehnt, erschien mir zumindest als Tochter meines Vaters nicht gerechtfertigt. Ō-chan würde sagen, daß die Empfindung *als Tochter* schon an sich eine ungerechtfertigte Voraussetzung sei und damit das Ganze eine sinnlose Überlegung wäre.

Mein anfänglicher Eifer war verflogen, und ich wählte das mir im Katalog aufgefallene Drama *L'Église* von Céline und die Aufzeichnungen eines amerikanischen Wissenschaftlers, der Céline, damals noch im dänischen Exil, besucht hatte, und fügte Vaters *Erzählung von M/T und den Wundern des Waldes* hinzu, in dem über die »Wunder des Waldes« berichtet wird, über die ich mich mit meiner Tante Fusa unterhalten hatte. Dann füllte ich die Bestellscheine aus. Mein Nachbar war in der Zwischenzeit noch nicht zurückgekommen, und ich stand eilig auf . . .

Dank Ō-chans probeweiser Unterstützung konnte ich zu Jahresende das Institut und die Bibliothek besuchen, nebenbei las ich Vaters Erzählung. Ō-chan, der immer öfter im Eßzimmer oder im Wohnzimmer lernte, wo I-Ah und ich unsere meiste Zeit verbrachten, schien sich vorgenommen zu haben, Célines Werke, die ich zum Schreiben meiner Arbeit um mich herum ausgebreitet hatte, auch *mal kennenzulernen*. Aber er scheute sich, unmittelbar vor der Prüfung stehend, einen Roman in japanischer Übersetzung zu lesen, da er auch, wenn er I-Ah zur Behindertenwerkstatt brachte und ihn abholte, in der Paukschule vorbeischaute und ihm so etwas vor seinen Mitschülern ungehörig vorkam.

»Ich möchte den Roman in englischer Übersetzung lesen, damit ich üben kann«, beharrte er.

Ich lieh ihm *für alle Fälle* das Penguin-Buch, das der Auslöser für meine eigene Begegnung mit Céline gewesen war – in Wahrheit bin ich Céline jedoch noch nicht wirklich begegnet, denn ich kann seine Güte und Selbstlosigkeit gegenüber Kindern, die seine Frühwerke bis *Rigodon* durchziehen, nicht mit der Erkenntnis seiner häßlichen Eigenschaften vereinbaren, von denen ich in den Aufzeichnungen gelesen hatte.

Am Heiligabend konnten wir dank Ō-chans Reservierung in dem chinesischen Restaurant, das, obwohl Weihnachten ja ein christliches Fest ist, überfüllt war, drei Plätze ergattern. Jedenfalls aß I-Ah das Entengericht, auf das er sich schon unentwegt gefreut hatte, äußerst gekonnt, indem er ehrfürchtig Lauch und Miso mit der Entenhaut in die dünnen Pfannkuchen wikkelte. Ō-chan stand ihm, was die Menge, die er vertilgte, anging, um nichts nach. Ich bediente mich ebenfalls ohne Umstände, und ohne unseren Vater, der bei solchen Gelegenheiten langsam ein Bier trank oder chinesischen Reisschnaps schlürfte, war unsere Mahlzeit bald beendet. »Er spielt anscheinend immer die Rolle des Schrittmachers beim Essen«, befand Ō-chan. Die Familie neben uns hatte kaum den zweiten Gang beendet, da standen wir schon vom Tisch auf. Ich hatte mit dem telefonisch von unserer Mutter bewilligten Geld bezahlt und war nun ganz beschwingt. Im Mondschein gingen wir, geführt von unserem älteren Bruder, nach Hause. »Heute ist *Sabbat*«, entschied Ō-chan und verwendete ausnahmsweise mal ein Wort falsch. Also verbrachten wir den Rest des Abends mit Plattenhören und Unterhaltung.

I-Ah hatte Musikstücke für Weihnachten ausgewählt und die CDs, die er auf einer Karte zusammengestellt hatte, neben der Anlage bereitgelegt. Ich klebte diese von meinem Bruder beschriebene Karte in mein *Familientagebuch*. Bachs *Jesus, meine Freud und Wonne*, Passagen aus der *Zauberflöte* von Mozart, *Wachet auf, ruft uns die Stimme* von Bach . . .

I-Ah war also für die Musik verantwortlich und hatte sich vor der Anlage niedergelassen, Ō-chan und ich saßen am Eßtisch und unterhielten uns. Ausnahmsweise hatten wir von Anfang an ein Gesprächsthema. Mein jüngerer Bruder hatte das Penguin-Buch zu Ende gelesen, und da ich mit der *Erzählung von M/T und den Wundern des Waldes* fertig war und gerne mit jemandem darüber sprechen wollte, es aber unpassend fand, in einem Brief an meine Eltern oder im *Familientagebuch* darüber zu schreiben, erschien mir Ō-chan am geeignetsten. Sein erster Kommentar zur Lektüre von *Rigodon* lautete: »Das ist doch eine Art ›Eisenbahnroman‹!«

Da er seit der Mittelschule mit seinem Orientierungsclub zu Veranstaltungen im ganzen Land herumgereist war, kannte er sich natürlich mit Eisenbahnen aus. Der Begriff »Eisenbahnroman« vermittelte mir den Eindruck von leichter Lektüre, und ich zögerte, ihn mit Céline in Verbindung zu bringen, aber dann fand ich, daß er eigentlich auch wieder zutraf.

»Natürlich ist das kein üblicher ›Eisenbahnroman‹ im Sinne eines gemütlichen Sonntagsausflugs. Ganz im Gegenteil. Jetzt weiß ich, woher der Ausdruck ›ein unerwarteter Schlag‹, den du manchmal benutzt, ursprünglich stammt. Diese eine Szene ist wirklich schauderhaft.

Anstatt dem Krieg auszuweichen, geht sein Fluchtweg, der ihn überall und nirgends hinführt, mitten durch den Bombenhagel, und kurz bevor er sich der *nos petits crétins* annehmen muß, wird er bei der davor beschriebenen Bombardierung von Hannover am Kopf von einem unerwarteten Schlag getroffen und verletzt.«

»Während dieser Reise begab er sich auf der Suche nach einem Fluchtweg aus Deutschland heraus, der unterbrochenen Eisenbahnlinie folgend, nach Norden, verließ den Zug und durchquerte die von Brandbomben zerstörte, brennende Stadt Hannover. Und zwar mußte er von dem stillgelegten Bahnhof zu einem Bahnhof am anderen Ende der Stadt; vom Bahnhofsvorsteher hatte er durch Schmieren – I-Ah wäre entsetzt von meiner Ausdrucksweise – einen Handwagen geliehen und das Gepäck darauf geladen. Aber die anderen Leute, die auch aussteigen mußten und jetzt festsaßen, überhäuften ihn, eifersüchtig auf seine Schläue, mit Schimpfworten. Die Situation eskalierte und führte schließlich zu seiner Verfolgung. ›Schnell! . . . schnell! . . . Mörder!‹ Als die Fliehenden auf der Straße von einem herabgestürzten Balkon aufgehalten werden, fällt wieder eine Bombe. Er wird von einem Ziegel am Kopf getroffen, fällt um, und als er endlich wieder zu sich kommt, sind sein Kopf, sein Hemd und seine Hose voll Blut. Später nimmt er sich der Kinder an, und obwohl ihm von seiner Wunde am Kopf schwindlig ist, hält er bis zum Schluß durch.«

»In dem Vorwort von K.V. steht, daß Céline im Ersten Weltkrieg auch verletzt wurde und sich, nachdem er bei der Durchquerung Hannovers abermals am Kopf verletzt worden war, immer Sorgen machte, ob mit seinem Kopf alles stimmte. Er schreibt das mit innerer Anteilnahme. Mir gefällt eine Stelle, die im Vorwort zur englischen Übersetzung von Céline zitiert ist. Eigentlich kann man vom Inhalt her die Stelle nicht einfach mögen, vielleicht ist der Eindruck auch anders, wenn man sie auf französisch liest.«

Ō-chan zeigte mir ein Kärtchen, das in dem Penguin-Buch lag. So gesehen, gab es zwischen meinem Verhalten und dem meines Bruders Gemeinsamkeiten, die wir von Vater übernommen hatten. Ich las und verglich den von meinem Bruder übersetzten Satz mit der französischen Stelle, die ich auf meiner Karteikarte eingetragen hatte. »Tod und Leiden können nicht so wichtig sein, wie ich meine. Da sie sehr banale, gewöhnliche Dinge sind, bedeutet es, daß ich verrückt bin, wenn ich sie für so wichtig halte. Ich muß versuchen, noch bei Verstand zu bleiben.«

»Ō-chan, du kannst ja besser übersetzen als ich, mir gelingt es nicht, einen so entschiedenen Ton ins Japanische zu übertragen, auf französisch hat es aber auch einen etwas heitereren Tonfall ... Ich habe von Céline auch als erstes dieses Buch gelesen; damals hat mich dieselbe Stelle seltsam berührt.«

»Stimmt, sie war rot unterstrichen.«

»Das sage ich nur dir, Ō-chan, denn es ist etwas respektlos, aber ich finde, Céline, K.V. und auch Papa, der mir gesagt hat, daß ich mir das Buch signieren lassen soll, bedauernswert. . . . Dabei muß man doch an I-Ah denken, oder? Er wurde auch zweimal am Kopf verletzt, im Mutterleib und bei der Operation direkt nach seiner Geburt. Wenn ich diesen Satz lese, weiß ich ganz genau, warum I-Ah so empfindlich in bezug auf Krankheit und Tod ist.«

. . . Darüber wurde auch gesprochen, als unser Großonkel gestorben war. Wenn I-Ah in der Zeitung die Todesanzeige von einem Komponisten oder einem Sumō-Meister entdeckt, seufzt er ehrfürchtig: »Ach, schon wieder ist jemand gestorben!« Außerdem hatte er sich bei Großonkels Totenfeier wirklich pietätvoll benommen. Und bei einer fiebrigen Erkältung oder nach einem Epilepsieanfall mit Durchfall liegt er, von den außergewöhnlichen Vorgängen in seinem Körper völlig überwältigt, niedergestreckt auf dem Sofa. Er hat sich auch immer aus ganzem Herzen auf die halbjährliche Routineuntersuchung im Krankenhaus gefreut – Mutter war ganz überrascht, wie er vor Freude nach vorne gebeugt lospreschte –, und auch nachdem Doktor M., der ihn von seiner ersten Operation an betreut hatte, gestorben war, ist es so geblieben. Ich glaube, er freut sich so auf die Untersuchung, weil er um seine Gesundheit besorgt ist, und nicht weil er sich nach den Ärzten, die er kennt, sehnt.

Sollte es einmal dazu kommen, daß I-Ah, wenn er sterben muß, von seinem bevorstehenden Tod erfährt, wie sehr wird er sich da ängstigen. Und wenn er eine Krankheit bekommt, die wie Krebs außer mit diesen Ängsten auch noch mit Schmerzen verbunden ist, wie sehr wird er dann leiden. Empfand mein älterer Bruder im Vergleich zu normalen Menschen – oder wie K. V. schreibt *saner* Menschen – nicht eine viel stärkere Todesangst?

Da I-Ah neben uns Musik hörte, konnte ich diese Überlegungen nicht äußern. Aber Ō-chan hatte die Stelle aus dem Vorwort von K. V. auch auf eine Karte übertragen, und das war ein Grund für mich anzunehmen, daß er das gleiche dachte und fühlte wie ich. Also erzählte ich ihm, was mich bewegte.

»In Célines Romanen sowie in seiner realen Welt existiert eine Verzweiflung – ich habe irgendwann von Papa etwas darüber gehört –, die Iwano Hōmeis Begriff vom ›Mut der Verzweiflung‹ ähnelt. Ich denke, Ende verfügt als Autor selbst über eine Ausgeglichenheit, die schon vorhanden ist, bevor sein Roman am Schluß den Ausgleich erreicht. Papa ist Ende in San Francisco begegnet, er scheint wirklich ein harmonischer Mensch zu sein.

Ich lese jetzt zum erstenmal eins von Papas Werken und denke dabei bewußt über ihn nach; in seiner Romanwelt erreicht die Geschichte zwar einen Abschluß, aber der Schreibende, der Erzähler, bleibt weiterhin in seiner problematischen Realität, finde ich. Für Papa ist im Moment ganz konkret die Frage des Glaubens wichtig. Der Held und der Autor werden nicht gerettet wie bei Ende; und auch ist Papa kein Mensch wie Céline, der sich mit der Verzweiflung in der erzählten und in der wirklichen Welt abfindet und trotzdem sein Möglichstes für *nos petits crétins* tut. Papa ist dagegen ein eher lauer Aktivist. . . . Obwohl er sich immer nach seinem Tal in den Wäldern sehnt, könnte er, nachdem er über den Mythos des Dorfes und seiner Menschen geschrieben hat, nicht mehr so natürlich dort leben und sterben wie Großmutter oder Tante Fusa . . . Bestimmt hat Papa, nachdem er diese Geschichte geschrieben hat, seine Krise bekommen.«

»Das ist aber traurig!« sagte Ō-chan ganz im Tonfall von Vater. »Durch das Schreiben sind die Schwierigkeiten der Wirklichkeit offenbar geworden, und wenn man diese Probleme im Roman nicht bewältigen kann, dann ist es schlimm.«

»Ich weiß es auch nicht genau, aber so wird es wohl sein. Nach dem, was Großmutter sagt, hat Papa anscheinend nicht freiwillig den Beruf des Schriftstellers gewählt. Im Dorf muß einer aus unserer Familie unbedingt die Überlieferungen aus den Wäldern festhalten und weitergeben. Von klein auf wurde das in seiner Umgebung von ihm erwartet . . .

Ō-chan, du konntest doch schon, bevor du in die Grundschule kamst, druckreif reden. Papa war wahrscheinlich auch so ein Kind. Natürlich sprach er im Dialekt des Dorfes.«

»Oje, dann wäre ich ja beinahe auch ein Geschichtenerzähler geworden.«

»Wir sind doch zu Großonkels Totenfeier in Papas Dorf gefahren, nicht wahr? Während ich Großmutter zuhörte, kam es mir so vor, als würden aus unserer Familie Menschen hervorgehen, die erzählen und komponieren, um irgendwann die ›Wunder des Waldes‹ aufzuzeichnen. Die Lektüre der *Erzählung von M/T und den Wundern des Waldes* hat mich erneut davon überzeugt.«

»Dank Papa und I-Ah sind wir beide dieser Rolle entkommen. In dieser Hinsicht haben wir Glück gehabt! Aber für die Zukunft gibt es trotzdem keinen Grund zum Optimismus.«

I-Ah, der das Wort ›komponieren‹ und seinen Namen gehört hatte und sich plötzlich wieder für uns zu interessieren schien, schaltete sich ins Gespräch ein.

»Genau, für die Zukunft gibt es trotzdem keinen Grund zum Optimismus.«

»Was, woher kennst du denn das Wort Optimismus?«

»Es hat nichts mit Rheumatismus zu tun. Man braucht keine Wärmflasche dafür«, sagte I-Ah, hielt sich die Seite und starrte ausdrucksvoll auf den roten Wasserkessel, der auf dem Gasofen zischte. Von meiner Melancholie befreit, lachte ich kurz auf, aber Ō-chan verhielt sich unerwartet ernst und verärgert. Seit er *Rigodon* gelesen hatte, grübelte er wahrscheinlich über tiefgründige Dinge nach. Oder vielleicht hatte er sich einfach daran erinnert, daß er die Kassette von seiner Einschulungsfeier ungewollt hatte anhören müssen.

»I-Ah, ich finde so einen Witz langweilig. Solche Witze sind nämlich nicht produktiv. Wenn I-Ah einen blöden Witz macht, schreibt Papa in einer Geschichte darüber, aber ich finde so was nicht gut. Witze führen zu keiner wirklichen Lösung. . . . I-Ah, wenn du dich nur über so was amüsieren kannst, mag ich dich nicht. Und morgen kannst du alleine gehen!«

Ō-chan stürmte mit blassem Gesicht aus dem Zimmer. I-Ah und ich waren völlig sprachlos. Ich beruhigte I-Ah, damit er sich nicht grämte, aber ich fühlte mich von meinem jüngeren Bruder wegen meines Verhaltens gegenüber I-Ah getadelt und fand die Kritik begründet. Seit längerem verfiel ich wieder einmal in meinen *Roboterzustand*. Aber bevor Ō-chan sein Zimmer erreichte, hatte er es sich schon anders überlegt und steckte sein immer noch blasses Gesicht abrupt durch die halbgeöffnete Tür.

»Es tut mir leid wegen eben. Was ich gesagt habe, war völliger Blödsinn... I-Ah, morgen gehen wir zusammen zur Behindertenwerkstatt!«

Diesmal schloß er leise die Tür und ging die Treppe hinauf. Statt einer Antwort nickte I-Ah und ließ betroffen den Kopf hängen. Auch wenn er *für alle Fälle* gute Aussichten für die Prüfung hatte, machte sich Ō-chan große Sorgen, denn er hatte ja keine Garantie, und ich dachte an die Mühe und Zeit, die er brauchte, um I-Ah zu seiner Werkstatt zu bringen, und konnte nur schwer aus meinem *Roboterzustand* herausfinden...

Da ich mich um den Haushalt kümmern mußte, konnte ich aber nicht ewig deprimiert bleiben. Als wir eine kurze Bachkantate zu Ende gehört hatten, brachte ich I-Ah in sein Zimmer. Ich blieb neben ihm stehen, bis er sich alleine ausgezogen hatte, deckte seinen großen Körper im Bett mit einer Wolldecke zu und breitete das Bettzeug über ihm aus.

I-Ah legte seinen Finger an den Schalter der Nachttischlampe, die auf der Höhe seines Kopfes stand, und wartete wie immer, bis ich draußen im Flur war, wo es eine Nachtbeleuchtung gab. Er schien immer noch bedrückt und drehte sein Gesicht zur Wand. Hinter mir klickte der Schalter, und es wurde dunkel. Dann war von dort I-Ahs unterdrückte Stimme zu hören. Leise murmelte er:

»Ich war immer Optimist!«

Das Familientagebuch

Für die Zeit ab Januar entwarf Ō-chan einen regelrechten Zeitplan, in dessen Mittelpunkt seine Prüfungsvorbereitungen zu Hause standen. Ich konnte also zweimal in der Woche zur Universitätsbibliothek und ins Institut gehen und hatte die innere Ruhe, einmal ernsthaft über meine Aversion dagegen, daß I-Ah Sport trieb, nachzudenken, die ja nur eine Reaktion auf die Äußerung Vaters über einen »Ausbruch« sexueller Gewalt war. Wir griffen die Idee, mit dem Schwimmen wieder auf. Doch nach meinen Erfahrungen in der Behindertenarbeit bedrückte mich eine Sache. Wahrscheinlich würde es ein lästiges Aufnahmegespräch geben, bevor man meinen *einigermaßen* geistig behinderten Bruder als Angehörigen in den Club, in dem Vater Mitglied war, aufnehmen würde. Dennoch machten wir beide uns auf den Weg zu dem Sportclub in Nakano, an den ich mich noch aus meiner Grundschulzeit erinnerte, als ich Vater dorthin begleitet hatte.

Der für die Anmeldungen zuständige Herr Ōsawa gab sich wirklich herzlich Mühe. Herrn Ōsawas Gesicht, das wahrscheinlich aus Überarbeitung so blaß war, wirkte im Verhältnis zu seinen Schultern und seiner Brust wie eine Nummer zu klein geraten. Er hatte als Turnlehrer im Club angefangen und war jetzt in der Verwaltung tätig. Nachdem er uns überall herumgeführt und alle Einrichtungen des Clubs einzeln erklärt hatte, kehrten wir in den Aufenthaltsraum zurück. Die Formalitäten waren nun erledigt. I-Ah brauchte nur noch zu unterschreiben und seinen Stempel daneben zu setzen.

Ich erstattete unserer Mutter sofort Bericht. Nur ein Problem gebe es, so schrieb ich, ich durfte I-Ah nicht in den Herrenumkleideraum begleiten. Würde er sich die Badehose richtig anziehen und seine Kleider im Schließfach verstauen können? Die Antwort auf meinen Brief bestand in einem Anruf. Vater erklärte mir ausführlich, was er über den Herrenumkleideraum wußte, damit ich mich orientieren konnte. Eifrig machte er mich auch noch auf weitere Einzelheiten aufmerksam. Um die anderen Leute möglichst wenig zu stören, sollte I-Ah die Schließfächer in der hinteren Ecke des Umkleideraums benutzen, die zudem immer leer waren. Auf der Rückseite der Schließfachtüren seien verbogene und nicht gut polierte Stellen, also mußte man aufpassen, daß man sich nicht in die Finger schnitt. Um das Fach abzuschließen, brauchte man ein Zehn-Yen-Stück, das sollte I-Ah immer vorsorglich einstecken. Von den zur Verfügung stehenden kleinen und großen Handtüchern solle er ein kleines mit ins Schwimmbad hinunter nehmen und sich damit im Schwitzraum den Schweiß abwischen . . .

Daß er den Entschluß, I-Ah zum Schwimmen zu schicken, nicht direkt kommentierte, war typisch für Vater. Vor seiner Abreise hatte er hin und her überlegt, welche Sportart für I-Ah in Frage kam, und das auch mir gegenüber erwähnt, war aber letztendlich zu keinem Ergebnis gekommen. Das hing ihm noch nach. Zunächst übte ich das Umziehen mit I-Ah zu Hause in unserem Badezimmer. Ō-chan vergnügte sich ausnahmsweise im Wohnzimmer mit einem Computerspiel, das er an den Fernseher angeschlossen hatte. Er stellte fest, daß mein Tonfall gegenüber I-Ah dem von Vater ähnelte, wenn er I-Ah mit übertriebener Munterkeit etwas Schwieriges erklärte. Das stimmte.

»Los los, I-Ah, du brauchst dich nicht zu schämen, du ziehst dich ja so langsam aus wie ein Opa. Wir wollen es in drei Minuten schaffen, die Badehose anzuziehen! Dann vergewisserst du dich, ob du alle deine Sachen ins Schließfach getan hast, wirfst die Zehn-Yen-Münze ein und drehst den Schlüssel rum. Ich warte mit Schwimmbrille, der Bademütze und einem Handtuch vor dem Umkleideraum.«

Würde mein Bruder diese ganze Prozedur richtig schaffen? Ich war überzeugt, daß er, auch wenn er am Anfang verwirrt und sehr langsam wäre, am Ende die Sache doch meistern würde. Bei der Betreuung von Kindern, die schwerer behindert waren als mein Bruder, hatte sich in mir allmählich eine Überzeugung verfestigt. Ich behalte das zwar für mich, aber es ist ein Begriff, den ich bei Céline entdeckt habe und der »Vorwärts, Kleiner / *hardi petit!*« lautet. Céline war als Junge einmal mit seiner berufstätigen Mutter zu Fuß unterwegs zu ihrem Laden, wo er ihr aushelfen wollte. Sein Onkel, der zufällig vorbeikam, ermunterte den kleinen Jungen, indem er ihm laut zurief: »Vorwärts, Kleiner!« Auch wenn dies eine zweideutige Bemerkung war, hat sie für mich ganz deutlich eine positive, ermutigende Bedeutung – als Céline sich in *Rigodon* daran erinnert, hat er die gleiche Empfindung.

Den behinderten Kindern, mit denen ich mich während meiner freiwilligen Arbeit anfreundete, gelangen schließlich auch die Tätigkeiten, bei denen es am Anfang zweifelhaft war, ob sie es schaffen würden, indem sie sich selbst »Vorwärts, Kleiner« zuzurufen schienen. Das gleiche durfte ich bei I-Ah erwarten.

Solange I-Ah sich zu Hause bewegt, findet niemand sein Verhalten seltsam. Auf dem Weg zur Behindertenwerkstatt konnte zwar einmal etwas vorkommen, wie die Sache, die ich schon geschildert habe, aber als wir zusammen zum Weihnachtsessen gingen, freute er sich so, daß er uns allen vorausmarschierte. Wenn er nicht zu müde ist und im Bus oder in der Bahn ältere Leute sieht – er vergewissert sich zuerst, ob sie auch alt genug sind –, zeigt er ein soziales Verhalten, indem er seinen Platz abtritt. Im Sportclub jedoch waren alle athletisch, und ich sah auch ein paar Jugendliche, die ungestüm herumtobten. Könnte die Langsamkeit meines Bruders nicht doch unangenehme Störungen verursachen? Aber selbst wenn das geschehen würde, hoffe ich, daß mein Bruder im Umkleideraum im Geiste des Schlachtrufs »Vorwärts, Kleiner!« handelt und die Schwierigkeiten überwindet.

Tatsächlich benahm sich mein Bruder vom ersten Tag im Schwimmbad an tadellos. Wie bei unserer Probe hatte ich I-Ah in den Herrenumkleideraum geschickt, mir rasch bei den Damen den Badeanzug angezogen und wartete zwischen dem Getränkeautomaten und der Treppe, die hinunter zum Schwimmbecken führte. Indessen kam Herr Ōsawa aus dem oberen Stockwerk vom Kraftraum die Treppe hinunter, begleitet von einem Mann um die dreißig, dessen Sweatshirt an der Brust dunkel von Schweiß war. Innerlich ganz damit beschäftigt, ob mein Bruder sich problemlos würde umziehen können, verbeugte ich mich leicht und richtete meinen Blick sofort wieder auf die Schwingtür des Herrenumkleideraums, aber die beiden blieben neben mir stehen. Weil ich im Badeanzug war, richtete ich meinen Blick womöglich etwas irritiert und streng wieder auf sie, aber die beiden Männer schauten gutmütig zurück.

»Das ist Herr Mochizuki, ein Betreuer«, stellte ihn Herr Ōsawa vor.

»Ich habe eine Druckerei. Übrigens vielen Dank«. Herr Mochizuki sprach in einem sehr vertrauenerweckenden Ton; er war ein Typ, der in einer Familienserie den freundlichen jungen Mann aus der Nachbarschaft hätte spielen können. Bedankt hatte er sich, weil Vater ihm sofort einen Brief geschrieben hatte, nachdem ich ihn in Kalifornien von dem Schwimmplan unterrichtet hatte. In Herrn Mochizukis Worten, in denen die übliche Altersverwechslung vorkam, war eine natürliche Gutmütigkeit zu spüren.

»Ist Ihr jüngerer Bruder im Umkleideraum? Soll ich mal gucken?«

»Er ist zwar langsam, aber er müßte jetzt fertig sein.«

Herr Ōsawa schien in Eile zu sein, und er kehrte in sein Büro zurück, aber Herr Mochizuki blieb neben mir stehen und lächelte freundlich. Die Schwingtür ging langsam auf, und als I-Ah mit einem unbekannten jungen Mann herauskam, der sich um ihn zu kümmern schien, wirkte Herr Mochizuki leicht entsetzt. Ich hatte das Gefühl, er wollte mir etwas sagen, und als ich merkte, daß sein Lächeln erstarrte, folgte ich seinem Blick und sah auf meinen Bruder und den jungen Mann. Ich nahm eine innere Verteidigungshaltung ein, da ich glaubte, er sei angesichts von I-Ahs Nacktheit schockiert. Aber Herr Mochizuki schaute mit den Augen eines verwöhnten Lausebengels auf I-Ahs Schritte, der uns entgegenkam, und schien dabei zu überlegen, wie diese Situation zu bewältigen sei. Offenbar stimmte etwas nicht mit dem jungen Mann, der mit meinem Bruder zusammen herauskam.

Er hatte einen schönen Teint und gut entwickelte Muskeln. Seine äußerst knappe Badehose saß wie angegossen und stand ihm um die Hüften herum sehr gut. Immer noch etwas verlegen, stellte Herr Mochizuki mir den jungen Mann vor, der mit I-Ah auf uns zukam.

»Das ist Herr Arai. Als Ihr Vater häufiger zum Schwimmen kam, sind sie eine Zeitlang zusammen geschwommen.«

»Ich bin auch schon mit ihm geschwommen. Ich erinnere mich genau«, ergänzte I-Ah.

»Ich habe jetzt frei und kann mit ihm trainieren, wenn Sie wollen.«

»Ja, bitte«, entschied mein Bruder von sich aus und machte sich nach dieser bestimmten Antwort auf, allen voran die Treppe zum Schwimmbad hinunterzusteigen, an die er sich offenkundig gut erinnerte.

Zu seinem drahtigen Körper paßte gar nicht, daß Herr Arai mich wie ein Mädchen mit halbgeöffneten Lippen anstarrte und dabei für einen Mann sehr regelmäßige, weiße Zähne und ein rosa Zahnfleisch entblößte. In Gedanken schien er sich jedoch mit I-Ah zu beschäftigen. Mir blieb nichts anderes übrig, als zu sagen, »Ja, also dann, bitte!« Arai schloß die Lippen und folgte meinem Bruder mit festen, federnden Schritten.

Es gab drei Becken, eins für Wettkämpfe und eins für das Turmspringen. Außerdem war da noch ein dunkles Becken für Tauchübungen, über das ein Netz gespannt war. Die

Schwimmschüler wurden eifrig im Wettkampfbecken unterrichtet. Der abfallende Boden des Beckens für die Turm-
springer daneben wirkte wie ein im Nil versunkener Tempel.
Dort bewegten Damen mittleren Alters zur Musik eines
Radiorecorders langsam Arme und Beine.

An dem für Mitglieder reservierten Becken, das hinter einer Glastür eine Stufe tiefer lag, ließ Arai I-Ah schon Aufwärmübungen machen. Dann gingen sie zu einer hinteren
Bahn, auf der niemand schwamm, und fingen sofort an zu
üben. Ich beschloß, auf der Bahn direkt nebenan zu schwimmen, falls etwas Unangenehmes passierte, damit ich als
Übersetzerin zwischen meinem Bruder und Arai vermitteln konnte. Die Schwimmschüler kommen nicht in dieses
Becken und, da es Wochentag und zudem tagsüber war,
schwammen nur ein oder zwei Personen auf je einer Bahn.
Ein kleiner Mann stand in der gegenüberliegenden Ecke meiner Bahn und ruhte sich aus.

Ich kraulte langsam hin und zurück. Der Körper der Frau,
die sich zum Ausruhen an das Trennseil gelehnt hatte, steckte
in einem unauffälligen Badeanzug und wirkte seltsam aufge-
quollen. Das kam wohl durch die Lichtverhältnisse im Wasser, dachte ich und schwamm zurück. Dann merkte ich, daß
die Frau, die jetzt auch begonnen hatte zu schwimmen, hinter
mir war, und als ich wieder wendete, kam sie mir entgegen.
Ich erschrak.

Eine derart dicke Frau hatte ich noch nie gesehen. In ihrem
Rumpf, der einem Reissack glich, staken kegelförmige Arme
und Beine. Sie kraulte, doch zwischen ihren im Wasser pad-
delnden Beinen gab es keinen Zwischenraum, und sie bewegte Finger, die aussahen, als steckten jeweils zwei davon in
einem Handschuhfinger. Die Frau schwamm mit unbedeck-
ten, zusammengekniffenen Augen – ob sie sogar auf eine
Schwimmbrille verzichtete, um leichter zu sein? –, nur ihr
dickes Puppengesicht hielt sie vom Dreifachkinn an über
Wasser. Als ich hinter der dicken Frau schwamm, die sich mit
ihrem Pensum abrackerte, kam ich mir fast unanständig vor,

weil ich so ganz aus der Nähe Zeugin ihrer qualvollen Anstrengungen war ...

Während ich am Rande der Bahn Atem schöpfte, brachte Herr Arai, direkt gegenüber, I-Ah die Armbewegungen beim Kraulen bei. Dabei wiederholten sie rhythmisch diese Abfolge der Worte »Ins Wasser, ziehen, drücken, wieder zurück«, was meinem Bruder sichtlich Spaß machte. Bestimmt handelte es sich dabei um eine Standardtechnik, aber ich fand, sie paßte genau zu meinem Bruder. In kürzester Zeit hatte Herr Arai ihm die Kraulbewegungen beigebracht und versuchte nun, ihn schwimmen zu lassen, indem er I-Ahs sinkende Beine stützte. Ich tauchte und sah meinem Bruder zu. Ruhig, weich und im Takt vollzogen seine Arme jede Bewegung »ins Wasser, ziehen, drücken, wieder zurück« korrekt nach. Als er seine Füße unter Arais Leitung ganz natürlich wieder auf den Grund gestellt hatte, holte mein Bruder ruhig Atem und wartete auf Arais nächstes Zeichen ...

Dann klemmte Arai zwei miteinander verbundene Plastikzylinder zwischen die Oberschenkel meines Bruders und ließ ihn aus eigener Kraft vorwärtsschwimmen. Diese Methode hatte Vater ganz früher auch bei I-Ah versucht. Aber mir fiel ein, daß, weil Vater ein Schwimmbrett verwendet hatte, dieses sofort zwischen I-Ahs kraftlosen Oberschenkeln herausgeglitten und an die Wasseroberfläche geschossen war. Diesmal jedoch hielten die beiden verbundenen Zylinder gut zwischen seinen Beinen, und I-Ah schwamm ungefähr zwei Meter kraulend im Wasser vorwärts, dann tauchte sein Körper schräg im Wasser unter. Arai wartete und stützte dann I-Ahs Brust. Mein Bruder spuckte Wasser, hustete und schien sehr aufgeregt über seine eigene Leistung zu sein. Arai klopfte ihm auf die weiche, weiße Schulter und sagte irgend etwas zu ihm. Er schien zu wissen, daß ich ihn aufmerksam beobachtet hatte, und drehte sich zu mir um:

»Wir haben schon dreißig Minuten gemacht. Das reicht für die erste Runde. Jetzt gehen wir zusammen in den Schwitzraum, um einen Plan aufzustellen.«

Obwohl Herr Arai sich auch angestrengt hatte, klang seine helle und heitere Stimme überhaupt nicht außer Atem. I-Ah schwärmte schon für ihn und nickte eifrig dazu . . .

An der Wand des Schwitzraumes gab es zwei hölzerne Stufen, auf die untere setzten I-Ah und ich uns nebeneinander. Mein Bruder hatte nach der ungewohnten Bewegung einen anderen Ausdruck als sonst – er war blaß von der Anstrengung, und gleichzeitig begann er, sich zu entspannen. Er hatte den Kopf erschöpft zwischen seine runden, dicken Schultern gezogen, aber ich sah ihm deutlich an, daß er die Nachwirkungen der Bewegung in seinem Körper genoß.

Herr Arai saß uns schräg gegenüber. Neben sich hatte er seine Trainingsutensilien und die Schwimmhilfe, die mein Bruder benutzt hatte, abgestellt und saß mit geradem, muskulösem Oberkörper da. Die Schwimmerin, die aus der Richtung der Umkleidekabinen kam, sah aus, als ob sie einem Uni-Schwimmclub angehörte; obwohl Arai sie zu kennen schien, demonstrierte er ihr gegenüber eine fast gefühllose Gleichgültigkeit.

I-Ah hatte nach dem Schwimmen noch Gymnastik gemacht und war die vielfach gewundene Treppe nach oben gestiegen, deshalb wartete Arai, bis er sich von all den Anstrengungen erholt hatte, und begann, einen Plan für den Schwimmunterricht zu entwerfen. Arai, der den durchtrainierten Körper eines Sportlers hatte, wirkte oberhalb des Halses wie eine Mischung aus einem Jungen und einem Mädchen, wie der androgyne, neue Typ, der jetzt in Mode ist, und daß er sich um I-Ah kümmerte und ihn wie einen gleichaltrigen jungen Mann behandelte, was er wahrscheinlich ja auch war, registrierte ich dankbar.

»Können Sie ab jetzt jede Woche an diesem Tag um die gleiche Zeit in den Club kommen? Wenn er fünfmal dreißig Minuten geübt hat, kann er richtig atmen und fünfundzwanzig Meter an einem Stück schwimmen. Du hast ja keine Angst vor dem Wasser und folgst meinen Anweisungen ganz genau.«

»Ja, ich habe sie genau befolgt«, antwortete I-Ah. Er spitzte die Ohren, um ja kein Wort zu verpassen.

»Bei der Gesundheitsuntersuchung haben sie nichts von einem Herzproblem gesagt, oder?«

»Er hat epileptische Anfälle, aber... am Herzen hat er nichts. Ein Epilepsieanfall dauert meiner Erfahrung nach ungefähr dreißig bis vierzig Sekunden, währenddessen ist sein Bewußtsein getrübt. Wenn es ihm allein im Wasser passieren würde, könnte es gefährlich sein...«

Herr Arai hörte äußerst aufmerksam zu, das Mädchen, das neben uns saß, quiekte zweimal mit seltsamer Stimme. Überrascht schaute ich in ihre Richtung und merkte, daß sie jedesmal, wenn ich das Wort »Epilepsie« sagte, ein Lachen unterdrückte. Ich wandte den Blick vom schweißnassen Gesicht des Mädchens ab und betrachtete seine wohlgeformten, stark gebräunten Oberschenkel. Dann sah ich zurück auf meine eigenen weißen Oberschenkel, die wie Stöcke aussahen und aus denen kein Schweiß sickerte. Obwohl Herr Arai mir ja den Schwimmplan erklären mußte, fand ich es unhöflich von ihm, mit mir weiterzureden, ohne das Mädchen zu beachten.

»Dann werden wir jeden Samstag ab drei Uhr dreißig Minuten lang zusammen schwimmen. Weil ich dann Zeit habe... Einverstanden?«

»Einverstanden, von drei bis drei Uhr dreißig, dreißig Minuten lang.« I-Ah gefiel die Wiederholung der Zahlen.

»Wie bezahlen wir die Unterrichtsgebühren?«

»Unterrichtsgebühren nehme ich nicht. Ich mache das zu meinem eigenen Vergnügen.«

Das Mädchen mit den keulenförmigen, rotbraunen Oberschenkeln quiekte wieder, und ich hatte diesmal das Gefühl, sie wollte Herrn Arai ermahnen, noch einmal darüber nachzudenken.

»Wir sind Ihnen wirklich dankbar, daß Sie meinen Bruder zu trainieren...«

Da erhob sich ein Mann, der wie ein lebloser Gegenstand

gegenüber auf der oberen Stufe, das Gesicht mit einem Handtuch bedeckt, gelegen hatte. Durch den Schweiß unter seinen Armen und in der Leistengegend gab es ein klatschendes Geräusch.

Als er uns sein sehr rotes, kreisrundes, lächelndes Gesicht zuwandte, während Schweißtropfen von seiner platten Himmelfahrtsnase fielen, sagte er:

»Das geht schon in Ordnung. Herr Arai hat samstags im Club frei und macht nur sein ›Gewalttraining‹, dabei bringt er sich fast um mit Kraftübungen. Anstelle in der Pause Gymnastik zu machen, ist ein leichtes Training fast besser.«

Der Betreuer Herr Mochizuki! Er war vor uns in den Schwitzraum gekommen, hatte in ein Handtuch gewickelt auf der Bank gelegen und Arai zugehört. Nachdem er die Lage beurteilt hatte, redete er mir zu. Dann sagte Herr Mochizuki zu dem eingeschnappten Mädchen neben Arai: »Mika-chan, unterrichtest du jetzt? Trainierst du die Anfänger?« Er lächelte, und sein Ausdruck blieb liebenswürdig, obwohl sie ihn völlig ignorierte, und er wollte sich wieder hinlegen. Da kamen zufällig drei oder vier Leute, angeführt von der ungewöhnlich dicken Frau von vorhin, durch die Tür vom Schwimmbad und durch die Tür von den Umkleideräumen vier bis fünf Männer herein. Herr Mochizuki wurde von einem kleinen Mann mit Schnurrbart *forsch* am Hinlegen gehindert.

»Herr Mochizuki, nicht doch schon wieder rumliegen! Der Schwitzraum ist schon so voll. Wollen Sie nicht ein bißchen schwimmen oder sich sonstwie bewegen? Nur zu schwitzen ist schädlich.«

»Warum soll das schädlich sein?« Etwas verlegen, aber immer noch lächelnd, setzte Herr Mochizuki sich wieder auf.

Der Mann mit dem Schnurrbart, der wie eine Frau sprach, sagte zu der extrem korpulenten Dame: »Frau Ueki, haben Sie schon ein bißchen abgenommen? Wenn Sie nicht abnehmen, sind Sie als Frau disqualifiziert!« Wahrscheinlich waren sich alle im Schwitzraum darüber einig, daß das äußerst taktlos war. I-Ah schien sich dabei auch unbehaglich zu fühlen und senkte den Kopf. Aber die angesprochene Frau Ueki nickte zustimmend und schien gar nicht beleidigt. Als die anderen Leute zu sprechen begonnen hatten, schwieg Arai, der beide Beine angezogen hatte und seine Knie umfaßt hielt.

In der veränderten Atmosphäre des vollen Schwitzraumes jedoch wirkte das gar nicht so ungesellig. In der Mitte des Raumes gab es ein Metallrohr, das mit schwarzen, Hitze ausstrahlenden Steinen gefüllt war – diese Wärmequelle verursachte einen Saunaeffekt –, zwischen dem Holzzaun, der das Rohr umgab, und den Holzbänken, auf denen wir saßen, blieb nur noch ein schmaler Gang. Einer machte Aufwärmübungen, und ein anderer lag mit dem Rücken flach auf dem Boden, hatte die Beine über dem Bauch gekreuzt, wie ein Zauberer, der sich in der Flasche zwängt, und bewegte kreisend seine Fußgelenke. I-Ah, vor dessen Augen sich all dies abspielte, hielt sich zwar zurück, aber sein auf mich gerichtetes Lächeln schien zu sagen »Oje, oje!« . . .

»Herr Arai trainiert jetzt wieder. Da kannst du ein Bad nehmen, und nachdem du dich im Schwitzraum nochmal aufgewärmt hast, ziehst du dich an. Komm, ich zeig's dir«, sagte Herr Mochizuki zu I-Ah und stand auf. Der Platz, auf dem er gesessen hatte, war so naß, als hätte man einen vollen Eimer dort ausgeleert. Obwohl er so schwitzte, paßte Herr Mochizuki gut auf meinen Bruder auf. Als der Mann mit dem Schnurrbart und den weiblichen Manieren merkte, daß Herr Mochizuki sich um uns, die Neuankömmlinge, kümmerte, zog er ihn nicht mehr auf und schaute uns fürsorglich nach. Das war wohl das Ergebnis von Herrn Ōsawas Vorbereitungsarbeit für I-Ah; er hatte nämlich im Umkleideraum und im Foyer kurz mit den Leuten gesprochen.

Ich beendete eilends mein Bad, ging, ohne meine Haare zu trocknen, ins Foyer und bezog meinen Posten vor der Tür des Herrenumkleideraumes. Als mein Bruder, dem Herr Mochizuki die Schwingtür aufhielt, dann munter herauskam, verabschiedete er sich höflich von Herrn Mochizuki, der noch einmal in die Sauna zurückging. Ich wollte den Erfolg der ersten Stunde feiern und trank mit I-Ah einen heißen Tee aus dem Automaten.

Wir stiegen die Treppe vom Club hinunter, und als wir auf der Straße zum Bahnhof gingen, bezwang I-Ah seinen Übermut und benahm sich feierlich. Der Tag neigte sich schon dem Ende zu, und man konnte das Becken im ersten Stock des Gebäudes durch das breite Fenster, das zur Straße hinausging, glänzen sehen. Im großen Becken begann ein Schwimmunterricht für Erwachsene; für die einzelnen Mitglieder, die intensiv trainierten, hingen an einigen Startblöcken Schilder mit der Aufschrift »Übungsbahn«. Ein Mann trainierte auf einer solchen Bahn ganz allein und äußerst angestrengt.

Wenn er einmal hin- und zurückgeschwommen war, verrückte er einen Schwimmer an dem Trennseil – damit zählte er wohl die schon geschwommenen Bahnen. Kaum hatte er eine Minute Atem geschöpft, als er sich schon wieder ins Wasser stürzte und weiterschwamm. Seine Muskeln waren, wie bei einem im Wasser lebenden Tier, naß und glänzten. Mein Bruder hatte sofort erkannt, daß es Herr Arai war.

I-Ah und ich stützten uns auf den Metallzaun vor dem Glasfenster und starrten fasziniert auf den im Becken schwimmenden Arai und das ihn umgebende glitzernde Wasser voller Lichtreflexe. Arai machte immer wieder eine Bewegung, als würde er mit ungewöhnlicher Heftigkeit das Wasser umarmen, und wenn er in unsere Richtung stürmte und innehielt, keuchte er fast wie ein Kranker und verrückte einen weiteren Schwimmer an dem Seil. Als er sich wieder vom Beckenrand abstieß, wirkte die Kraft seiner Beine, die ein Stück dahinglitten, vulgär und grausam und stand ganz im Gegensatz zur kontrollierten Anmut und eleganten Körperkraft eines jungen Sportlers... Seine Bewegungen vermittelten keine wohltuende Freude, wir schienen Zeugen einer Art Selbstbestrafung zu sein. Ernüchternd wurde mir bewußt, daß dies das »Gewalttraining« sein mußte.

»I-Ah, komm wir gehen, ich finde es unanständig, so heimlich zuzuschauen«, sagte ich.

Auch mein Bruder trennte sich ohne Bedauern von dem Metallzaun.

Nach I-Ahs Musikstunde in der folgenden Woche erzählte ich den Shigetōs, daß er mit dem Schwimmunterricht angefangen hatte und von einem Schwimmlehrer unterrichtet würde. Anders als früher mit Vater, sei es diesmal professionell.

»Es gibt nichts Besseres, als richtig schwimmen zu lernen. Wenn I-Ah gut kraulen kann, dann wird das, weil er so groß und kräftig ist, bestimmt prächtig aussehen. Natürlich ist es auch gesund. Haltet durch, selbst wenn das Training anstrengend wird.«

»Bis jetzt habe ich schon so viel gemacht, und im Wasser möchte ich jetzt auch durchhalten!«

Die Shigetōs und ich lachten fröhlich, obwohl wir gemerkt hatten, daß er wie üblich absichtlich etwas Schiefes gesagt hatte. Um ihn an die Mühen des Musikunterrichts zu erinnern, sagte Frau Shigetō: »Also auch im Wasser, nicht wahr?«...

Ich hatte Mutter bereits in einem Brief geschrieben, daß I-Ah mit dem Schwimmen angefangen hatte, und das gleiche den Shigetōs berichtet. Aber ich hatte keine Ahnung gehabt, welchen Schreck die Zeile »er hat einen wunderbaren Lehrer namens Arai« in meinem Brief meinen Eltern einjagen würde. Im nachhinein sollte sich der seltsame Eindruck von Herrn Mochizukis Verhalten, als er Herrn Arai mit I-Ah zusammen auftauchen sah, bestätigen...

Vaters Antwort auf meinen Brief kam blitzschnell. Bisher war kein Brief in weniger als zehn Tagen beantwortet worden. Aber diesmal traf die Antwort schon vor dem dritten Schwimmunterricht mit Arai ein. Vater schrieb, er gebe den Brief einem Soziologen mit, der, wie es sich ergeben hatte, an einer Konferenz in Berkeley teilnahm und den Brief auf seinem

Rückflug nach Japan mitnehmen konnte, um ihn am Flughafen Narita per Eilpost aufzugeben. Mit Spannung las ich Vaters Brief, in dem er gelassen begann, dann aber dazu überging, Befürchtungen zu äußern. Was ich zunächst begriff, war, daß er mir den Inhalt, obwohl es sehr dringend war, nicht direkt am Telefon mitteilen konnte. Als erstes schrieb Vater, er freue sich, daß wir zum Schwimmunterricht gingen.

»...Aber nun zu dem Trainer – ich habe nicht im Traum daran gedacht, daß Herr Arai, den ich auch kenne, zurückkommt. Nur deshalb habe ich Euch diesen Sportclub empfohlen, dabei habe ich überhaupt nicht mehr an Herrn Arai gedacht. Als ich gehört habe, daß Herr Arai I-Ahs Lehrer ist, war ich überrascht. Vor fünf Jahren hat Herr Arai den Club verlassen, weil gewisse schwerwiegende Gerüchte über ihn kursierten. Den Inhalt der Gerüchte und die näheren Umstände werde ich Herrn Shigetō direkt telefonisch erklären. Ich möchte ihn bitten, einmal im Club vorbeizuschauen und sich umzuhören. Bitte sei nicht beleidigt, Mā-chan, wenn ich so über Deinen Kopf hinweg handele.

Vielleicht sind Mamas Befürchtungen unbegründet, aber weil sie über diese Gerüchte Bescheid weiß, hat sie mich gebeten, Euch folgendes auszurichten. Ihr sollt, wenn Ihr mit Herrn Arai übt, ihn nicht außerhalb der Sichtweite anderer Leute treffen. Sie möchte, daß Ihr Euch an diese Regel haltet... Was das Honorar angeht, so werde ich Herrn Ōsawa schreiben, daß er es zusammen mit Eurem Mitgliedsbeitrag auf eine Rechnung schreiben und diese zu uns nach Hause schicken soll.«

Schweren Herzens las ich den Brief und hegte, ehrlich gestanden, keine besonders freundlichen Gedanken gegenüber meinen Eltern. Was sollte ich nun wegen des morgigen Unterrichts unternehmen? Da rief Frau Shigetō an.

»Mā-chan, morgen ist doch I-Ahs Schwimmkurs. Wollt ihr da diese Woche nicht morgen zur Musikstunde kommen und anschließend mit meinem Mann dorthin gehen? Er ist auch Club-Mitglied, K. hat ihm den Club einmal empfohlen.

Eine Zeitlang war er ein begeisterter Schwimmer. Als wir auf dem Weg nach Warschau in Moskau waren, hat er sich sogar früh morgens den Russen, die auch bei Schnee im Freien schwimmen, in einem Warmwasserbecken angeschlossen. Er war zwar jetzt länger nur passives Mitglied, aber als ich im Club angerufen habe, sagten sie, wenn er die Benutzergebühren für dieses Jahr bezahlt, wird seine Mitgliedschaft erneuert. Mein Mann hat einen phantastischen Badeanzug, den er in den tschechischen Badeorten getragen hat; er sieht darin aus wie Esther Williams!«

Herr Shigetō, mit dem wir nach der Musikstunde zusammen ins Schwimmbad gingen, half I-Ah beim Umziehen. Als er im Badeanzug, der wie Hemd und Hose eines Marathonläufers aussah, aus dem Umkleideraum auftauchte, mußte ich kichern. Dieser Badeanzug hätte – zur einer *Zeit*, in der so etwas modern war, und am richtigen *Ort* getragen – bestimmt hervorragend ausgesehen.

Wir gingen, wie es Herr Arai immer getan hatte, auf dem Weg zum Becken nicht durch den Schwitzraum, sondern den Gang daneben. Die Beine von Herrn Shigetō, der barfüßig und festen Schrittes die Treppe hinunterging, waren sehnig und lang. Verglichen mit ihnen wirkten die Beine meines Bruders, der neben ihm ging, und die von Herrn Arai, der hinter der Glastür zum Mitgliederbecken wartete, eher bescheiden. Herr Arai begann sofort mit den Aufwärmübungen für I-Ah. Herr Arai war zu Herrn Shigetō, den ich ihm vorstellte, und auch zu mir unfreundlich, während er meinem Bruder am Anfang lächelnd seine weißen Zähne und sein rosa Zahnfleisch zeigte, um dann sofort zu den Aufwärmübungen überzugehen. Daher fühlten Herr Shigetō und ich uns wie Schüler, die vom Lehrer nicht beachtet werden, und es blieb uns nichts anderes übrig, als in einiger Entfernung, die Übungen mitzumachen.

Die Schüler der Schwimmschule, die wie in der letzten und vorletzten Woche im großen Becken tobten, erzeugten eine hitzige Atmosphäre, die den ganzen Raum erfüllte; im Bekken für Springer trieben schweigend Frauen mittleren Alters im Schwimmanzug, langsam ihre Arme und Beine bewegend, als suchten sie etwas im Wasser. Auf einer hinteren Bahn in dem wie immer leeren Mitgliederbecken trainierte Herr Arai mit I-Ah, Herr Shigetō und ich schauten ihnen von der Bahn daneben zu. Außer uns schwammen darin noch zwei oder drei erwachsene Frauen, und die dicke Frau Ueki hing mit einem melancholischen Ausdruck auf ihrem altmodischen Puppengesicht am Seil.

»Also, Herrn Arais Unterricht übertrifft ja meine Erwartungen«, rief Herr Shigetō, der nun mit dem Zuschauen fertig war, legte seine Brille auf den Beckenrand ab und schwamm in einer japanischen Technik seitwärts durchs Wasser. Die Wellen strömten von seinen ausgeprägten Ohren an seinem Kinn entlang. Ohne Brille sah er wie ein Samurai aus. Herr Shigetō wendete und kraulte jetzt im japanischen Stil. Sowohl beim japanischem Seitenschwimmen als auch beim Kraulen bleiben die Augen über der Wasseroberfläche, und ich sah nun ein, warum Herr Shigetō kein Interesse an Vaters Schwimmbrille gezeigt hatte, die ich für ihn mitgebracht hatte.

Als ich anfing zu kraulen, war Herr Shigetō sofort im Bilde über meine Fähigkeiten; damit ich im gleichen Abstand folgen konnte, drosselte er anscheinend seine Geschwindigkeit beim japanischen Kraulen. So schwammen wir dreimal hin und her, und auch wenn ich dem gemäßigten Tempo von Herrn Shigetō folgen konnte, mußte ich doch wegen meiner Kondition eine Pause einlegen. Ich stellte mich auf die Füße, und als ich mich umschaute, war Herr Shigetō verschwunden. Herrje, dachte ich, aber dann tauchte Herr Shigetō mit ausgestrecktem rechten Arm auf – das mußte ein japanischer Schwimmstil sein –, in der Hand eine gelbe Badekappe, die er Frau Ueki auf der Nebenbahn hinüberreichte.

Während sie Herrn Shigetō und mich mit einem melancholischen Ausdruck bedachte, winkte sie dem trainierenden I-Ah aufmunternd zu.

Mein Bruder versuchte gerade, von der Mitte des Beckens aus alleine zu schwimmen. Herr Arai war an seinem Ohr und gab die Anweisungen, indem er jedes seiner Worte ausdrücklich mit einer Kopfbewegung unterstrich. Auch mein Bruder zeigte seine Entschlossenheit, indem er mehrmals mit seinem Kopf nickte, der wesentlich größer wirkte als der von Herrn Arai, der sein kurzgeschnittenes Haar mit einer Bademütze bedeckt hatte.

Als I-Ah, von Herrn Arai an Schulter und Hüfte hineingeschoben, auf dem Wasser lag, begann er, mit einem *schiefen*, aber weiten Stoß zu schwimmen. I-Ah, der die Atemtechnik zwar noch nicht beherrschte, schwamm ohne Schwierigkeiten bis zum Ende der Bahn und stellte sich auf. Er schien eifrig nach Arai Ausschau zu halten, den er durch seine Schwimmbrille wohl nur schwer ausmachen konnte. Arai warf sich leicht nach vorne, schwamm ausnahmsweise im Schmetterlingsstil zu meinem Bruder hin und lobte die Tapferkeit seines Schülers. Herr Shigetō und ich applaudierten kräftig . . .

Als I-Ah in der Mittelstufe der Sonderschule war und Vater zum Schwimmen in den Club begleitet hatte, war er einmal in das schachtartige, mit einem Netz überspannte Becken gefallen, das wir am Anfang besichtigt hatten. Zu Hause war er dann so brav, als wäre er bei einem Streich erwischt worden, aber sonst gesund und munter. Vater dagegen berichtete Mutter das Ganze mit ausführlicher Weinerlichkeit von vorne bis hinten. Auf dem Rückweg hatte I-Ah Vater in der Bahn mit den Worten getröstet:

»Ich bin untergegangen. Aber jetzt werde ich schwimmen. Ich will schon schwimmen!«

Das ist jetzt schon lange her, aber I-Ah ist *schon geschwommen*, wie er es Vater versprochen hat. Dergleichen wollte ich ihm nach Kalifornien in einem Brief schreiben. Ich kenne die wahren Hintergründe nicht, aber Vater ist in einer so ernsthaften *Krise*, daß Mutter I-Ah verlassen und mit Vater nach Amerika gehen mußte. Wird die Mitteilung, daß I-Ah geschwommen ist, Vater nicht genauso aufmuntern wie das, was I-Ah auf dem Rückweg in der Bahn gesagt hat, nachdem er fast ertrunken wäre?...

Ich erzählte diese Geschichte Herrn Shigetō, der Herrn Arai aufmerksam dabei beobachtete, wie er die Armbewegungen mit I-Ah wiederholte. Herr Shigetō verstand meine Beweggründe und antwortete dementsprechend.

»Mā-chan, K. hat sich über deinen Kopf hinweg mit mir beraten, und ich dachte, du wärst verärgert. Aber du bist offensichtlich kein nachtragender Typ. Gegenüber einem Mann mit K.s Charakter ist das die beste Kindesliebe. «

Als wir in den Schwitzraum hinaufkamen, saß Herr Arai wie üblich, seine Utensilien neben sich, mit gesenktem Kopf da, und mein Bruder, heute neben ihm, schwieg auch mit ernstem Gesicht. Das schien mir nach einem so anstrengenden Training ein ganz normales Verhalten zu sein – auch wenn es für Arai nur die Pause vor seinem Gewalttraining war. Ich hatte das Gefühl, daß sich so Leute verhielten, die mit einer Zielsetzung ins Schwimmbad kamen, daher war ich stolz auf die beiden. Sie hoben sich von der ausgelassenen Stimmung im Schwitzraum ab, wo auch der *forsche* Mann mit dem Schnurrbart war, der sich wie eine Frau verhielt und aus dessen Worten hervorging, daß er wahrscheinlich einen Frisiersalon führte, und der schweißüberströmte Herr Mochizuki.

Herr Shigetō, der bis dahin geschwiegen hatte, um die Stimmung von Herrn Arai und meinem Bruder nicht zu stören, sprach in einem Ton, als wollte er etwas sagen, das gesagt werden mußte:

»Du bist tüchtig geschwommen, I-Ah, und hast gut auf die Bemerkungen und Anweisungen von Herrn Arai gehört. Und bevor du rausgekommen bist, bist du sogar noch mal fünfzehn Meter geschwommen! Du hast dich prima angestrengt!«

»Ja, ich habe mich angestrengt!«

»Ich fand auch Herrn Arais Trainingsmethode beachtlich. «

Arais Gesicht war vom Wasser gerötet, und von schräg unten schaute er mit seinen deutlich gezeichneten Augen, die seinen cholerischen Charakter verrieten, Herrn Shigetō an.

»I-Ah macht ja auch, was ich sage. Aber ich wünsche mir, daß er auch durchhält, wenn es anstrengender wird. Die Atemtechnik, die jetzt kommt, ist schwierig...«

»Ich will durchhalten, auch wenn es anstrengender wird!«

»Ihr habt ja schon eine richtige Lehrer-Schüler-Beziehung geknüpft«, sagte Herr Shigetō. »Als K. regelmäßig jeden Tag in diesen Club kam, haben Sie sich da oft mit ihm unterhalten, Herr Arai?«

»Nein, nicht so oft.« Er schaute mit einem forschenden Blick zu mir hin. »Ich habe ihn mal gefragt, ob ich ihn zu Hause besuchen dürfte, aber er hat abgelehnt.«

»So was!« Da mein Bruder das so beschämt hervorbrachte, konnte ich nicht schweigen.

»Auch wenn mein Vater Scherze macht, ist er ein verschlossener Charakter und schließt selten neue Freundschaften...«

»In unserem Alter ist es für jeden eine *beschwerliche* Angelegenheit, neue Freunde zu finden. Wenn so etwas auf natürliche Art zustande kommen kann, ist es jedoch schön. Beispielsweise wie bei mir mit I-Ah und Mā-chan.«

Herr Arai nickte und ließ den Kopf hängen. Mit fast wildem Eifer wischte er seinen Oberkörper, der gleichmäßig mit schönen Schweißperlen bedeckt war, mit einem Handtuch ab – ich fand es, ehrlich gesagt, schade um diese Schweißperlen.

Auf dem Rückweg vom Schwimmbad lud Herr Shigetō uns zu einem italienischen Essen in ein Restaurant im Einkaufszentrum am Bahnhof Shinjuku ein. Herr Shigetō übersetzte gerade Briefe von Mircea Eliade aus dem Rumänischen. Als der junge Eliade in Italien reiste, wollte er auch Italienisch essen, erzählte Herr Shigetō zu meiner Unterhaltung. Dann prüfte er mit einer für einen Japaner ungewöhnlichen Sorgfalt die Speisekarte. Mein Bruder machte aufgrund seiner Erfahrungen als eifriger Zuschauer von Gourmetsendungen im Fernsehen zu jedem gut gewählten und zusammengestellten Gericht eine treffende, bewundernde Bemerkung. Herr Shigetō nahm das mit Vergnügen zur Kenntnis und beobachtete aufmerksam, wie mein Bruder die Spaghetti geschickt mit Löffel und Gabel aß. Wir hatten einen erfüllten Tag mit dem Musik- und dem Schwimmunterricht verbracht. Das Verhalten meines vor Befriedigung und Erschöpfung ganz gelösten Bruders war wirklich von einer wohltuenden Noblesse...

Herr Shigetō sprach ohne Wichtigtuerei unmittelbar über den wahren Grund für diese Einladung zum Essen. Er hatte vor einiger Zeit von meinem Vater etwas über Herrn Arais Vergangenheit erfahren. Als Arai an einer Privatuniversität Jura studierte, hatte es einen Vorfall gegeben, über dessen konkreten Inhalt er mir in diesem Stadium nichts erzählen wollte, weil es sich möglicherweise nur um ein Gerücht handele. Er wisse, daß ich nicht zum bohrenden Fragen aus Neugierde neigte. Herr Arai sei wirklich in einen peinlichen Zwischenfall verwickelt gewesen, und wenn ich etwas darüber erführe, so glaube er nicht, daß es mich positiv für ihn einnehmen würde.

Mein Vater in Kalifornien, der sich nämlich an diesen Zwischenfall erinnerte, würde sich vermutlich unbehaglich fühlen, wenn ich näher mit Herrn Arai zu tun hätte. Aber unsere Beziehungen zu ihm beschränkten sich ja auf den Schwimmunterricht, und wenn uns zudem er, Herr Shigetō, ins Schwimmbad begleitete, wären Vater und Mutter gleich von dieser direkten Sorge befreit...

Nicht erst nach Monaten oder Jahren, sondern auch schon nach Tagen, vielleicht ein paar Wochen kann ein Gefühl von Vergangenheit eintreten, wenn man zu seiner Überraschung feststellt, daß sich eine Situation völlig verändert hat und dies tatsächlich binnen weniger Tage geschehen ist. Ein solches Gefühl von Im-Nachhinein gibt es.

So ließen sich auch I-Ahs Fortschritte im Schwimmen beschreiben. Es war Anfang März, und er ging in einer marineblauen Jacke und mit einer Sporttasche in den Club. So haben wir ihn mit Ō-chans Fotoapparat aufgenommen. Ō-chan hatte nur eine einzige Aufnahmeprüfung absolviert und daher Freizeit. Er beschloß, wieder einmal zu einem Orientierungstraining in eine Berghütte nach Gunma zu fahren. Vorher hatte er noch einige Fotos für meine Eltern gemacht. Als Ō-chan mit uns ins Schwimmbad kam, mußte er, so war es mit Herrn Ōsawa ausgemacht, keinen Eintritt bezahlen, denn er kam nur als Fotograf. Nachdem er I-Ah im Schwimmbad aufgenommen hatte, reiste er ab.

Bei den Aufnahmen war Ō-chan, weil I-Ah schon richtig atmen und zwanzig Meter schwimmen konnte, sehr erstaunt. Auch ich war gerührt über das Wunderbare, das sich vor meinen Augen abspielte. Weil es so wunderbar war, kam mir der abwegige Gedanke, I-Ah sei, einmal abgesehen von Tieren, die im Meer leben, wie Seehunde und Seeotter, das erste Säugetier, das vom Land ins Wasser geht und so herrlich schwimmt. Weil I-Ah so gut schwamm, ergriff mich, als Ō-chan den Beckenrand verlassen hatte, ein unruhiges und einsames Gefühl, und so schwamm ich auf der benachbarten Bahn und schaute meinem Bruder durchs Wasser hindurch zu, während ich das Paddeln mit den Füßen übte.

Im Wasser sah sein Oberkörper so hell wie die Haut eines Europäers aus, und er bewegte sich mit den vorschriftsmäßigen Armbewegungen vorwärts, indem er langsam und korrekt ins Wasser eintauchte und es umfaßte – ziehen, drücken und wieder zurück.

Die Augen meines Bruders, der beim Atemholen seinen Kopf zu mir drehte – mit seiner üblichen unerschütterlichen Kompromißlosigkeit hatte er irgendwann aufgehört, die Schwimmbrille zu tragen –, waren im Wasser ganz natürlich geöffnet. Beim Luftholen hielt er den Mund über Wasser, beim Wiedereintauchen sprudelte aus den geschlossenen Lippen eine leuchtende Kette von Luftblasen. Auf dem Körper meines Bruders und auch auf dem Grund des Beckens zeichnete die Deckenbeleuchtung ein Wellenmuster, das durch die Trennseile und die Wellen hervorgerufen wurde. Mein Bruder drehte seinen Kopf nachdenklich hin und her und schwamm, als würde er auf das Netz klettern, das sich durch die Wellen und die Schatten der Seile gespannt hatte.

»Während ich dir beim Schwimmen zusah, schienen hundert Jahre zu vergehen«, sagte ich in einer Pause zu I-Ah.

»Hundert Jahre! Das ist ja erstaunlich!« antwortete er nachdenklich und gelassen.

An diesem Tag waren wir nach dem Schwimmunterricht nur zu viert im Schwitzraum, denn die anderen Stammgäste des Schwimmbads berieten im Aufenthaltsraum über einen Ausflug mit dem clubeigenen Boot und den Besuch einer Blumenschau in Izu – warum sie dabei den Schwitzraum mieden, begriff ich erst später. Weil Ō-chan heute Aufnahmen machte, war es für uns ein irgendwie besonderer Tag, und wir saßen zufriedener als sonst da.

»Was ist denn das?« fragte I-Ah erschrocken mit einem Blick auf Herrn Shigetōs Rücken, und wollte vorsichtig seinen Finger darauflegen. Der obere Teil von Herrn Shigetōs altmodischem Badeanzug hatte sich verschoben. Er zog das Hemd wieder darüber, um I-Ahs Finger auf diese Weise loszuwerden.

»Das ist von einer Operation«, erklärte er dabei kurz.

»Waren Sie krank am Rücken? Das muß ja wehgetan haben!«

»Genauer gesagt, es war die Speiseröhre, aber das kommt nicht von den Schmerzen.«

I-Ah schien das einzusehen, aber ich war beunruhigt. Als mein Vater von einem Kommilitonen telefonisch von Herrn Shigetōs Erkrankung erfuhr, war ich zufällig im Eßzimmer gewesen. Da ich bis dahin den Eindruck gehabt hatte, daß der Freund meines Vaters, Herr Shigetō, sehr aktiv in Osteuropa war, glaubte ich, daß es sich um eine Operation in Zusammenhang mit irgendeinem Unfall handelte. Dann hörte ich, wie mein Vater, der ihn während seiner Behandlung im Krankenhaus besuchte, gegenüber meiner Mutter gewisse Befürchtungen äußerte. Abgesehen von seinen Forschungen zu osteuropäischer Literatur, die ihn wiederholt fünf oder sogar zehn Jahre in Anspruch genommen hätten, wollte Herr Shigetō sich nun dem Komponieren widmen, das innerhalb kürzester Zeit Ergebnisse zeitigte. Was war ich doch für ein ahnungsloses Ding! Damals kannte ich Herrn Shigetō noch nicht persönlich. Aber seit er uns so unmittelbar half, war es doch völlig stumpfsinnig von mir, seine Umorientierung nicht mit der Erkrankung seiner inneren Organe in Verbindung zu bringen. Ich spürte – nicht wegen der Hitze im Schwitzraum –, daß meine Gesichtshaut allmählich gefühllos wurde. Plötzlich verhielt ich mich ganz im Gegensatz zu meinem *Roboterzustand*, und weinerlich sprudelte es aus mir heraus.

»Ende letzten Herbstes sind wir beide zu einer Totenfeier in Vaters Heimatdorf gefahren und haben den Unterricht bei Ihnen verlegt. Damals hat uns Großmutter allerlei erzählt. Wir schliefen nämlich im gleichen Zimmer. Dabei gab es häufig Worte, deren Bedeutung ich zwar nicht verstand, aber die mich beschäftigten . . . Großmutter erinnerte sich allmählich und erzählte, daß Vater in seiner Kindheit einige Male durch eigene Schuld fast ums Leben gekommen wäre. Das geschah keineswegs wegen seines mutigen und verwegenen Charakters, er hatte anscheinend nur die merkwürdige Einstellung, daß er sowieso nichts machen konnte. Aber seine Umgebung konnte das nicht zulassen. Wenn dieses Verhalten immer noch andauere, könnten unsere Mutter und wir Kinder ihr leidtun, sagte sie. Mir tun Sie, Herr Shigetō, und auch Herr Arai wirklich leid, weil Sie wegen Vaters *Krise* solche Mühe auf sich nehmen.«

Ich war über meine steife Redeweise selbst überrascht, und ich befürchtete, I-Ah könnte deswegen in Verlegenheit geraten. Als ich diese Dinge, verworren wie sie waren, einmal ausgesprochen hatte, wurde mir klar, daß ich in letzter Zeit dauernd darüber nachgedacht hatte. Am Ende meiner Kräfte schloß ich den Mund, der Schweiß, der in Tropfen mein ganzes Gesicht bedeckt hatte, stürzte herab, und außerdem begannen die Tränen zu fließen.

»Was ist denn los, Mā-chan?« sprach mein Bruder mich mit zögernder Stimme an. Herr Shigetō und Herr Arai wirkten betreten, als hätte ich mich gegen sie gewandt.

» . . . Es tut mir leid. Mein Vater, der vollauf mit seiner eigenen *Krise* beschäftigt ist, hat Ihnen diese Bürde aufgehalst, ich kann Ihnen gar nicht sagen, wie sehr ich mich in Ihrer Schuld fühle . . .«

Arai reichte mir mit seinem langen Affenarm ein Handtuch, und ich dachte, es wäre schweißdurchtränkt und würde riechen, aber es roch trocken wie frischgebackenes Brot. Von diesem Duft umgeben, wischte ich mir die Tränen ab und schneuzte mir geräuschvoll die Nase.

I-Ah und ich hatten uns am Bahnhof Shinjuku von Herrn Shigetō getrennt und waren mit der Odakyū-Linie bis zur Station Seijō-Gakuen gefahren. Dort erwartete uns eine Überraschung. Ich fragte mich sofort, wie er uns im abendlichen Gedränge vor dem Bahnhof entdeckt hatte. Rechts von der Treppe zum Bahnhof befand sich ein hellerleuchteter Supermarkt, gegenüber der Treppe eine Apotheke. Auf der linken Seite führte ein dunkler Gang zu einem Taxistand. Dort mußte er gestanden und aufgepaßt haben, damit er uns, wenn wir die Kreuzung überquerten, sehen konnte. Wir hatten die Absicht, in dem Supermarkt fürs Abendessen einzukaufen, und als wir gerade einen von den am Eingang gestapelten Körben nahmen, kam von hinten jemand mit Joggingschuhen federnd angelaufen und schlug meinem Bruder kräftig auf die Schulter. Als ich mich herumdrehte, war es zu meinem Erstaunen Herr Arai.

»So eine Überraschung«, sagte I-Ah, und obwohl er nicht mochte, wenn man ihn anfaßte, schien er erfreut.

»Ich dachte, Sie machen jetzt Ihr Gewalttraining. . . . Was ist los?«

»Sie haben heute Fotos gemacht, und I-Ah hat sich beim Schwimmen besonders angestrengt. Deshalb wollte ich Sie mit dem Auto nach Hause fahren und habe vor dem Club gewartet.« Nachdem er das gesagt hatte, hielt Herr Arai inne und gab über die Schulter ein Zeichen in die Richtung des Spirituosengeschäfts, das sich auf der gleichen Seite wie die Apotheke befand und vor dessen Eingang ein Sonderangebot von Scotch Whiskey gestapelt war.

Dort war eigentlich Parkverbot, und der Wagen hatte vermutlich gewartet, indem er ab und zu um den Block gefahren war und dann wieder eine Weile dort gestanden hatte. Jetzt bewegte sich der schmutzige, dunkelgrüne Porsche auf uns zu.

»Wollen Sie einkaufen? Sollen wir nochmal zehn Minuten herumfahren?« Da Herr Arai dies so munter sagte, als ob er es sofort in die Tat umsetzen wollte, fühlte ich mich verwirrt und war aufgeregt. Normalerweise hätte ich abgelehnt und gesagt, er bräuchte uns nicht zu fahren, denn wir gingen immer zu Fuß vom Bahnhof nach Hause. Aber ich stellte den Korb eilig ab und zerrte meinen Bruder, der nur ungern auf den Supermarkt verzichtete, am Arm zu dem Wagen, der langsam an uns vorbeigefahren war und kurz vor der Kreuzung gehalten hatte, hinter Herrn Arai her, der einen Gang hatte wie ein schwarzer Basketballspieler – er schien jetzt ein ganz anderer als im Schwimmbad, wenn er mit nackten Zehen geschickt die Stufen zum Becken hinaufstieg.

Herr Arai, auf dessen dunkelblauem Blouson ein Emblem aufgenäht war, wie es Studenten, die einem Sportclub angehören, häufig tragen, sah aus wie ein schlanker junger Mann, ganz so als habe er den Muskelpanzer abgestreift. Nur sein Hals war so kräftig, daß die Seitenlinien seines Kopfes bis zu den Schultern hinab eine gerade Linie bildeten. Im Wagen saß eine unauffällige, magere, kleine Frau in mittlerem Alter, die sich, die Hände am Lenkrad, umwandte und durch die Dunkelheit auf den Gehsteig spähte.

Von Herrn Arai, der eilig den Beifahrersitz nach vorne rückte, angetrieben, ließ ich zuerst I-Ah einsteigen und folgte ihm dann. Ich verbeugte mich leicht vor der Frau, hatte aber keine Gelegenheit, ein paar Worte mit ihr zu wechseln. Als der Wagen den Weg einschlug, den ich Arai oder der Frau, wem wußte ich nicht genau, erklärte, fragte dieser meinen Bruder, ob es denn wirklich in Ordnung sei, daß wir nicht eingekauft hätten.

»Wir wollten ein Kaffeegetränk in der Dose kaufen!« antwortete mein Bruder.

Als wir zufällig an einem Getränkeautomaten, der unter dem Vordach eines Reisgeschäftes stand, vorbeikamen, ließ Arai die Frau sofort anhalten. Er ging nicht selbst, sondern schickte die Frau, die das Auto fuhr, zum Automaten. Außerdem plauderte er unbefangen über Belanglosigkeiten.

»Seit Ihre Eltern abgereist sind, haben Sie wohl selten Besuch, oder?«

»Die Frau von dem Schriftsteller Y. hat uns Süßigkeiten, eingelegtes Gemüse und Pullover vorbeigebracht!«

»Ach, die von dem, der nächstes Jahr den Kulturorden bekommen soll? Du kennst ja bedeutende Leute, I-Ah.« Nachdem Frau Y. uns reichlich beschenkt hatte – dabei war sie im Flur geblieben –, rief sie uns so laut zu, daß die Passanten sich auf der Straße umdrehten:

»Euer Papa achtet gut auf seine Gesundheit und geht auch in Amerika schwimmen; aber müßte man nicht ein Auto kaufen, das I-Ah hin- und zurückbringt? Bittet ihn doch, eins zu kaufen.« Dann war sie in ihrem Mercedes nach Hause gefahren.

Die Straßen waren nicht so voll wie vor dem Bahnhof, und als der Wagen bald vor unserem Haus ankam, sprang Arai vom Beifahrersitz so schnell heraus, daß ich ganz aus der Fassung geriet. Unbeabsichtigt entfuhr mir eine Floskel.

»Vielen Dank fürs Nach-Hause-Bringen. Es tut mir leid, daß mein jüngerer Bruder zu einem Training gefahren ist und heute nicht mehr zurückkommt, so kann ich Sie leider nicht hereinbitten«, wehrte ich ab. »I-Ah, bitte trödele nicht herum, das hält auf!«

I-Ah hatte die beiden Kaffeedosen, die er zuvor von der Frau bekommen hatte und die zu heiß zum Anfassen waren, in seine kleinere Tasche gesteckt, in der sich seine feuchte Badehose und Bademütze befanden. Zusammen mit der Schultertasche mit seinen Noten hielt er sie vorne an sich gedrückt. Während Arai zuschaute, wie mein Bruder sich langsam rutschend aus dem Auto wand, sagte er kühl:

»Wenn ich nicht ausgestiegen wäre, hätten Sie auch nicht aussteigen können – ich will nicht mit Gewalt zu Ihnen hineinkommen.« Dann sagte er provozierend zu der Frau auf dem Fahrersitz:

»Spendierst du den Kaffee? Das machst du bestimmt nicht bei deinen Schülern in der Mittelschule, oder? Ganz schön großzügig.«

Sie senkte ihr Gesicht mit der unauffälligen rosa Brille und der gewölbten Stirn, ich wollte natürlich bezahlen und gab der Frau, die genau wie eine verlegene Mittelschullehrerin gegenüber einem aufsässigen Schüler wirkte, die beiden Münzen, die ich zu diesem Zweck schon in der Hand bereithielt. Als wir ausgestiegen waren, setzte sich Arai schwungvoll wieder ins Auto, lehnte sich im Sitz zurück und schaute über die Hecke zu unserem Haus hinüber. Er gab keine Antwort auf I-Ahs Verabschiedung.

In der nächsten Woche, als wir nach der Musikstunde mit der Bahn ins Schwimmbad fuhren, erzählte ich Herrn Shigetō, während wir I-Ah den einzigen Sitzplatz überließen, wie Arai uns mit dem Auto abgeholt hatte. Dabei hatte ich überhaupt nicht das Gefühl zu petzen. Ich hatte Herrn Arai gegenüber die Verschlossenheit an den Tag gelegt, von der ich vor kurzem in bezug auf Vaters Charakter gesprochen hatte, und er hatte mein Verhalten mit spöttischer Kälte quittiert. Während mein Bruder und ich zu zweit unser dunkles, leeres Haus betraten, hatte ich bereits ein ungutes Gefühl wegen der ganzen Sache und verriegelte, auch weil Ō-chan unterwegs war, ängstlich und früh das Außentor und die Eingangstür.

Mehr war nicht geschehen. An diesem Tag, ich weiß nicht

warum, hatte sich I-Ah besonders auf den Schwimmunterricht gefreut. Als wir aus dem Haus gingen, hatte er sich
einzeln vergewissert, ob seine Badehose, Bademütze und
Schwimmbrille in der Tasche waren, dagegen vergaß er die
Schultertasche mit den Noten. Ich hatte schon die Schuhe an,
stand im Flur und rief Ō-chan, der noch im Haus war, etwas
zu. Da klopfte I-Ah mir auf den Rücken, lächelte und tat so,
als wäre mir ein amüsanter Fehler unterlaufen. Ō-chan kam
mit, um Fotos vom Schwimmunterricht zu machen – und er
machte unglaubliche Fotos von I-Ah, der tadellos schwamm,
und schickte sie an unsere Eltern in Kalifornien. Im Schwitzraum hatte ich wegen Herrn Shigetōs Operationsnarbe einen
Gefühlsausbruch gehabt. Mehrere Ereignisse dieser Art waren zusammengekommen, und ich hatte mich Herrn Arai gegenüber, der uns an diesem Tag etwas Gutes tun wollte,
übertrieben abweisend verhalten. Eine Woche danach war
ich der Meinung, daß ja eigentlich gar nichts passiert war.
Die genauen Gründe für den Rat meiner Mutter, Arai nur in
Gegenwart anderer zu begegnen, wollte ich gar nicht wissen.
Außerdem waren an dem Abend ja auch I-Ah und Arais Be-
gleiterin dabeigewesen...

Eigentlich war es eher eine Folge dieser Beschäftigung mit
meinem unhöflichen Verhalten Herrn Arai gegenüber, daß
ich Herrn Shigetō alles erzählte, denn falls Herr Arai beleidigt
war, wollte ich ihn bitten zu vermitteln, da ich selbst mich
nicht traute. Herr Shigetō zeigte keine besondere, direkte Reaktion. Als er sich meine Erklärungen *für alle Fälle* angehört
hatte, richtete er sein Augenmerk wieder auf den polnischen
Gedichtband, dessen Aufmachung mich an die kleinformati-
gen Erzählbände aus der Meiji-Zeit, die mein Vater besaß,
erinnerte. Mit geradem Rücken hielt er den Band, vermutlich aus Weitsichtigkeit, etwas von seiner Brust entfernt. Es
kam mir so vor, als hätte ich flüchtig gesehen, wie sich auf
seiner für gewöhnlich bleichen Haut von der Wange bis über
den Hals eine lebhafte Röte zeigte...

Der Schwimmunterricht bei Herrn Arai war unverändert.

I-Ah schwamm eifrig, Arai folgte ihm im Schmetterlingsstil und korrigierte in allen Einzelheiten die Atemtechnik und Armbewegungen. Mehr als sonst wirkte das Verhältnis der beiden sehr vertraut auf mich. Uns dagegen warf Arai am Anfang nur einen flüchtigen Blick aus seinen deutlich gezeichneten Aprikosenaugen zu, und mir schien, daß er nicht nur weitere Worte, sondern auch Blicke zu vermeiden suchte. Wenn er mich allerdings auf mein Verhalten von letzter Woche angesprochen hätte, wäre ich sowieso um eine Antwort verlegen gewesen, also war ich ihm eher dankbar dafür, daß er mich nicht beachtete. Am besten wäre es, wenn die heutige Schwimmstunde so vorüberginge und nächste Woche wieder alles beim Alten wäre . . .

An diesem Tag herrschte im Schwitzraum gehobene Stimmung, denn das Stammpublikum – der schweißüberströmte, lächelnde Herr Mochizuki, die melancholische, aber nicht abweisende Frau Ueki und der Frisiersalonbesitzer, der wie immer den beiden forsch seine Vorschriften machte – führte eine Diskussion über die Anwerbung von Berufsbaseballspielern, in deren Mittelpunkt ein neues Gesicht stand, ein Arbeitertyp, bei dem man merkte, daß er seinen kräftigen Körperbau nicht vom Gewichtheben hatte. Daher würde sich Herr Arai wohl unbehelligt in seinen Muskelpanzer zurückziehen können. Aber als die Pause zu Ende war, wendete sich Herr Shigetō, der bis dahin die ganze Zeit geschwiegen hatte, an Arai und fragte ihn, ob er heute einmal seine Zeit in Anspruch nehmen könne. Er wolle im Aufenthaltsraum auf ihn warten, bis er – um wieviel Uhr etwa? – mit seinem Gewalttraining, dem Bad und der Sauna fertig sei, und sich bei einem Bier aus dem Automaten mit ihm unterhalten . . .

Nachdem Herr Arai mich mit einem Blick aus geweiteten, schmal geschlitzten Aprikosenaugen gestreift hatte, sah er wieder Herrn Shigetō an und nickte. Ich drängte meinen Bruder, der gern noch geblieben wäre, und beim Verlassen des Clubs wunderte ich mich, daß mir Arais Augenform bisher nicht aufgefallen war, da sie bei erwachsenen Männern selten vorkam.

Frau Shigetō, die uns, als wir in der nächsten Woche zum Unterricht kamen, die Tür öffnete, wirkte noch niedergeschlagener und düsterer als damals, als sie direkt aus dem Krankenhaus gekommen war. Auf ihren breiten Lidern, deren Falte oberhalb des silbernen Brillenrands war, lagen dunkelbraune Schatten. Ihre sonst immer so klugen und lebhaften Augen wirkten kraftlos und eingesunken. Eher I-Ah zugewandt, der sie arglos begrüßte, als mir, die ich böse Vorahnungen hatte, flüsterte sie gedämpfter Stimme zu:

»Erschreckt nicht, Herrn Shigetō ist etwas Schlimmes passiert.«

Wir waren also vorgewarnt. Herr Shigetō, der auf dem Sofa im Wohnzimmer saß, versuchte sich zu erheben, um uns zu begrüßen, stöhnte auf, verharrte auf halber Höhe, und stöhnte beim Hinsetzen noch einmal laut.

»Ach, was ist denn los!? Ich staune!« rief I-Ah. Ich fand das in diesem Fall sehr angemessen.

Herrn Shigetōs Gesicht war aufgebläht und viereckig wie ein japanischer Papierdrachen. Auf seiner rechten Wange, seiner Stirn und zwei Stellen vorne und hinten am Kopf war eine mit Salbe getränkte, an diesen Stellen durchsichtige und gelbliche Gaze mit Klebeband befestigt.

Auf seinem bis zum Kinn entblößten Hals befand sich ein handtellergroßer rot-schwarzer Bluterguß. Er trug einen in Würde gealterten Morgenrock, dessen Verzierungen an eine Uniform erinnerten, von der Brust bis zum Bauch wirkte er seltsam voluminös – konnte es sein, daß er eingegipst war?

»Die Unglücksfälle bei uns haben in letzter Zeit immer mit Knochenbrüchen zu tun, mir ist fast danach, einen Wahrsager aufzusuchen«, sagte Frau Shigetō etwas munterer als zuvor.

»I-Ah, jetzt habe ich wirklich einen Rippenbruch! Ich habe Lust, dein Stück von der ›Rippe‹ ganz ausführlich zu hören. Spielen wir es einmal. Ich glaube, für mich ist es besser, den rechten Arm eine Weile nicht zu bewegen.«

Daß mein Bruder daraufhin sofort voller Eifer in den Noten in seiner Schultertasche nach dem *gewünschten* Stück zu suchen begann, lag an seiner Naivität, aber aus Herrn Shigetōs Worten hörte man die *Absicht* heraus, meinen Bruder, der überrascht und bekümmert war, aufzumuntern. Ich stand nur als *Roboter* mit Tränen in den Augen neben I-Ah und konnte nicht so hilfreich reagieren, wie mein Bruder, der emsig in den Noten blätterte, um den Wunsch des verletzten Herrn Shigetō zu erfüllen.

»Hast du's gefunden? Ihr seid zwar gerade erst gekommen, aber kannst du es mir bitte im Musikzimmer auf dem Klavier vorspielen? Und zwar mehrmals und mit unterschiedlicher Geschwindigkeit. Laß die Tür auf, ich möchte meiner Rippe den direkten Klang übermitteln, ohne daß es wehtut . . .«

Nachdem mein Bruder einen besorgten und gravitätischen Blick auf Herrn Shigetō geworfen hatte, ging er alleine ins Musikzimmer. Herr Shigetō wollte mir außerhalb der Hörweite meines Bruders etwas erzählen, das er mir jetzt unbedingt mitteilen mußte. Gleich darauf erkannte ich die Berechtigung dieser Vorsichtsmaßnahmen. Während ich der Geschichte lauschte, verspürte ich das Bedürfnis, mich im Schatten des Körpers meines Bruders zu verbergen, der die »Rippe« spielte. Herrn Shigetōs Unglück übertraf die düstere Vorahnung, die mich kurz vorher unwillkürlich und unheildrohend ergriffen hatte.

Seinerzeit hatte Herr Shigetō fast zwei Stunden im Aufenthaltsraum des Clubs gewartet und Bier getrunken.

»Shigetō-san gibt auch ganz offen zu, betrunken gewesen zu sein. Aus diesem Grund haben wir nämlich auch keine Anzeige erstattet, aber Herr Arai ließ sich, fast als sei das seine Taktik gewesen, unendlich viel Zeit«, ergänzte Frau Shigetō. Herr Arai, der seine kurzen Haare mit Öl hochgebürstet hatte, sah gepflegt aus, vom Gewalttraining waren seine Wangen jedoch blaß vor Erschöpfung und eingefallen. Herr Shigetō forderte ihn auf, am Tisch, auf dem mehrere leere Bierdosen standen, Platz zu nehmen, und Herr Arai lehnte kühl ab.« Während des Wettkampftrainings trinke ich keinen Alkohol«, lautete seine *einigermaßen* einleuchtende Begründung. Herr Shigetō begleitete Herrn Arai entgegen seiner Absicht auf den Parkplatz hinter dem Clubgebäude, ein Ort, an dem man, wie jener Arai vorgeschlagen hatte, ruhig reden konnte.

Auf dem Weg vom Aufenthaltsraum bis zum Parkplatz soll Herr Arai, wie ausgewechselt, sehr viel geredet haben. Und das mit einer fast unanständigen Leichtfertigkeit, die er im Schwitzraum hinter einer ganz im Gegensatz dazu stehenden, asketischen Schweigsamkeit verbarg.

»Zum Beispiel die Geschichte von Mā-chans Traum«, sagte Herr Shigetō, und zu meinem *Roboterzustand* errötete ich auch noch. »Arai hat während der Verschnaufpausen nach und nach aus I-Ah herausbekommen, daß Mā-chan geträumt hat, sie lebte als Arais Frau mit I-Ah in seinem Haus . . .«

Diese Träume hatte ich seit einiger Zeit, in einer Version dieses Traumes stand der ›zukünftige I-Ah‹ als Brautführer neben mir. Die von Herrn Arai eingerichtete neue Wohnung war zwar eine öffentlich geförderte Wohnung mit zwei Zimmern und Küche, aber im Keller des Gebäudes gab es ein schmales, zwanzig Meter langes Schwimmbecken mit drei Bahnen. Das Becken schien für unsere Wohnung reserviert zu sein, und Frau Ueki kam auch zum Üben. Mein Bruder schwamm unter der Anleitung von Herrn Arai mehrere Male hin und her, und ich stand in einem Brautkleid, das gar nicht zu diesem Ort paßte, mit einem verwelkten Blumenstrauß im Arm ratlos am patschnassen Beckenrand herum. Als ich I-Ah den Traum erzählte, hatte ich zu seiner Ermunterung die Szene, in der er so tüchtig schwimmt, in den Mittelpunkt gestellt.

Der entscheidende Anlaß dafür, daß Herr Shigetō sich so ärgerte, war, wie dieser die Geschichte mit dem Traum mit Andeutungen spickte. Seine Frau ergänzte nebenbei, daß Herr Shigetō ja am Warschauer Flughafen auch ein ernstes Wörtchen mit dem privilegierten Polen geredet hatte, der ein

Regierungsbeamter war. Auch damals sei sein *unbezwingbarer japanischer Geist* entfacht worden.

»Andererseits gibt es in diesem Land kaum einen Intellektuellen, der so international eingestellt ist, wie mein Shingetō-san . . . «

Mit Erbitterung beschrieb ich den Streit, der auf dem Parkplatz zwischen Herrn Shigetō und Herrn Arai stattfand, in meinem *Familientagebuch*. Gerechterweise muß man außerdem erwähnen, daß Herr Arai ihn zwar provoziert hatte, aber Herr Shigetō den Streit angefangen hatte.

»Es ist niederträchtig von Ihnen, den Inhalt von Mā-chans Traum aus I-Ah heimtückisch herauszulocken und ihn dann Dritten auf so zweideutige Art weiterzuerzählen!«

»Ich selbst« (I-Ah hatte sich schon früher über die Art, in der Herr Arai von sich als ›ich selbst‹ sprach, amüsiert) »fühle mich auch ganz schön belästigt, wenn Mā-chan und K., Tochter und Vater, sich beide willkürlich verzerrte Vorstellungen von mir machen«, sagte Herr Arai.

»Sie interpretieren den harmlosen Traum eines anständigen Mädchens als willkürlich verzerrte Vorstellung? . . . K. hat eine Geschichte geschrieben und dabei Ihre Anregungen von dem Unfall auf dem Boot verarbeitet. Aber erstens haben Sie dafür, daß Sie K. Ihre Notizen überlassen haben, Geld bekommen. Und haben Sie nicht außerdem K. gebeten, in seinem Text Sie und Ihre Verhaltensweise zu analysieren, weil Sie sich nicht im Klaren darüber seien? Zweitens hat K. offenkundig bewußt den Schauplatz vom Boot verlegt. Natürlich hat K. in seiner Geschichte offengelassen, ob der junge Mann das Verbrechen tatsächlich begangen hat. Aber im Zentrum steht ein Mann in mittlerem Alter, der den jungen Mann, der in Zusammenhang mit einem Verbrechen in eine Notlage geraten ist, rettet, indem er sich selbst opfert. Wenn tatsächlich ein Verbrechen begangen worden wäre, so interpretiert K., würde es durch das Selbstopfer des Mannes in mittlerem Alter getilgt, damit der junge Mann ein neues Leben beginnen kann, also hat K.

doch, wie Sie ihn baten, Ihr Inneres und Ihr Verhalten analysiert.«

»Erstens habe ich selbst das Geld K. zurückgezahlt, zweitens gab es überhaupt kein Verbrechen. Planen die Clubleute jetzt ihren Segelausflug nach Izu nicht deshalb hinter meinem Rücken, weil K. aus einem gewöhnlichen Unfall ein Sexualverbrechen gemacht hat? Das Ganze ist mir ausgesprochen unangenehm.«

»Das Geld haben Sie K. zurückgegeben, weil Sie die Versicherungssumme von der Frau, die auf dem Boot umgekommen ist, bekommen haben. Schon vor K.s Erzählung wurde über den Vorfall ausgiebig in der Presse berichtet. Damals hätten Sie doch die Zeitschriften und K. wegen Ehrverletzung verklagen können. Und haben Sie K. nicht tatsächlich in einem Brief gedroht, ihn zu verklagen und ihm eine bösartige Neujahrskarte geschickt? Ich glaube, daß Sie von Anfang an darauf spekuliert haben, daß der gutmütige K. Sie freiwillig verteidigen würde, falls es wegen des Vorfalls zu einer Anklage käme. Nur deshalb haben Sie K. die Notizen angeboten und ihn die Geschichte schreiben lassen. Wegen des Unfalls passierte nichts, und nachdem Sie auch die Versicherungssumme kassiert hatten, haben Sie niemanden wegen Ehrverletzung angezeigt und nur gehofft, daß die Sache ganz schnell in Vergessenheit gerät. An weiteren Vermutungen habe ich kein Interesse. Wie ich schon sagte, interessiert mich nur eins: daß Sie I-Ah Schwimmunterricht geben, ist in Ordnung, aber ich möchte nicht, daß Sie Mā-chans Privatsphäre verletzen. Was soll das überhaupt, daß Sie den beiden am Bahnhof Seijō-Gakuen auflauern und sie nach Hause fahren?«

Diese Frage war wahrscheinlich sowieso rhetorisch, und statt einer Antwort griff Herr Arai Herrn Shigetō plötzlich an und schlug ihn gründlich zusammen. Er hatte drei Rippen gebrochen, weil er besonders dorthin wiederholt und gezielt getreten worden war. Herr Shigetō vermochte nichts anderes als eine durch und durch verbrecherische Natur darin zu erkennen, daß Herr Arai einen Schwächling wie ihn nicht nur mit Vergnügen halb totgeschlagen habe, sondern dies auch noch mit Sorgfalt erledigt hatte. Deshalb glaubte er, der Bitte von K. entsprechend richtig gehandelt zu haben, als er Herrn Arai persönlich davor warnte, sich uns beiden zu nähern . . .

Frau Shigetō blieb gegenüber dem jungen Mann sachlich, der ihrem Mann die Verletzungen zugefügt hatte, und sagte, soweit sie aus den Zeitungen wisse, sei das vor fünf Jahren auf dem Boot Geschehene ein Unglücksfall gewesen und die Behörden seien zu dem gleichen Ergebnis gekommen. Daher sollte man Herrn Arai nicht allein aus emotionalen Gründen als Verbrecher bezeichnen. Als sie *allein aus emotionalen Gründen* sagte, bewegte sich Herr Shigetō, indem er seine voluminöse Brust unruhig nach vorne schob, was nämlich eine Demonstration seiner physisch-körperlichen Gründe war, und stöhnte noch einmal. In der Zeit, in der ich diesen Bericht hörte, spielte I-Ah unentwegt die »Rippe« für den Verletzten. Nun bekam Herr Shigetō wohl doch Mitleid und erhob sich ganz vorsichtig wie ein alter Mann und ging ins Musikzimmer hinüber. Er schloß die Tür hinter sich und schien sich mit den Klaviertönen plötzlich weit entfernt zu haben. Offenbar hatte er sofort mit dem Unterricht begonnen.

Ich schaute mir die Kopien der Zeitungsartikel an, die Frau Shigetō durch Bekannte von der Nachrichtenagentur bekommen hatte. Mehr als um Herrn Arai ging es um einen Vorfall, bei dem ein etwa fünfzigjähriger Oberschullehrer namens Kurokawa und die fünfunddreißigjährige Reisebüroangestellte Suzaki zwischen Izu und Oshima mit dem Segelboot unterwegs waren und bei dem Herrn Arai zufällig dabei war. Kurokawa und Suzaki verschwanden in der Nacht, die Leichen der beiden wurden von einem Fischkutter aufgefischt. Es stellte sich heraus, daß Herr Kurokawa ertrunken war und Frau Suzaki, nachdem man sie erwürgt hatte, auch ins Meer geworfen worden war. Herr Arai gab an, keine Wache gehabt und die ganze Zeit unten in der Kajüte geschlafen zu haben. Erst in der Morgendämmerung, zur Zeit des Wachwechsels, habe er das Verschwinden seiner Mitsegler bemerkt...

Die Zeitschriftenartikel hoben hervor, daß Frau Suzaki zugunsten von Herrn Arai eine Versicherung zu einem enormen Betrag abgeschlossen hatte. Herr Kurokawa, Frau Suzaki und Herr Arai hatten sich im Sportclub kennengelernt und häufig zu dritt Segel- oder Ski-Ausflüge unternommen. Kurz vor dem Unfall hatten sich Frau Suzaki und Arai heimlich verlobt. Die ältere und gut verdienende Frau Suzaki nahm gegenüber Arai, der noch Student war, eine Beschützerrolle ein. Der Abschluß der Versicherung war Frau Suzakis Idee, die sich von Berufs wegen gut in diesen Dingen auskannte. Aber ursprünglich hatten Herr Kurokawa und Frau Suzaki intime Beziehungen, und Arai wußte davon. Die Umgebung sah es so, daß die drei eine ganz besondere Freundschaft verband. Dann wollte Frau Suzaki ihr Verhältnis zu Herrn Kurokawa abbrechen und machte mit ihm den Segeltörn, um ihm das zu sagen, aber Herr Kurokawa versuchte, eine Fortführung der Beziehung zu erzwingen, erwürgte Frau Suzaki und beging Selbstmord... Aber Herrn Kurokawas Witwe erhob Einspruch gegen dieses polizeiliche Ermittlungsergebnis und fand das mit der Versicherung heraus. Dadurch war es zum Skandal gekommen.

»K.s Erzählung beschreibt Herrn Arais innere Vorgänge anhand von dessen Notizbuch. Herr Arai hatte ihn ja am Anfang damit betraut. Er verlegt den Schauplatz, an dem die Frau in dunkler Nacht ermordet wird, von dem Boot auf See unter kleinen Detailveränderungen auf einen Kinderspielplatz an einer Schnellstraße und beschreibt das Ganze in seinem typischen grotesken Realismus... Aber bis dahin brauchst du nicht zu lesen, Mā-chan.

K. hat einen Tatort geschaffen, der in Wirklichkeit nicht existiert, und darauf geachtet, daß das allgemeine Interesse nicht auf den tatsächlich geschehenen Vorfall gelenkt wird – ein junger Mann tötet aus sexuellen Motiven eine Frau, ein betrunkener Mann in den Fünfzigern mischt sich ein, tut ihr nochmals Gewalt an und nimmt die Rolle des Mörders auf sich. Anschließend begeht er Selbstmord, das ist der Verlauf der Geschichte. Er erhängt sich in einem Taubenschlag auf einem Dach in der Nähe; K. hat hier eine fast filmische Szene geschaffen. Zudem verleiht er dem Leben des Mannes um die Fünfzig einen Sinn, indem er *ihn einen Jungen, der in einer ausweglosen Notlage ist, durch das Opfer des eigenen Lebens, das heißt eine unehrenhafte Zerstörung des eigenen Körpers und Ichs retten läßt... Er läßt diesen seltsamen Entschluß den betrunkenen, sich groß in Szene werfenden Mann erzählen. Also gut, es bleibt mir wohl nichts anderes übrig, als dich meine Güte spüren zu lassen, dich, den Jungen, der nun diese ausweglose, große Reue empfindet. Um den Mord, den er begangen hat, für ihn zu tilgen, will ich stellvertretend die Rolle Gottes übernehmen.*

Es ist vielleicht etwas weit hergeholt zu behaupten, hier liege so etwas wie ein Negativ der Kreuzigung Jesu Christi vor, oder? Eher könnte es sich um K.s eigenes merkwürdiges Bedürfnis handeln, das Opfer dieses Mannes nachzuvollziehen. Aber im wirklichen Leben – und das muß wohl gerade K.s Dilemma sein – hat er sogar die Neigung, statt sich selbst zu opfern, andere Menschen zu seinen Opfern zu machen. Daß mein Mann verprügelt wurde, ist ursprünglich ja auch das Resultat einer Bitte von K., nicht wahr? Dich, Mā–chan, macht er zu einem Opfer, indem er dir I-Ahs Pflege überträgt und Oyū an seinem Fluchtort in Kalifornien ganz für sich beansprucht...«

»Ich fühle mich nicht besonders als Opfer.«

»Ach ja? Du bist ein Mensch mit Prinzipien, Mā–chan«, Frau Shigetō akzeptierte meine deutliche Antwort, wenn auch mit Vorbehalt. »Vor seiner jetzigen Krise hat K. ein intensives Schwimmtraining als Seelentherapie betrieben. Es wäre nicht schlecht, wenn du nur diesen Teil der Geschichte einmal lesen würdest, Mā–chan, da sie seine damalige innere Verfassung ehrlich darstellt.«

Bis zum Ende von I-Ahs Musikstunde las ich nicht nur die rot umrandete Stelle, von der ich nicht glaubte, daß ich sie ganz verstand, in Vaters Erzählung, die mir Frau Shigetō gegeben hatte, sondern notierte sie auch auf einer meiner Céline-Karten, die ich immer bei mir trug, um sie in mein *Familientagebuch* zu legen. »An einem Tag in meiner Kindheit, rückblickend war es kurz vor seinem Tod, sagte mein Vater zu mir: ›Du darfst nicht an die Möglichkeit glauben, daß andere Menschen ihr Leben für dich wegwerfen. Als intelligentes Kind wirst du zwar verhätschelt, aber du darfst nicht glauben, daß irgend jemand dein Leben für wertvoller hält als sein eigenes. Du darfst nicht glauben, daß es Menschen gibt, die so denken. Das ist die schlimmste Verderbtheit bei einem Menschen. Du sagst, du wirst nie so werden, aber es gibt nicht nur verwöhnte, verhätschelte Kinder, sondern auch Erwachsene, die so denken.‹

Aber in meinem Kinderherzen spürte ich, daß die Worte meines Vaters wie eine Prophezeiung waren. Da sie sich nur auf die Zukunft bezog, konnte ich nicht beweisen, daß ich in Wirklichkeit keinen solchen Charakter hatte, und empfand eine erstickende Unzufriedenheit. Zu verschiedenen Zeiten danach, nämlich von meiner Kindheit bis in mein jetziges Leben, entdeckte ich, daß die Worte meines Vaters ihre Berechtigung hatten. Die Scham über das Bewußtsein der *schlimmsten Verderbtheit bei einem Menschen* ist eine Ursache für die Depression, die mich zum Versuch einer Selbsttherapie im Schwimmbad zwingt. Ich habe das Leben von Männern und Frauen so betrachtet, als wäre es verglichen mit dem meinen weniger wert und als würden diese Männer und Frauen ihr Leben freiwillig für meines opfern. Auch wenn es dabei in Wirklichkeit nie um Leben und Tod ging, habe ich jedoch in alltäglichen Situationen stets zu meinem Vorteil entschieden, und damit viel Schuld auf mein Herz geladen . . .«

Nach dem Unterricht bei Shigetōs stiegen wir in Shinjuku in die Odakyū-Linie um und wollten auf diesem Wege nach Hause fahren. Aber I-Ah huschte durch die Sperre der staatlichen Bahnlinie und ging hinüber zu den Gleisen des Chūō-Express.

»Jetzt warte doch! Wir gehen heute nicht ins Schwimmbad. Herr Shigetō kann doch nicht mitgekommen.«

»Leider hat er eine Rippenverletzung. Ich möchte schwimmen!«

Nach I-Ahs entschiedener Erwiderung fuhr ich gezwungenermaßen mit ihm ins Schwimmbad. Aber im Inneren unterschätzte ich die Situation. Ich dachte mir, daß die Prügelei, bei der Herr Shigetō so schwer verletzt worden war, ja auf dem Parkplatz stattgefunden hatte und deshalb einige Clubmitglieder sie beobachtet haben mußten. Also hatte die Neuigkeit bestimmt schon die Runde gemacht, auch wenn das Opfer nicht die Polizei benachrichtigt hatte. Aufgrund seines Verhaltens kam mir Herr Shigetō wie der seltsame Typus des Mannes um die Fünfzig vor, der sich für einen jungen Mann, der einen Fehler begangen hatte, opferte. Daß Herr Arai trotz allem wie üblich zum Training in den Club kommen würde, war unwahrscheinlich. Dazu kam auch noch seine skandalträchtige Vergangenheit in den Zeitschriften. Also wollte ich an Herrn Arais Stelle auf derselben Bahn dabeistehen und zusehen, wie I-Ah mit der Technik, die er sich bis jetzt angeeignet hatte, hin- und herschwamm. Meine einzige Sorge war ein epileptischer Anfall.

I-Ah und ich öffneten die Glastür zum Becken für Mitglieder und stiegen die Stufen des Ganges zum Becken hinunter. Aber auf dem breiten Streifen für die Aufwärmübungen stand Herr Arai, der sein rosa Zahnfleisch und seine weißen Zähne wie ein Mädchen mit leicht geöffneten Lippen zeigte, und gab meinem Bruder mit erhobenem Arm lebhaft Zeichen. Damit nicht genug – nachdem er in seiner neuen, rotgrünen, beinahe bizarr gemusterten Badehose mit großen Schritten auf uns zugekommen war, nahm er vertraulich den Arm meines Bruders und zog ihn, mich nur mit einem gleichgültigen Blick streifend, mit sich fort...

Was blieb mir übrig, als für mich alleine ein paar Aufwärmübungen zu machen. Heute war ja Herr Shigetō, dem ich sonst die Arm-und Beinbewegungen nachmachte, nicht da. Ich fühlte mich unwohl, aber auf der anderen Seite machte Frau Ueki langsam Aufwärmübungen, und ich schloß mich ihr an. Frau Ueki, die ihren Körper, der natürlich schwerer als im Wasser war, noch mühsamer bewegte, nickte mir melancholisch, aber freundschaftlich zu. Nach den Übungen gingen Frau Ueki und ich ins Wasser, an diesem Tag schwammen nur I-Ah und Arai auf der übernächsten Bahn. Der Schatten des Netzmusters, das die Trennseile auf den Grund des ruhigen Wassers warfen, verleitete mich dazu, mich stückweise an Vaters Sätze zu erinnern, die Frau Shigetō mir vorgelesen hatte. *Den Jungen, der diese ausweglose, große Reue empfindet... um den Mord, den er begangen hat, zu tilgen...* Die beiden, die da drüben schwammen und sich eifrig etwas zuriefen – Herr Arai und mein Bruder – waren heftig bemüht, das auf dem Parkplatz Vorgefallene, wie mit einem großen unsichtbaren Radiergummi, aus dem Wasser zu tilgen...

Dann fiel mir Herrn Shigetōs Narbe am Rücken ein – sein Entschluß nach der Speiseröhrenoperation hieß zweifellos, daß er Krebs hatte! Die Grausamkeit Arais, der einen Menschen mit dem Körper und Herzen Herrn Shigetōs geschlagen und so gezielt getreten hatte, daß ihm die Rippen gebrochen waren, erfüllte mich erneut mit Schaudern.

Ich fühlte mich heiß und benommen, mein kleiner runder Kopf drohte zu zerspringen. *Verdammt nochmal, verdammt nochmal!* Ich versuchte, mir Mut zu machen, indem ich weiterschwamm und mit den Füßen paddelte. Weswegen ich überhaupt *Verdammt noch mal, verdammt noch mal!* murmelte, wußte ich nicht. Ich sah zu, wie I-Ah und Herr Arai aus dem Wasser kamen und sich am Wasserhahn die Augen spülten und gurgelten, und kam etwas später nach. Als ich im Schwitzraum ankam, war ich so erschöpft, als wäre ich zwei- oder dreimal die üblichen dreißig Minuten geschwommen. Auch mein Kopf war völlig ermattet.

Im Schwitzraum verfiel Arai wie immer von seinen lebhaften Bewegungen und seinem fröhlichen Ausdruck in das Gegenteil. Er hatte sich wieder in seinen Muskelpanzer eingeschlossen und saß, ohne zu schwitzen, mit hängendem Kopf, regungslos da. Weil Herr Shigetō heute nicht da war, ruhte sich auch mein Bruder brav mit gesenktem Kopf aus. Ich starrte wahrscheinlich bedrückt auf meine beiden Oberschenkel, die wie weiße Stöcke und nichts *Besonderes* waren. Die Stimmung entwickelte sich, je mehr Stammgäste sich versammelten, anders als sonst. Herr Mochizuki, der sonst wie ein freundlicher, heiterer Handwerker aussah, schaute heute ernst und sorgenvoll mit Schweißperlen um seine rote Nase auf die Saunaanlage in der Mitte und schwieg. Der Besitzer des Frisiersalons mit dem Schnurrbart, der wie eine Frau sprach, hatte ein nervöses Zucken an der Schläfe und wirkte wie ein junger Staatsanwalt, den ich einmal im Literaturunterricht auf einem Farbholzschnitt aus der frühen Moderne gesehen hatte. Nur Frau Ueki, die ihr Pensum etwas später als wir beendet hatte, und mit reibenden Oberschenkeln und Katzenbuckel auf die oberste Stufe kroch – vielleicht weil sie an einer möglichst hohen Stelle den schweißtreibenden Effekt zu steigern hoffte –, schien Herrn Arai nicht zu schneiden – aber sie war auch sonst zu niemandem ausgesprochen freundlich . . .

Die anderen Mitglieder waren allesamt Herrn Arai gegenüber kritisch, und jeder einzelne schien mir, die ich unverbesserlichweise mit ihm verkehrte, eine Warnung zu signalisieren. Aber ich, bedrückt durch das steife Verhalten von Herrn Mochizuki und den anderen, hatte einerseits das Gefühl, daß I-Ah sich den anderen anschloß, und mich als unverbesserlich tadeln würde, wollte aber andererseits auch anfangen, *verdammt nochmal! verdammt nochmal!* zu rebellieren. Arais Gewalttat war ganz bestimmt scheußlich. Aber quälte er sich nicht innerlich und hatte vielleicht deshalb den gewalttätigen Ausbruch gehabt? Statt laut zu heulen! Seine inneren Leiden waren unverstanden. Frau Shigetō hatte, obwohl er ja ein

Gegner war, der ihren Mann verletzt hatte, gesagt, daß Herr Arai mit der Mittelschullehrerin, der Frau des Herrn Kurokawa, der bei dem Unfall auf dem Boot umgekommen war, zusammenlebte, um auf diese Weise möglichst viel wiedergutzumachen.

Unterdessen schien Herr Arai meinem Bruder, der mit hängenden, dicken Schultern aufmerksam neben ihm saß, etwas Überraschendes und Amüsantes ins Ohr zu flüstern. Ich saß Arai schräg gegenüber, und vor mir waren seine beiden kräftigen Oberschenkel – das vorwurfsvolle Schweigen der Mitglieder, besonders das von Herrn Mochizuki, deren stummer Protest ignoriert wurde, sandte eine erstickende Hitzewelle aus. Arai schaute mich mit seinen Aprikosenaugen an:

»Die Neugierigen sind lästig, deshalb wollen wir I-Ahs Trainingsplan für die kommende Zeit in meinem Appartement machen. Das ist in I-Ahs Interesse. Herr Shigetō will I-Ah und mich unbedingt trennen, mir würde das zwar nichts ausmachen, aber objektiv gesehen, wäre es doch schade, die Sache jetzt zu unterbrechen, wo er schon so weit gekommen ist. Falls I-Ah ab jetzt alleine trainieren muß, kann ich euch ein Schwimmlehrbuch leihen, anhand dessen du mit ihm zusammen weitermachen kannst, Mā-chan . . .«

Als Herr Arai und I-Ah, die schon fertig waren und warteten, mich aus dem Umkleideraum kommen sahen, gingen sie rasch in Richtung des Foyers in den ersten Stock hinunter. Aus dem Büro, das neben den Schließfächern an der automatischen Ausgangstür für Mitglieder lag, bedeutete Herr Ōsawa uns, daß er mich sprechen wolle, aber mein Bruder, der sich hier üblicherweise eher behäbig bewegte, war heute ungewöhnlich flink, so daß ich mich gezwungen sah, den beiden hinterherzueilen.

Es war schon Abend und begann zu nieseln. Ich nahm unsere Schirme aus der Tasche, aber Herrn Arai, der den Kragen seines Blousons hochgestellt hatte, machte der Regen überhaupt nichts aus. Von Arai geführt, der durch die Sohlen seiner Joggingschuhe mit federnden Schritten lief, bogen I-Ah und ich von unserem üblichen Weg, der neben dem Schwimmbad an den Schienen entlangführte, im rechten Winkel um eine Ecke. Auf der einen Seite der Straße gab es einen Kindergarten und Luxusappartements, bei denen die Beleuchtung brannte, auf der anderen Seite verlief eine solide gebaute, hohe Betonmauer, wie sie für Villenviertel aus der Vorkriegszeit typisch ist. Obwohl es noch nicht lange dunkel war, befanden sich – vielleicht wegen des Regens – kaum Leute auf der Straße. Wir passierten den Fahrradständer des Clubs mit seinem Schild, und da Herr Arai weiterging, fragte ich ihn:

»Ist es noch weit zum Parkplatz?« Er zog den Kragen seines Blousons enger um den Hals und antwortete beiläufig während er weitereilte:

»Ich wohne ganz in der Nähe, sollen wir da etwa mit dem Auto fahren?«

Um mit Herrn Arai mitzukommen, machte I-Ah größere Schritte, und ich mußte mich auch beeilen. Da kam mir ein Gedanke, der mich vor Angst und Abscheu bis ins Mark erschauern ließ. Wenn Herr Arai sein Auto gar nicht auf den Clubparkplatz stellte, dann war er nur dorthin gegangen, weil er von Anfang einen Ort gesucht hatte, an dem er Herrn Shigetō verprügeln konnte. Ich war nicht in der Lage, darauf zu bestehen umzukehren, und immer weiter gingen wir die Straße entlang, an der Mauer, die immer höher zu werden schien, und an wie menschenleeren Gebäuden. Die Straße, die nach rechts bergab verlief, war auf altmodische Art mit dunklen, stufig abgesetzten Kiesplatten gepflastert, und ich fühlte mich bedroht, denn ich war in meinem ganzen Leben noch nie auf einer solchen Straße gegangen. Ich versuchte, die Straße hinter mich zu bringen, indem ich mich an meinen Bruder drängte, so daß unsere Schirme zusammenstießen. Auf der rechten Seite dieser abfallenden Straße, die wie eine Treppe mit seltsam langen Stufen wirkte, hatte man in dem Garten einer Villa einige Sträucher entfernt und eine Garage gebaut. Im Dunkel der Garage parkten zwei Wagen. Einer davon war der bekannte Porsche. Arai betrat leichtfüßig den schmalen Zugang. Von dort führt eine steile Treppe auf ein langes schmales Grundstück. Hinter einer hohen Betonmauer stand eine Art öffentliches Gebäude, das von kahlen Buchen und *Keyaki*-Bäumen umgeben war, davor befand sich das dreistöckige Haus, in dem Arai wohnte.

Wir stiegen die Außentreppe mit dem brusthohen Geländer hinauf, die so schmal war wie der Gang auf einem Schiff, der von Kabine zu Kabine führt. Im ersten Stock lagen nebeneinander zwei Wohnungen. Arai benahm sich, als gehörten ihm beide, und schloß die Türen auf. Da er beide Schlüssel bei sich hatte, den für die Tür, an der »Kurokawa« stand, und den für sein eigenes Appartement, in das er I-Ah und mich hineinbat, hatte ich den Eindruck, daß Frau Kurokawa nicht zu Hause war, und meine innere Abwehrhaltung verfestigte sich. Trotzdem kehrte ich nicht um, und I-Ah ging freudestrahlend hinein – mein Verhalten an diesem Tag war völlig verwirrt. Mit meiner Erinnerung an das, was geschah, nachdem wir Herrn Arais Zimmer betreten hatte, verhält es sich ebenso. Vermutlich war mein ganzes ängstliches und aufgeregtes Benehmen, mit dem ich meine Verwandlung in einen *Roboter* zu verhindern suchte, völlig unnatürlich ...

Bestimmt trug es dazu bei, Herrn Arais Handeln in eine anarchische Richtung eskalieren zu lassen. Ich kann mich zwar nicht mit Frau Shigetō vergleichen, die bis in ihr innerstes Wesen gerecht ist, aber ich möchte die Vorgänge in dem Zimmer objektiv beschreiben, ohne Herrn Arai gegenüber zu ungerecht zu sein. In Kürze das Wesentliche. Zunächst will ich sein Verhalten, das ich später durch vielfaches Nachdenken durchschaute, wenn auch mit Unbehagen, schildern. Arais Benehmen in seiner Wohnung, nachdem und auch bevor er ganz offen aggressiv geworden war, war so extrem und übertrieben, daß ich trotzdem oder gerade deshalb nicht wußte, ob er es ernst meinte oder einen Scherz machte. Ich kann mir hingegen auch vorstellen, daß Arai damit beabsichtigte, sich ein Alibi zu schaffen, um später sagen zu können, alles sei nur Spaß gewesen, da niemand bei Verstand etwas so Absurdes tun würde...

Herrn Arais Zimmer war ganz typisch für einen jungen Mann: nebeneinander standen eine moderne Stereoanlage, ein Fernseher und ein Spielcomputer, auf dem Regal neben seinem großen Bett lagen Videos und CDs, an der Wand hingen collagenartig verteilt viele prächtige bunte Poster und Fotos von ihm beim Schwimmen. Seine Lektüre bestand nur aus einem bunten Durcheinander von psychedelischen Einbänden, die vielleicht zu Werken von der neuen Sekte »New Science« gehörten, Lehrbüchern über Schwimmtechniken und Sporttheorie und Zeitschriften. Das mutete mich fremd an, weil unser Leben durch ein Haus voll von Vaters Büchern geprägt ist. I-Ah, der schnurstracks das Regal mit den CDs erkundete, hatte einen etwas verlegenen und enttäuschten Ausdruck, als ob er dachte ›Rock und New Music, nicht mein Geschmack...‹.

Arai sagte ihm, daß es im Nebenzimmer eine Menge klassischer Musik gebe, öffnete eine große Stahltür und begleitete meinen Bruder in den Wohnbereich von Frau Kurokawa, der mit dem seinen verbunden war. Sofort ertönten die schönen Klänge von Brahms' Erster Symphonie – »Ooh, das ist ja Furtwängler!« hörte ich I-Ahs glücklichen Ausruf. Arai, der allein zurückgekommen war, warf sich aufs Bett und forderte mich plötzlich herrisch auf, zu ihm zu kommen. Da ich fürchtete, als *Roboter* keinen Widerstand mehr leisten zu können, riß ich mich verzweifelt zusammen und versuchte, die ungeheuerlichen Worte, die aus Herrn Arais Mund kamen, nicht zu hören...

Arais Worte: »Wenn du deinen Traum, zu heiraten und mit I-Ah zusammen herzukommen, verwirklichen willst, dann kannst du sofort einziehen. I-Ah kann in Frau Kurokawas Zimmer schlafen... Auch wenn du eine zickige höhere Tochter bist, habe ich dir beim Brustschwimmen im Badeanzug von hinten zwischen die Beine geguckt... Wenn du willst, könnte ich es dir jetzt hier machen, aber I-Ah hört in Ruhe Musik, vielleicht würden ihn da deine Lustschreie stören. Als *Zeichen* für unsere neue Beziehung, kannst du mir ja mal den Teil zeigen, der von deinem Badeanzug bedeckt war ... Die Brust ist mir *egal*, man sieht durch den Badeanzug, daß da kaum etwas ist, aber unten, da möchte ich mal gucken ...

K. läßt in seiner Geschichte den Unterleib der Frau aufdekken; er entblößt ihre * * * zwischen den M-förmig gespreizten Beinen. Er hat das erfunden und mich in Verruf gebracht ... Wäre es da nicht interessant, diese Position mal mit seiner Tochter als Versuchsobjekt auszuprobieren ...«

Ich schrie laut zur Wohnung nebenan hinüber, und I-Ah, der offenbar schnell aufgestanden war, rüttelte an der Tür, aber die hatte Arai vorher abgeschlossen. Ich sprang auf und wollte dorthin rennen, aber Arai drehte mir mit der Kraft einer Maschine beide Arme auf den Rücken. Ein Augenblick verging, Arai lachte leise und riß mich dann mit einem Ruck nach hinten und warf mich aufs Bett. Er drückte meine beiden Arme, mit denen ich auf dem Rücken liegend versuchte, mein Gesicht zu bedecken, auseinander und auf die Seite. Der Ausdruck auf seinem rötlichen, glatten Gesicht war zornig und komisch zugleich, und er starrte mich aus seinen Aprikosenaugen an ...

Eine völlige Kraftlosigkeit erfaßte mich. Dann war ich plötzlich frei und stand fassungslos neben dem Bett. I-Ah, der wie damals, als er sich über den bellenden Hund ärgerte, alle Kraft zusammengenommen hatte, drückte mit beiden Händen Arais Halsschlagadern zu, dabei waren sie beide zwischen Bett und Sofa gestürzt ... Er war aus Frau Kurokawas Wohnung auf den Gang hinausgelaufen und durch die Eingangstür wieder in Arais Wohnung gekommen.

Sobald ich das begriffen hatte, floh ich, ohne meine Schuhe anzuziehen, aus der Tür, die noch offenstand ...

Ich wollte zwar auf die Straße zurück, die wir gekommen waren, aber ich lief in die entgegengesetzte Richtung. Auf dieser Seite standen ein Gebäude des Frauenvereins und eine Halle der Seniorenwohlfahrt, und es gab keine Passanten, die ich zu Hilfe hätte rufen können und auch keine beleuchteten Wohnhäuser. Als ich keuchend den Weg, auf dem die robusten Kieselzementplatten aneinandergelegt waren, hinaufrannte, fiel ich hin und rutschte auf den Knien herum wie damals das Mädchen und weinte bitterlich. Endlich stand ich auf und ging weiter, da fiel mir ein, daß ich selbst geflohen war und meinen Bruder in den Händen Arais, der Rippen zertrat, zurückgelassen hatte. Seine Eltern hatten I-Ah verlassen und ich jetzt auch noch; obwohl er ein echtes »ausgesetztes Kind« war, hatte er tapfer versucht, mich zu retten – ich begann wieder, laut zu weinen . . .

Dann fand ich endlich die Straße an den Schienen. Es machte mir nichts aus, daß die Passanten mich anstarrten, wie ich mit blutigen Knien, barfuß und ohne Schirm im leichten Regen dahinstolperte, und ich kehrte in Richtung Club zurück. Blindlings wurde ich von der Absicht getrieben, Herrn Ōsawa zu bitten, meinen Bruder zu retten. Aber als ich kurz vor dem Club in eine kleine Straße, die wir vorher genommen hatten, hineinschaute, sah ich I-Ah in Begleitung von Arai, der meine Sachen und die Schirme, die ich zurückgelassen hatte, trug, herankommen. Vor Schreck blieb ich stehen, und er erkannte mich. Er gab meinem Bruder die Sachen und rannte zurück.

Als ich auf I-Ah zuging, spähte er mir durch die regnerische Dunkelheit entgegen und kam im Eilschritt auf mich zu.

»Ist alles in Ordnung, Mā-chan? Ich habe gekämpft!« sagte I-Ah mit sanfter Stimme zu mir.

Am nächsten Tag hatte ich Fieber und konnte nicht aufstehen. Es drängte mich zwar, aber ich konnte nicht einmal an meine Mutter schreiben. Während ich im Bett lag, mußte sich Ō-chan, der nicht nur die Hausarbeit machte, sondern noch vielerlei notwendige Arbeiten entdeckte und erledigte, auch noch um seine eigenen Sachen kümmern und schaute sich, nachdem er I-Ah zur Behindertenwerkstatt gebracht hatte, auf dem Heimweg die Ergebnisse der Aufnahmeprüfung an.

Ō-chan, der beim Weggehen die Haustür abgeschlossen hatte, damit ich liegenbleiben konnte, hatte Lebensmittel fürs Abendessen mitgebracht und in der Küche gewerkelt. Endlich steckte er den Kopf in mein Zimmer.

»Mā-chan, vielen Dank für deine Unterstützung. Ich hab die Prüfung bestanden«, imitierte er sich selbst als Kind mit einer Erwachsenenstimme, die der klaren Kinderstimme aus der Zeit der Grundschul-Aufnahmeprüfung überhaupt nicht ähnelte.

Ō-chan hatte den Zeitunterschied ausgerechnet und, nachdem er I-Ah abgeholt hatte, unsere Eltern in Kalifornien angerufen. I-Ah, der mich vertreten sollte, weil mein Gemütszustand labil war und meine Stimme vielleicht weinerlich geklungen hätte, auch wenn ich ins Wohnzimmer kommen konnte, nahm den Hörer, nachdem Ō-chan, neben dem er stand, *für alle Fälle* seinen Erfolg gemeldet hatte.

»Es war schlimm für Mā-chan, aber ich habe gekämpft!« erzählte er.

So wurde Ō-chan noch einmal von Mutter ans Telefon gerufen. Ō-chan gab barsch, aber korrekt mit mürrischer Stimme eine Kurzfassung des Geschehens, wie ich es ihm erzählt hatte. Nachdem er meine Geschichte gehört habe, habe er *für alle Fälle* Herrn Shigetō kontaktiert und auf seinen Rat den Sportclub angerufen, um Herrn Ōsawa alles zu erzählen. Herr Ōsawa schien an einem Clubverbot für Arai zu arbeiten. I-Ah hörte vorübergehend mit Schwimmunterricht auf, aber weil man ja nicht vergesse, was man einmal physisch gelernt habe, könne er bestimmt noch schwimmen, wenn er wieder anfinge. Mā-chan liege mit Kopfschmerzen im Bett, aber das Fieber habe nachgelassen. Sie könne ihr geliebtes, stilles Leben bald wieder aufnehmen, und sie bräuchten sich deshalb keine Sorgen zu machen . . .

Aber Mutter kam, durch den Anruf stark beunruhigt,

Ende der Woche schon nach Hause. Daß ihre Gesichtshaut und ihre Bewegungen denen einer älteren Japanerin, die in der zweiten Generation in Amerika lebt, glichen, versetzte mir zunächst einen Schock. Obwohl Mutter sich entschieden hatte, Vater wegen seiner *Krise* nach Kalifornien zu begleiten, hatte sie ihrerseits wohl schon ihr Möglichstes getan und, wenngleich man es nicht kalt nennen konnte, verhielt sie sich nun mit einer deutlichen Distanz zu Vater. Nicht nur, weil er Ende letzten Jahres durch die Bemühungen seiner Freunde in Berkeley den *Distinguished Service Award* bekommen habe, sondern auch, weil er, wenn er es ernsthaft wünsche, Zuwendungen von der *Japan Stiftung* erwarten könne, sei es nicht ausgeschlossen, daß er noch ein Jahr irgendwo auf dem Campus der University of California bliebe, berichtete meine Mutter ganz sachlich. Zufällig kamen etwa zur gleichen Zeit, als meine Mutter nach Hause kam, einige Fotos an, die ein Fotograf im Auftrag einer japanischen Zeitschrift gemacht hatte. Mein Vater in einem Regenmantel mit schwarzem Kragen und Ärmelschnallen unter einer kalifornischen Immergrünen Eiche stehend, mit geschlossenen Augen, beide Hände an die Ohren gelegt. Mein Vater auf einem Abhang liegend, auf dem Eichen wie Elefantenbeine stehen, eine Pflanze vors Gesicht haltend und betrachtend, die wie ein großer Hornsauerklee, wie man bei uns sagt, aussah...

»Ich wußte nicht, daß er so gut vor der Kamera posieren kann«, sagte Ō-chan beeindruckt, und ich empfand das gleiche.

»Er posiert nicht, denn obwohl er fotografiert wurde, war ihm nicht bewußt, daß der Fotograf ihn anschaute. Zu der Zeit saß er tagelang mit einem solchen Gesicht in unserer Uni-Gästewohnung und schwieg. In letzter Zeit hat er doch dir auch überhaupt nicht geschrieben, Mā-chan. Die Sache mit dem Schwimmlehrer schien ihn aufgeweckt zu haben, aber das hielt nicht lange an. Außerdem hat er eine neue Lektüre entdeckt, der er sich intensiv widmet... Wir hatten mehrere Zimmer, und während er mittags und abends in seinem eigenen Schlafzimmer las, vergaß er völlig, daß ich auch da war, machte sich alleine Essen und aß auch allein.«

»An diesen vielen Immergrünen Eichen gibt es doch hier und da ganz passende Äste – könnte das nicht gefährlich sein?« fragte Ō-chan vorsichtig, der von mir gehört hatte, was Herr Shigetō über meinen Vater gesagt hatte.

»Ich glaube, das ist ungefährlich . . . Nur weil ich mir über so etwas im Prinzip keine Sorgen mache, bin ich überhaupt zurückgekommen. Er hat auf dem Campus einen wunderbaren Professor kennengelernt und ist ganz begeistert von der vierstündigen Privatvorlesung, die er einmal wöchentlich bekommt. Da er seine ganze Kraft in die Vor- und Nachbereitung investiert, ist er gewöhnlich geistesabwesend.«

»Ist der Professor ein Pater?« fragte ich.

»Wieso? . . . Er ist Spezialist für Blake. Papa liest jetzt die *Prophezeiungen*, insbesondere die *Vier Zoas* in einer Faksimileausgabe. Obwohl er Blake schon so lange liest, scheint er mit den wichtigen Überarbeitungen im Selbststudium nicht zurechtzukommen. Daß er das Wesentliche an Blakes Vision der Auferstehung nicht verstanden habe, komme von seiner Halbherzigkeit, räumte er selbstkritisch ein.

Ich kann ihm, auch wenn ich bei ihm bin, bei seiner Blake-Lektüre doch nicht helfen. Daher hatte ich mich sowieso schon auf meine Rückkehr eingestellt. Euer Leben hier ist auch wichtig . . . Bevor Papa mit uns zusammen war« (Mutter gebrauchte diese merkwürdige Formulierung) »hat er seit seinem vierzehnten oder fünfzehnten Lebensjahr immer allein irgendwo zur Miete gewohnt und die von Zeit zu Zeit in seiner Entwicklung auftretenden Krisen selbst überwunden. Deshalb weiß ich, daß er ein Mensch ist, der mit seinen *Krisen* letztendlich nur so umgehen kann. Ich glaube jedenfalls, daß er seine *Krise*, wenn überhaupt, dann nur dort, wo er Blake studieren kann, überwinden wird . . .«

Natürlich hat Mutter nicht die Hoffnung aufgegeben, daß Vater wieder einen Weg zurück zu uns findet. Das scheint bei einem Ehepaar vielleicht selbstverständlich zu sein, aber wenn sie bei ihrem Charakter ein halbes Jahr allein mit Vater zusammengelebt und sich bemüht hat und dann nach reiflicher Überlegung zu irgendeinem Schluß gelangt ist, ist meiner Meinung nach *nichts mehr zu machen.*

Eines Morgens etwa zwei Wochen nach ihrer Rückkehr sagte Mutter mir, sie habe das *Familientagebuch,* das sie von mir geliehen hatte, zu Ende gelesen. Ich beobachtete sie beim Schminken und war erstaunt, wie sehr sich Mutters Haut erholt hatte, ich möchte fast sagen, sie war zusammen mit den Kirschblütenknospen an der Bahnhofstraße aufgeblüht.

»In diesem Tagebuch hast du natürlich über I-Ah, auch über Ō-chan, über dich selbst geschrieben und... einiges Unerwartete über mich, so als ob wir alle zusammengehörten. Wenn Papa das liest, erinnert er sich vielleicht daran, daß er eine Familie hat. Wenn auch auf die ihm eigene, ernste, aber doch entrückte Art und Weise... Dann schämt er sich vielleicht, daß er sich im Sturmgebraus seiner *Krise* so ichbezogen mit sich selbst beschäftigt hat. ... Im letzten Brief von Großmutter steht, daß Papa, nachdem er im Wald, wie man sagt, von einem Gott entführt worden war, sich nicht gleich wieder an seinen Namen erinnern konnte und daß er von seinen Spielgefährten, die das lustig fanden, gehänselt wurde: ›Los, sag deinen Namen!‹ Während er das *Familientagebuch* liest, wird ihm vielleicht wieder der Name seiner wirklichen Familie einfallen.«

Ich habe nicht damit gerechnet, daß meine Mutter das *Familientagebuch,* das ich in unserer realen *Krise* die ganze Zeit geschrieben habe, auf diese Weise verwenden wollte, und obwohl ich mir Mühe gegeben habe, alles fair zu schildern, ist mir doch bange davor, daß mein Vater es liest. Um meine Angst zu überwinden, rief es in mir wie üblich *Verdammt nochmal! Verdammt nochmal!* Dennoch suchte ich das Verpackungsmaterial zusammen. Als ich im Begriff war, mit der Arbeit zu beginnen, gab mir Mutter noch einen Rat.

»Mā-chan, *Familientagebuch* klingt irgendwie zu nüchtern.

Wie wäre es, ihm einen Titel zu geben, der zu diesen sechs oder sieben Monaten eures Lebens paßt?«

»Mein kleiner, runder Kopf verfügt nicht über dieses Talent... I-Ah, du bist doch Meister im Titelgeben, überlegst du für mich?«

Mein Bruder, der bäuchlings auf dem Wohnzimmerteppich Noten schrieb, war so ausgeglichen, als wäre Mutter nie weggewesen, und ließ sich Zeit mit seiner Antwort.

»Wie wäre es mit *Stille Tage*? So ist unser Leben!«

Nachwort

Mit dem Namen der zentralen Figur dieses Werks ist es wie mit fast allem in der Literatur des Ōe Kenzaburō – er ist vieldeutig. Der geistig behinderte junge Mann, der ältere Bruder der Erzählerin, hat seinen familiären Kosenamen von dem hypochondrischen Esel I-Ah aus Milnes berühmtem englischen Kinderbuch *Pu der Bär*. Doch der Klang Iiyō – nach Eeyore im englischen Original – erinnert zugleich an die japanische Alltagsformel »es ist gut«, »alles in Ordnung«, »ja, du darfst«. Diesen Namen trägt die Figur übrigens schon seit den sechziger Jahren in den Werken dieses Autors, was nichts anderes heißt, als daß die Leser I-Ah und seine Familie über Jahrzehnte hinweg in zahlreichen Erfahrungen und Ereignissen, in Geschichten mit alternativen Ausgängen, in stetig wachsendem Alter begleiten konnten. Sofern es dieselben Leser sind, die 1964 die Verzweiflung eines jungen Vaters über die Geburt eines Sohnes mit einer Hirnanomalie in dem Roman *Eine persönliche Erfahrung* kennenlernten, werden sie sich an den heftigen Fluchtimpuls des Vaters erinnern, an den Konflikt, der der Entscheidung vorausging, den Sohn als ihm anvertrautes Leben anzunehmen. Doch auch die Möglichkeit des Sterbenlassens wird in einer im gleichen Jahr veröffentlichten Erzählung in Form einer Groteske durchgespielt. Hier erscheint das tote Baby als *Agui, das Himmelsmonster* in einem weißen Baumwollnachthemd, so groß wie ein Känguruh, zu allen Tageszeiten als Geist und verfolgt seinen Vater, der, am Rande des Wahnsinns, einen Vorwand zum Selbstmord sucht. I-Ah oder Mori, wie der retardierte Sohn in anderen Werken heißt – auch dieser Name mit der japanischen Bedeutung »Wald«, der seinem Autor zufolge gleichzeitig das lateinische Wort für »Sterben« assoziieren soll, ein bewußt mehrdeutig angelegtes Signal –, wächst in den Werken von einer »pflanzenhaften« Existenz zu einem Kind mit eingeschränkten, aber auf einer kreatürlichen Ebene besonderen Kommunikationsmöglichkeiten heran und bestimmt immer grundlegender die Weltsicht und das Lebensgefühl seines Vaters. Dieser Vater aber ringt nicht nur um die Zukunft, er kämpft auch mit seiner Vergangenheit. Er versucht, den rätselhaften Selbstmord seines Vaters zu begreifen, der die Kommunikation verweigerte, eines Vaters, der nicht redet, und er selbst ist zugleich Vater eines Sohnes, der nicht sprechen kann.

Dies also ist die Konstellation, sozusagen die Ursituation, in so gut wie allen großen Erzählwerken des Ōe Kenzaburō, seien es aus einem Guß verfaßte, zum Teil mehrbändige Romanwerke oder in Buchform erschienene Erzählungszyklen wie der vorliegende Band. In dem 1969 erschienenen Zyklus *Lehr' uns, wie wir unserem Wahnsinn entwachsen können* (Warera no kyōki o ikinobiru michi o oshieyo) etwa begegnen wir am Ende, in der Erzählung »Vater, wohin gehst du?«, einem komischen, rührenden Paar – dem dicken Mann, einem vierunddreißigjährigen Schriftsteller, und seinem schwachsinnigen Sohn mit den uns bereits bekannten Namen I-Ah und Mori, die in einer innigen Symbiose leben.

»Einem ungewöhnlich korpulenten Mann«, so beginnt dieser Text, »widerfuhr es im Winter des Jahres 196-, daß er drauf und dran war, in ein schmutziges Wasserbecken geworfen zu werden, in dem ein Eisbär schwamm, und darüber fast wahnsinnig wurde. Das bewirkte, daß er von einer alten Zwangsvorstellung loskam, doch kaum war er sie los, brachte eine erbärmliche Einsamkeit die an sich schon schlanke Seele dieses korpulenten Mannes zum Schrumpfen.«

Soweit die Exposition dieser Geschichte, die davon erzählt, wie der Vater seinen vierjährigen Sohn in den Zoo mitnimmt und, ganz in das Gespräch mit ihm vertieft, hinter das Eisbärgehege gerät, wo sich eine Gruppe von Gaunern durch ihn bespitzelt fühlt und ihn dafür über dem Eisbärkäfig baumeln läßt. Am Abend wird er völlig verstört auf einer Toilette aufgefunden, das Kind hat die Polizei in Gewahrsam genommen, und die Begebenheit macht ihm schließlich klar, daß das Kind vielleicht auch ohne ihn existieren kann. Genauso wichtig aber ist für ihn die Erkenntnis, daß die Probleme seines eigenen Vaters, der offenbar in geistiger Umnachtung in den Tod gegangen ist, nicht die seinen sind.

In dieser Geschichte werden so rührende wie extreme Formen der Selbstidentifikation des Vaters mit einem behinderten Kind vorgeführt, doch die unabweisbare Komik der Situation und ihrer Schilderung wirkt erleichternd und befreiend.

In anderen Werken aus den siebziger Jahren mit stark surrealem Einschlag kommt einem schwachsinnigen Kind die Rolle eines Mediums, eines Mittlers zwischen der bedrohten Natur und den ihr entfremdeten Menschen zu. In dem zweibändigen Romanwerk *Das Wasser geht mir bis an die Seele* (Kōzui wa waga tamashii ni oyobi, 1973), in dem sich eine atomare Katastrophe abzeichnet, ist das Kind absolutes Opfer und Außenseiter, doch zugleich letzter Heilbringer.

In den achtziger Jahren werden Ōes Erzählwerke wieder realistischer, und das Kind, das nun wieder I-Ah heißt, ist zu einem sanften jungen Mann herangewachsen, dessen Familie unverkennbar an die des Autors erinnert. Schon der Zyklus *Frauen, die dem Regenbaum lauschen* (›Rein tsuri‹ o kiku onnatachi, 1980) läßt einen Schriftsteller Erlebnisse und Begegnungen von einer Amerikareise berichten, von der ihn ein alarmierender Anruf seiner Ehefrau nach Tōkyō zurückholt: Der Sohn reagiert auf die Trennung vom Vater mit hysterischen Anfällen. So mögen es jedenfalls die Leser des nächsten großen Zyklus *Erhebt Euch, Jünglinge der neuen Zeit* (Atarashii hito yo, mezameyo, 1983) deuten, in dem I-Ah in einer Folge von sieben Erzählungen, die jeweils eine Zeile aus Blakes *Prophezeiungen* zum Titel haben, im Mittelpunkt steht. Er ist nun neunzehnjährig, und seine Erlebniswelt kreist um Sexualität und Tod. Doch I-Ahs Verstörung spiegelt sich in der seines Vaters, der sich über seine tiefinnersten Gefühle Rechenschaft abzulegen bemüht: »Fünf Wochen lang habe ich nach der Geburt meines mißgestalteten Sohnes gehofft, daß er sterben würde. . . . Und keine noch so starke Läuterungskraft wird diese Befleckung je von meinem Leben waschen können, ja, ich glaube, bis zu meinem Tod wird mir dies anhaften.«

Verstört fragt sich nun auch der Leser, der den bisweilen feierlich gehobenen Ton des Werks, das ganz von Zitaten aus den visionären Dichtungen Blakes durchwirkt ist, und die vielen Hinweise auf frühere Romane und Erzählungen des Autors aufnimmt, wie weit Literatur und Leben hier ineinander übergehen. Die Grenze zwischen den literarischen I-Ah-Figuren und dem neunzehnjährigen Sohn des Schriftstellers, der mit seinen Eltern und zwei jüngeren Geschwistern in Tōkyō lebt, verwischt. Natürlich hat Ōe die große Katastrophe seines Lebens, die Geburt seines ersten Sohnes im Jahre 1963, der mit einer Gehirnhernie zur Welt kam, immer schon, wie andere Begebenheiten auch, zum Stoff seiner Literatur gemacht, doch die Direktheit, mit der er nun die Ereignisse aus seiner inzwischen öffentlich bekannten Biographie in seinen Werken preisgibt, verleiht seinem Schreiben eine neue Qualität. Er reiht sich damit in die Tradition des japanischen sogenannten Ich-Romans, des *shishōsetsu*, ein, des Genres, dem im Japan des zwanzigsten Jahrhunderts eine zentrale Rolle zukommt.

Dieses Genre, das, zu Beginn des Jahrhunderts aus dem japanischen Naturalismus hervorgegangen, unverstellte Selbstaussage, ja Selbstentblößung des Autors postuliert, hat ein besonderes Verhältnis des Leserpublikums zum Werk und seinem Autor zur Folge, eine Art geheimen Pakt, der dem Autor Aufrichtigkeit und die Überprüfbarkeit seiner Schilderung an zumindest vielen »kleinen wahren Fakten« abverlangt, wofür ihn die Leserschaft allerdings mit Sympathie und Mitgefühl belohnt. Mehr noch, je heikler die Geständnisse des Autors in seinem Werk, je unmittelbarer menschliche Schwächen und Verfehlungen preisgegeben werden, desto überzeugender ist in japanischen Augen der literarische Impuls und die künstlerische Aussagekraft. Zweifellos bezieht dieses Genre seine erstaunliche Vitalität auch heute noch aus der kathartischen Wirkung, die es als gleichsam öffentliche Institution für beide Seiten, Autoren wie Leser, besitzt. Dies mag zum Verständnis unserer Beobachtung dienen, daß die gestalterische Distanz bei der Verwendung autobiographischen Stoffs seit den achtziger Jahren im Schaffen Ōe Kenzaburōs offensichtlich bewußt minimiert wurde, was sich schon daran ablesen läßt, daß nun auch die Personen, etwa der behinderte Sohn Hikari, unter ihren realen Namen im Werk auftreten.

Natürlich ist Ōe ein Autor, der dies alles bewußt reflektiert und der seine Leser an diesem Prozeß kontinuierlich teilhaben läßt. Gegen Ende seines Romans *Brief an die alten Zeiten* (Natsukashii toshi e no tegami) aus dem Jahr 1987 etwa, der selbst bereits in der Ich-Form vom gegenwärtigen Leben des Autors und seinen Jugenderinnerungen, ausgelöst durch den Besuch seines Bruders Gi, handelt, entdeckt dieser im Arbeitszimmer des Erzählers einen neuen Romanentwurf, in dem es wieder um das eigene Leben gehen soll. Gi gibt dem Erzähler zu bedenken:

»Und jetzt verfaßt du in der Ich-Form einen Roman, der von deiner eigenen Familie handelt. So schreibst du also mit über vierzig Jahren deine eigene Geschichte – schaut her, so habe ich gelebt, so lebe ich. Wie der tragische Held bei Sōseki, den du einmal in einem Vortrag zitiert hast: ›Behalten Sie dies im Gedächtnis: das war es, mein Leben‹, so predigst du deinen Lesern... Es ist vielleicht ganz natürlich, daß du jetzt mit über vierzig einen Roman schreibst, in dem das eigene Leben herausgestellt wird. Schließlich hast du ja schon die Hälfte davon hinter dir. Und dann die Geburt von Hikari, wie er die Behinderung meisterte und erwachsen wurde, und welche Schwierigkeiten das Erwachsenwerden mit sich bringt. Und dein Leben mit Oyū, das völlig in der Fürsorge für Hikari aufgeht, das läßt sich ohne weiteres mit dem Gefühl vom ›finsteren Wald‹ verbinden. Daß du dies in deinem Werk zum Ausdruck bringen willst, das kann ich gut verstehen, wirklich.«

Dennoch bezweifelt Gi, ob der Erzähler wirklich das Recht habe, seine Familie auf diese Weise mit hineinzuziehen, und er überzeugt ihn schließlich, daß die Zeit dafür offenbar noch nicht reif sei. So vernichtet der Ich-Erzähler in dem Werk, das von ihm und seiner Familie handelt, den Romanentwurf, der letztlich denselben Stoff zum Gegenstand hat.

Wie unauflöslich Literatur und Leben des Ōe Kenzaburō einander durchdringen, zeigt sich aber auch daran, daß alle vorangegangenen Werke sich gleichsam als Ablagerungen in allen folgenden wiederfinden. Einzelne Motive oder Handlungselemente werden wiederaufgegriffen, fortgeführt oder abgeändert, oft genug mit überraschender Wirkung. Jahresringen gleich verrät ein Werk mit der Anzahl und Tiefenstaffelung seiner Rückgriffe auf Vorangegangenes seine Entstehungszeit. So steigt mit den Jahren der literarische Verdichtungsgrad, und die Werke beginnen sich ineinander zu spiegeln. Im *Brief an die alten Zeiten* werden alternative Fassungen und Ausgänge für die früheren Romane ausprobiert, so daß zwar der zeitliche Abstand sichtbar bleibt, die Distanz zwischen Literatur und realem Leben jedoch verwischt. In der Erzählung *Als ich wirklich jung war* aus dem gleichnamigen, 1992 erschienenen Zyklus (Boku ga hontō ni wakakatta koro) hingegen verschwimmen auch noch die Zeitebenen der Vergangenheit und Gegenwart ineinander.

Wenn der Autor seine Werke jedoch als solch komplexes Labyrinth von Selbstverweisungen und literarischen Zitaten vor allem aus der europäischen Literatur von Dante über Blake zu Malcolm Lowry oder Bachtin anlegt, so wird man ihm eine naive, unreflektierte Erzählweise kaum unterstellen können. Im Gegenteil, daß er im vorliegenden Band den *shishōsetsu*-Erzählgestus wiederaufgreift, durch das Mittel der perspektivischen Brechung, die Einführung der Tochter als Erzählerin, jedoch eine Distanz einbaut, muß als besonderer erzählerischer Schachzug gelten, zumal die Distanz ja eine doppelte ist, denn der im Hintergrund natürlich stets präsente Vater ist auch geographisch abwesend. Um so effektiver kann er letztlich auch den Blick der Leser auf sich lenken.

Stille Tage ist ein besonders intimes Werk, zugleich verschafft die besondere Perspektive dem Autor jedoch auch ein höheres Maß an Gelassenheit. Die oftmals schockierend schrillen Töne, die bedrückende Häufung von Unglück und Gewalt, die grellen Farben seiner überaus komplexen Erzählgebilde erscheinen hier gedämpft, gleichermaßen in Pastellfarben umgesetzt, und dies, obgleich der Titel auch eine ironische Komponente birgt, denn ereignislos und gefahrenarm sind diese Tage keineswegs. Im Gegenteil, schon mit der Eingangsszene wird das insgeheim befürchtete Auseinanderbrechen der Familiengemeinschaft zum Thema erhoben, und auch wenn die in Tōkyō zurückbleibenden Kinder sich um so enger aneinander gebunden fühlen, können sie der Gefährdung durch latente Gewalt und bedrohliche Sexualität doch nicht aus dem Wege gehen. An eine heile Welt hat Ōe jedoch nie geglaubt.

Idealisiert er den behinderten Sohn? An anderer Stelle, etwa in dem Roman *Verwandte des Lebens* (1989) läßt er die Mutter eines solchen Kindes in schockierender Direktheit die gefühlsduseligen Beschönigungen und sentimentalen Idealisierungen Behinderter kritisieren. Doch er beschreibt das familiäre Zusammenleben auch als Form einer Symbiose, in der jeder auf den anderen angewiesen ist. In *Erhebt Euch, Jünglinge der neuen Zeit* ist es I-Ah, der sich um seinen Vater sorgt, als feststeht, daß er die Woche über in das Wohnheim seiner Behindertenwerkstätte ziehen soll: »Papa, du kannst nicht schlafen? Kannst du denn schlafen, wenn ich weg bin? Schlaf doch bitte gesund und munter.« Die typische sanfte, überaus höfliche Sprechweise von Hikari läßt sich übrigens kaum im Deutschen wiedergeben.

Das Irritierende an der Literatur des Ōe Kenzaburō – daß sie beständig um die immergleiche Thematik kreist – ist zugleich das Fesselnde. Da scheint jemand mit größter Intensität sich sein Leben lang an einem persönlichen Programm abzuarbeiten: »Ich war stets von dem Wunsch besessen, das nicht Wiederholbare der Vergangenheit noch einmal zu wiederholen«, heißt es in *Als ich wirklich jung war*. Der schwierige Dialog mit dem toten Vater und dem eigenen Sohn wird in unendliche literarische Variationen gekleidet. Dabei scheinen der Mensch Ōe und seine literarische *persona* mit einer Stimme zu sprechen. So hat er über Jahrzehnte hinweg ein höchst komplexes Kunstgebäude errichtet mit Verstrebungen in der Literatur vieler Epochen und Sprachen. Mit charakteristischer Prägnanz hat sein Kollege Mishima Yukio diesen literarischen Kosmos beschrieben als »eine seltene und höchst individuelle Mischung aus Trauer und Humor, Brutalität und Sanftheit, Zorn und Mutlosigkeit, Leidenschaft und Melancholie.«

Irmela Hijiya-Kirschnereit